Verhandlungen von 1873.

Schriften

des

Vereins für Socialpolitik.

IV.

Verhandlungen von 1873.

Leipzig,
Verlag von Duncker & Humblot.
1874.

Verhandlungen

des

Vereins für Socialpolitik

am 12. und 13. October 1873.

Auf Grund der stenographischen Niederschrift von Heinrich Koller in Berlin

herausgegeben

vom

Ständigen Ausschuß.

Leipzig,

Verlag von Duncker & Humblot.

1874.

Erste Sitzung.

Sonntag, den 12. Oktober.

Prof. Dr. **Gneist** (Berlin) eröffnet um $9^1/_2$ Uhr die Versammlung mit folgenden Worten:

Meine Herren! Dürfte ich bitten, mir zur Einleitung folgende wenige Worte zu gestatten.

Die vorjährige Versammlung hatte an diesem Orte den Beschluß gefaßt einen Ausschuß zu wählen mit dem Auftrage, eine Versammlung in gleichem Sinne wiederholt zu berufen. Der Ausschuß, der damit die Gründung eines förmlichen Vereines vorbereiten sollte, hatte einen sehr allgemeinen Auftrag erhalten; und im Unterschied von Gründungen anderer Art, welche wir heute noch zu besprechen haben werden, hatte er einerseits mit sehr bescheidenen Competenzen, andererseits mit sehr bescheidenen Mitteln zu operiren, um deren willen Sie an diesen Vorbereitungen Eines oder das Andere entschuldigen wollen. Die Aufgabe war, zunächst die Tagesordnung für die diesjährige Versammlung vorläufig festzustellen, und Sie werden anerkennen, daß hinreichend bedeutende Dinge vorliegen. Dabei sind die in Berlin wohnenden Mitglieder des Ausschusses den auswärtigen zu großem Danke verpflichtet, daß sie zum Theil recht weite Reisen nicht gescheut haben, um die mehrmaligen Conferenzen für diese Zwecke zu besuchen.

Die zweite Aufgabe war, die Fragen durch gedruckte Gutachten eingehender vorzubereiten, als es voriges Jahr möglich war. Man ist uns auch in dieser Beziehung mit größter Bereitwilligkeit entgegengekommen und ich glaube, schon hier haben wir den verehrten Herren unseren Dank abzustatten, welche mit solcher Bereitwilligkeit bedeutende Gutachten uns als Grundlage gewährt haben. Wir haben keinen andern, als den Ausdruck mündlichen Dankes, und können den geehrten Gutachtern kein anderes Aequivalent bieten als die Gewißheit, daß ihre bedeutenden Vorschläge nicht nur hier, sondern auch in der ganzen volkswirthschaftlichen Welt Deutschlands der gründlichsten Erwägung sicher sind.

Sodann hatten wir einen vorläufigen Beschluß zu fassen über die Eintrittsgelder der diesjährigen Versammlung. Der Ausschuß ist schlüssig geworden über ein Eintrittsgeld von 2 Thlr. Wir waren schon voriges Jahr dazu genöthigt, weil wir erhebliche Kosten zu bestreiten haben. Der Ausschuß schlägt Ihnen also vor, stillschweigend diesen Beschluß zu genehmigen.

Mir bleibt nach dieser Mittheilung und Rechenschaft nur noch übrig, im Namen des Ausschusses die geehrten Anwesenden zu begrüßen und unsern Dank zu sagen für die Theilnahme in diesem Jahre. Ich gebe Ihnen diese kurze Rechenschaft im Namen des Generalsecretärs, unseres verehrten Collegen Herrn Geheimen Regierungsrath Dr. Meitzen. Er hat sich leider genöthigt gesehen wegen Ueberhäufung mit Amtsgeschäften seine Betheiligung am Ausschusse abzulehnen und überhaupt zu resigniren.

Prof. Dr. Nasse (Bonn): Meine Herren! Der Ausschuß hat den Beschluß gefaßt, Ihnen vorzuschlagen, den vorigen Präsidenten, der beim vorjährigen Congreß die Geschäfte mit so bewährtem Geschicke geleitet hat, auch für die diesjährigen Sitzungen annehmen zu wollen. Ich bitte Sie, diesen Vorschlag des Ausschusses genehmigen und ihm zustimmen zu wollen. (Geschieht mit lebhafter Acclamation.)

Prof. Dr. Gneist (Berlin): Meine hochverehrten Herren! Wenn ich nach dieser Zustimmungs-Erklärung annehmen darf, daß Sie den Vorschlag des Ausschusses genehmigen, so erlauben Sie mir zunächst, ein paar persönliche Bemerkungen zu machen. Als diese Frage gestern im Ausschusse zur Erwägung kam, konnte ich mich am wenigsten der Einsicht verschließen, daß dieser Platz nothwendig einem Vertreter der Volkswirthschaft oder des Verwaltungsbeamtenthums gebühre. Wenn ich mich dennoch bereit erklärt habe, noch einmal die mich ehrende Wahl anzunehmen, so lag dabei die Erwägung zu Grunde, daß es sich zunächst um die Constituirung des Vereines handelt, und bei dieser Art der Geschäftsführung ein Jurist zuweilen nützliche Dienste leisten kann. Es lag ferner dabei die Erwägung zu Grunde, daß ich meine aufrichtigen Sympathien für diesen Verein und meinen Dank für manchfaltige Belehrung, die ich Mitgliedern des Vereines verdanke, nicht unzweideutiger ausdrücken kann als durch die Bereitwilligkeit, dem Vereine Dienste zu leisten. Und endlich die Erwägung, meine Herren, daß man eine Ehre, die von einer solchen Versammlung angeboten wird, nur aus den absolutesten Gründen der Unfähigkeit ablehnen darf, und ich diese absolute Unfähigkeit so lange nicht annehmen kann, wie ich mit solcher Nachsicht und Bereitwilligkeit in der geehrten Versammlung Unterstützung finde, wie im vorigen Jahre. Ich glaube daher, daß ich eine Function, welche ich allenfalls annehmen kann, übernehmen muß. (Lebhaftes Bravo!). Ich danke für die mir erwiesene Ehre, die ich hiermit ausdrücklich annehme.

Es liegt mir noch ob, more solito die Vorschläge wegen Wahl der Vicepräsidenten zu machen und ich erlaube mir, nach Rücksprache mit dem Ausschuß, Ihnen vorzuschlagen: Herrn Staatsminister Freiherrn von Roggenbach, der aber, wie ich glaube, bis jetzt noch nicht eingetroffen ist; Herrn Geheimen Staatsrath Dr. von Groß, sodann Herrn Präsidenten Dr. von Steinbeis und Herrn Rector Prof. Dr. Nasse aus Bonn. Wenn ich keinen Widerspruch vernehme, so darf ich wohl annehmen, Sie sind einverstanden. — Sodann ist das Secretariat zu constituiren. Dies ist nach vorjähriger Erfahrung sehr mühevoll, und ich möchte bitten, eine größere Zahl wählen zu wollen. Wir proponiren: Herrn Prof. Dr. Held aus Bonn, Herrn Dr. von Bojanowsky aus Weimar, Herrn Assessor Dr. Fischer aus Berlin, Herrn Amtsaccessist Dr. Schober aus Zwickau und Herrn Janson, Delegirten der Berliner Vereine. Ich hoffe, daß die genannten Herren, wenn abwechselnd, in ihrer Arbeit nicht zu sehr überbürdet sein werden. Nach Constituirung des Bureaus gebe ich mir die Ehre die diesjährige Versammlung für eröffnet zu erklären! Es ist vor der Tagesordnung das Wort erbeten von Herrn Dr. Max Hirsch.

Dr. Max Hirsch (Berlin): Meine Herren! Mit freundlicher Zustimmung des Herrn Präsidenten ergreife ich vor der Tagesordnung das Wort, um die Vereine, welche ich zu vertreten die Ehre habe, deren Versicherungs-Sachverständigen und mich selbst gegen Angriffe zu verwahren, welche von der Tribüne des Volkswirthschaftlichen Congresses zu Wien gegen uns vorgebracht worden sind. Die Wiener „Neue freie Presse" und aus derselben viele andere deutsche Zeitungen brachten im August d. J. folgenden Bericht:

„Zunächst erhielt nun Herr Rickert (Danzig) das Wort, zur Widerlegung der Angriffe des Dr. Max Hirsch auf eine Ausführung des „Redners bei dem letzten Congreß, daß die Einrichtung der Arbeiter-Invalidenkassen nicht die Garantie böte, die Versprechungen, welche den Arbeitern gemacht werden, erfüllen zu können. Redner kann von seiner „Behauptung nichts zurücknehmen. Die Grundlage, auf welcher diese „Kassen errichtet wurden, ist die Annahme von $1^1/_2$ Invaliden auf je „1000 Arbeiter, während thatsächlich 3 Invaliden auf 1000 entfallen; „die Beiträge müßten daher verdoppelt werden, wenn die Invalidenkassen „richtig geleitet werden sollen."

Dies also die Erklärungen des Herrn Stadtrath Rickert! Da es sich hier zunächst um 2 Cassen handelt, welche ca. 10,000 Mitglieder zählen und die seit 4 Jahren ungefähr 40,000 Thlr. Fonds angesammelt haben, so ist es nothwendig vor der Oeffentlichkeit diesen Vorwurf entweder zu bestätigen oder zu widerlegen. Unser Sachverständiger, eine anerkannte Autorität im Versicherungsfache, Hr. Director Dr. Zillmer zu Berlin, hat nun auf mein Ersuchen folgende wissenschaftliche Entgegnung gegeben, die ich mir erlaube Ihnen vorzulesen. (Widerspruch.)

Präsid. Prof. Dr. Gneist: Ich möchte Sie bitten, da es sich um eine kurze Erklärung handelt und die Angriffe doch erhoben worden sind, dem Herrn Redner noch ein paar Minuten zu gewähren.

Dr. Max Hirsch (Berlin) liest: „Die Begründung des Herrn Rickert „ist durchaus der Wahrheit, resp. der Richtigkeit widersprechend. Die An-

„nahme von $1^1/_2$ Invaliden auf 1000 ist weder bei der Gründung der „Kasse aufgestellt worden, noch ist es durch Thatsachen erwiesen, daß 3 In= „validen auf 1000 Arbeiter kommen. Ja eine Hauptfrage, die bei einer „Invaliden=Pensionskasse gewiß eine Hauptrolle spielt, die nämlich, in „welchem Verhältniß die vorhandenen Invaliden in den verschiedenen Alters= „klassen absterben, ist von der Statistik bisher fast noch gar nicht erörtert „worden. Mag immerhin Herr Rickert aus irgend welchen statistischen „Zusammenstellungen ohne Prüfung der Zahlen auf seine Weise gefunden „haben, daß von 1000 Personen im Laufe eines Jahres 3 invalide werden. „Solche Durchschnittszahl, wenn sie richtig wäre, mag für eine Unfall= „Versicherungs=Gesellschaft verwendbar sein, die in jedem Invaliditätsfall „eine bestimmte Summe zahlen muß. Hier liegen aber die Verhältnisse „nicht so einfach. Zunächst fragt es sich, wie viele Invaliden überleben „den Eintritt der Invalidität so lange, daß sie nicht mehr aus den „Krankenkassen verpflegt werden, sondern die Invalidenkasse in Anspruch „nehmen können, und dann, wie lange dauert der Pensions=Bezug. Daß „hier nicht mit Durchschnittszahlen gerechnet werden kann, liegt auf der „Hand. Bei der Feststellung der Verbindlichkeiten ist nämlich für jeden „Invaliden das seiner Pension für die ganze zukünftige Lebensdauer ent= „sprechende Leibrenten=Kapital in Ansatz zu bringen und da muß man doch „für einen 60 jährigen Mann eine andere Summe in Ansatz bringen als „für einen 30 jährigen.

„Jeder Sachverständige wird Herrn Rickert sagen, daß zur Zeit keine „anderen als hypothetische Rechnungsgrundlagen für die Invaliden=Pen= „sionen existiren. Dieselben genügen aber auch vor der Hand vollständig, „vorausgesetzt, daß mit der periodisch wiederkehrenden technischen Kassen= „prüfung zugleich eine Prüfung der wirklichen und der nach der Hypothese „sich ergebenden Kassen=Leistungen verbunden wird, und daß die Hypothese „da, wo sich dauernde Abweichungen zwischen Annahme und Wirklichkeit „zeigen, abgeändert wird. Auf diese Weise erhält die Kasse aus ihren „eigenen Erfahrungen nach und nach richtige Invaliditäts=Tafeln.

„Es ist noch von keinem Organ der Verbands=Invalidenkasse behauptet „worden, daß die Beiträge für alle Zeit so bleiben werden, wie sie gegen= „wärtig angesetzt sind; im Gegentheil, das Statut hat den Fall der Bei= „tragserhöhung vorgesehen, und die Beiträge werden erhöht werden, sobald „nach den Prinzipien der Versicherungs=Technik die Erhöhung als noth= „wendig sich herausgestellt haben wird. Aber eben so wenig ist irgend „Jemand, auch Herr Rickert nicht, im Stande, zu behaupten und diese „Behauptung stichhaltig zu erhärten, daß die Erhöhung der Beiträge sich „nothwendig zeigen werde. Herr Rickert kann höchstens den Eintritt der „Nothwendigkeit der Beitragserhöhung aus subjektivem Ermessen für wahr= „scheinlich halten, mit demselben Recht kann ein Anderer den Eintritt dieser „Nothwendigkeit für unwahrscheinlich halten.

„Jedenfalls dürfte es nicht Sache eines ernsten Mannes sein, über „Dinge zu reden, die er nicht versteht, zumal wenn seine Behauptungen, „falls sie geglaubt werden, gemeinnützigen Unternehmungen schaden können.“

Soweit die sachverständige Erwiderung. Wenn Herr Stadtrath Rickert auf dem volkswirthschaftlichen Congresse in Wien, also von hervorragender Stelle aus, von wo seine Stimme durch ganz Deutschland gedrungen ist, seine Behauptungen aufrecht erhalten hat, daß die von uns gegründeten Invaliden-Cassen lebensunfähig sind, so heißt das: Die Arbeiter, die ihre sauer ersparten Groschen in diese Cassen eingelegt haben, sind betrogen worden!! Deshalb wiederhole ich, ich hielt es für meine Pflicht, von dieser Stelle, deren Wiederhall weit hinausreicht, zu erklären, daß die Behauptungen des Herrn Stadtrath Rickert in keiner Weise begründet sind!

Dannenberg (Hamburg): Herr Rickert hat dies nicht als seine Ansicht ausgesprochen, sondern hat ein Gutachten eines Sachverständigen vorgelesen, der diese Ansicht ausgesprochen hat. Herr Rickert hat nichts weiter gethan, als vorgelesen, was ein Anderer geschrieben hat! — Ich hielt mich für verpflichtet als Ohrenzeuge dies zu berichtigen. Die Schuld liegt an dem falschen Berichte der Wiener Zeitung!

Dr. Max Hirsch (Berlin): Ich bedauere, daß mir dies nicht schon vorher kund gewesen ist. Seit August ging aber diese Nachricht durch alle Zeitungen und Herr Rickert hat es nicht für nöthig gehalten, irgend eine Einwendung zu machen!

Präsident Prof. Dr. Gneist: Ich bitte, den Incidentpunkt für erledigt zu erachten. Es hängt dieser Punkt zusammen mit anderen Anfechtungen, welche gegen die Tendenz unseres Vereines erhoben worden sind. Wir können dagegen Bezug nehmen auf die vorjährige Eröffnungsrede, wo diese Tendenzen offen besprochen worden sind. Wenn sie mir eine kurze Bemerkung über diesen Standpunkt gestatten wollen, so glaube ich, liegt es auf der Hand, daß jede Vereinsbildung bestimmt ist durch die Grundbedingungen, in denen Staat und Gesellschaft leben, daß also bei entscheidenden Aenderungen nothwendig neue Vereinsbildungen indicirt sind.

Im nächstvorangegangenen Menschenalter sind volkswirthschaftliche Vereine entstanden im Zusammenhang mit der sich auflösenden ständischen Gesellschaftsordnung, in einer Zeit, in der es sich darum handelte, die nächsten Consequenzen der befreienden wirthschaftlichen Gesetzgebung, namentlich der Stein-Hardenberg'schen Zeit zu ziehen. Es war dies eine Zeit, in welcher die inneren Consequenzen der Gesetzgebung sich gegen die Reste altständischer Schutzrechte geltend machten; es war die Zeit, wo die freie Concurrenz als die Lebensbedingung der freien Erwerbswirthschaft überall vorantrat und es war ein naturgemäßer Erfolg, wenn die damaligen Congresse mit geschickter, ausdauernder Agitation beispiellose Erfolge erreicht haben. Es war eine Zeit, in welcher andererseits die Staatsleitung mit Mißtrauen angesehen wurde, weil es dem Staate nicht gelang den gesellschaftlichen und nationalen Verfassungsideen Rechnung zu tragen, eine Zeit, wo jede Anfechtung des Staatsberufes als solche schon populär war.

Eben diese Dinge haben sich heute geändert und darin liegt die Nothwendigkeit neuer Vereinsbildungen. Wir leben in einer Zeit, wo in einer durchgebildeten neuen Gesellschaft die Schattenseiten erkennbar werden, in einer Zeit der Verbitterung und Anfeindung großer Schichten des Volkes, und diese Zeit fragt: können wir alles dies überwinden durch eine bloße Vermehrung und Erleichterung der Production und des Austausches! Wir leben andererseits in einer Zeit der Versöhnung des Volksbewußtseins mit seiner Staats-Gewalt, des Friedens zwischen Regierung und Parlament, in der nicht mehr die Worte „Bureaukratie" und „Staatsbevormundung" genügen, um auch den berechtigten Beruf des Staates zu seinen Culturaufgaben zurückzuweisen.

Bei diesen völlig veränderten Bedingungen ist es naturgemäß, daß sich neue Vereine auf neuem Boden bilden, und wenn wir nicht zusammengetreten wären, so würde sich ein anderer, analoger Verein haben bilden müssen. Diese Neubildung als Gegenstand des Mißtrauens aufzufassen und ihn zu verdächtigen, das ist das gewöhnliche Bestreben der Eifersucht. Die heutigen Verhältnisse machen aber die Bildung eben so berechtigt, wie die älteren Verhältnisse die Bildung der älteren Vereine. Es ist naturgemäß, daß unter den heutigen Verhältnissen der nächste Gesichtspunkt sich umkehrt. Hat ein alter volkswirthschaftlicher Verein immer die Frage in den Vordergrund gestellt: Wie wollen wir die Consequenz der wirthschaftlichen Freiheit ziehen, so hat man dabei freilich die Natur und das Recht des Staats nicht wegleugnen wollen; unser Zweifel ist nur, ob die Berechtigung des Staates überall genügend zur Geltung gekommen ist. Wir sind in der Lage, umgekehrt zu fragen bei den vorhandenen unleugbar schweren Uebelständen die sich aus der neuen Ordnung der Dinge entwickelt haben: Wieweit kann der Staat mit seinen legitimen Rechts- und Cultur-Aufgaben hier Abhülfe gewähren, — selbstverständlich mit Innehaltung der Grund- und Lebensbedingungen der neuen Erwerbsgesellschaft. Dabei wird auch unter uns über das Mehr oder Weniger des Staatsberufs ein Streit sein; es kann auch auf unserer Seite der eine oder andere Punkt stärker als billig urgirt werden. Aber man darf auch unsere Seite nur nach der Richtung der Durchschnittsideen beurtheilen. Wir haben von Anfang an erklärt, daß wir nicht auf dem Boden der socialen Theorien und Thorheiten stehen, sondern auf dem Boden der positiven Gesetzgebung dieses Reiches.

Aus dieser Lage wird naturgemäß sich die Bildung zweier Schulen ergeben. Es handelt sich dabei um gleichberechtigte Weisen des Ausgangs, nicht um todtfeindliche Parteien. Ich halte den Standpunkt für ungerechtfertigt, wenn man uns wie die Familien Montecchi und Capuleti ansieht oder wie zwei feindliche Feldlager, denen man nur mit Lebensgefahr nahen darf. Unsere Mitglieder haben den Beweis abgelegt, daß sie die Sache nicht so ansehen, und ich glaube, Sie werden es billigen, wenn ich sage, es ist nur das Verhältniß zweier durch die Entwickelung des heutigen Staats und der Gesellschaft veranlaßter und berechtigter Schulen. (Lebhafte Zustimmung.)

Wir können nun in die Reihe unserer Tagesordnung eintreten. Der Ausschuß schlägt Ihnen vor, die Reihenfolge des Programms beizubehalten, zunächst also:

Beschlußnahme über die Constituirung des Vereins.

Dies setzt voraus, daß sämmtliche Mitglieder die von dem Ausschuß proponirten Statuten geprüft und sich schlüssig gemacht haben. Diese Bedingung ist aber nicht zu erfüllen gewesen, weil es nicht möglich war, allen heute anwesenden Mitgliedern diesen Entwurf zuzusenden. Es würde den Schein unberechtigter Uebereilung hervorrufen, wenn wir verlangen wollten, daß die Herren ohne genaue Kenntniß der Statuten denselben ihre Zustimmung ertheilen sollten. Es ist überhaupt wünschenswerth, daß wir unsere Zeit nahezu vollständig der Erörterung der wichtigen Fragen widmen, und die Debatte über Annahme der Statuten möglichst abkürzen; deshalb schlagen wir vor, die Berathung derselben jetzt nicht vorzunehmen, sondern erst morgen früh, und die Mitglieder aufzufordern, falls sie Aenderungen vorzuschlagen wünschen, dieselben schriftlich zu formuliren und bis zu Ende des Vormittags an das Präsidium oder Secretariat gelangen zu lassen. Wir sind dann in der Lage nur den Antragsteller ein paar Worte zur Begründung sagen zu lassen und den Referenten des Ausschusses zur Begutachtung zu hören. Wir können dann in einer Viertel- oder halben Stunde die Statutenfrage erledigen. Ist dies Ihre Meinung, so bitten wir Sie die vorjährige Geschäftsordnung provisorisch gelten zu lassen. (Zustimmung.)

Wir könnten nun in den zweiten Gegenstand der Tagesordnung eintreten. Dieser ist vollständig vorbereitet. Die Anträge der Herren Referenten sind gedruckt über die Frage:

„In welcher Weise ist eine Enquête über die Wirkungen der Fabrikgesetzgebung zu veranstalten?“

Herr Prof. Schmoller hat sich aber mit Herrn Prof. Neumann geeinigt, daß dieser, welcher uns den sehr eingehenden gutachtlichen Bericht geliefert hat, das Referat übernimmt.

Referat

des Prof. Dr. Neumann (Freiburg i/Br.) über die

Fabrikgesetzgebung.

Hochgeehrte Versammlung!

Seitdem im Herbste vorigen Jahres hier über Reform der Fabrikgesetzgebung und eine darauf bezügliche Enquête verhandelt ist, hat sich die Sachlage insofern sehr wesentlich geändert, als inzwischen auch der deutsche Reichstag und das Reichskanzleramt die Nothwendigkeit solcher Enquête anerkannt haben und letzteres die Ausführung derselben auf Grund eines Promemoria der preußischen Regierung, das in seinen wesentlichen Theilen auch in die Oeffentlichkeit gedrungen ist, bereits beim Bundesrath beantragt hat.

Es scheint mir daher, zumal bei der nur knapp uns zubemessenen Zeit, im Interesse der geehrten Versammlung zu liegen, wenn ich diejenigen hier in Frage stehenden Dinge, bezüglich deren schon auf der vorjährigen Conferenz im Wesentlichen Uebereinstimmung stattfand, und die nun auch in dem soeben gedachten Promemoria Annahme und damit allem Erwarten nach Aussicht auf nahe Verwirklichung gefunden haben, nur kurz berühre und allein bei hievon abweichenden Vorschlägen länger verweile.

Desgleichen wird bei Hervorhebung der wünschenswerthen Ziele der Enquête immer im Auge behalten werden müssen, daß es sich hier um ein an sich schon sehr bedeutendes, großes Werk handelt und daß auf ein freudiges und erfolgreiches Mitwirken der großen Zahl Derjenigen, deren Kräfte hiebei in Anspruch genommen werden sollen, nur bei thunlichster Beschränkung des Untersuchungsgebiets zu rechnen ist.

Es wird daher bei den bezüglichen Vorschlägen nicht in Frage kommen können, was überhaupt über Fabrikarbeiterverhältnisse zu wissen wünschenswerth ist. Sondern es wird unnachsichtlich Alles bei Seite zu setzen sein, was sich nicht unmittelbar entweder auf die Constatirung des Umfangs der bisherigen Ausführung der bestehenden Vorschriften oder aber auf die Realisirung solcher Reformvorschläge bezieht, deren Durchführung an sich in nächster Zeit für möglich gehalten werden darf, und die sich nicht zugleich als überflüssig ergeben möchten, wenn erst die wirkliche Ausführung jener Vorschriften gesichert ist. —

Wende ich mich danach den einzelnen Objekten der zu veranstaltenden Enquête zu, so kommt zunächst in Betracht das im §. 128 der G.-O. ausgesprochene Verbot „regelmäßiger Beschäftigung" von Kindern unter 12 Jahren.

Mit Bezug hierauf wird einmal zu constatiren sein,

in welchem Umfange diesem — bekanntlich nicht überall befolgten — Verbote genügt wird,

welches die hauptsächlichsten Ursachen seiner Uebertretung sind,

wie weit Mangel an Aufsicht hierbei eine Rolle spielt, und

wie weit nach dem im vorigen Jahr hier schon Erörterten die Worte „regelmäßige Beschäftigung" im Gesetz Veranlassung zur Umgehung desselben und daher zu ändern sind.

Daneben aber wird — was die Reform betrifft — sorgfältigst zu prüfen sein, ob nicht eine Ausdehnung jenes Verbots auf Kinder über 12 Jahre nützlich und durchführbar ist.

Ja, ich halte diese Aufgabe für eine der wesentlichsten der Enquête und glaube diesen Gegenstand der geehrten Versammlung nicht warm genug an's Herz legen zu können.

In einer Zeit des sich steigernden Gegensatzes und Interessenkampfes zwischen Besitz und Nichtbesitz und der anscheinend ebenfalls sich steigernden Ungleichheit der Mittel, diesen Kampf zu führen, muß meines Dafürhaltens mit allem Ernst danach gestrebt werden, den Nichtbesitzenden wenigstens den Bestand und die möglichste Ausbildung derjenigen Kräfte zu sichern, die ohne Rücksicht auf den Besitz die Natur ihnen in's Leben gab, und die, so zu sagen ihre einzige Wehr und Waffe in jenem Kampfe sind.

Hierfür einzutreten scheint mir geradezu eine der heiligsten Aufgaben derjenigen Macht, die die Vollstreckerin der Gerechtigkeit hier sein soll.

Mit einer regelmäßigen Beschäftigung in Fabriken verträgt sich aber ein erfolgreicher Schulunterricht, der auch den körperlichen Kräften den nothwendigen Spielraum zur Entwicklung lassen soll, auf die Dauer nicht. Und wenn gegentheilige Behauptungen, namentlich in England — wo die Kinder bekanntlich schon vom vollendeten achten Jahre ab beschäftigt werden dürfen — laut geworden sind, so lassen sich diese meines Dafürhaltens durch eine stattliche Fülle von Nachweisen aus jenen Ländern widerlegen, in denen man es seit langer Zeit mit dem Schutz und dem Unterricht der Jugend ernst genommen hat.

Um nur ein Beispiel anzuführen, so ist vielleicht die eingehendste Fabrikenquête, die überhaupt je in einem Lande stattgehabt hat, die Thurgauer von 1867 gewesen. Bei dieser wurden über die hier in Rede stehende Frage die Lehrer, Schulvorstände, Kirchenvorstände und Geistlichen vernommen. Und der amtliche Bericht constatirt, daß — so sehr im Einzelnen die Ansichten dieser auseinander gingen, doch von allen einstimmig „die Fabrikarbeit der Kinder am gleichen Tage an denen ihnen der Besuch der Schule und das Arbeiten für die Schule obliege, als tiefgreifender Uebelstand verurtheilt“ sei. Aehnliche Ergebnisse liegen aus Basel-Land und -Stadt vor u. s. w.

Insbesondere in der Schweiz ist man deshalb auch in neuerer Zeit immer mehr dahin geführt worden, die Altersgränze von 12 Jahren durch ein späteres Normaljahr zu ersetzen. Und es läßt sich auf dieser Bahn gerade in der Gegenwart deutlich ein stetiges Fortschreiten erkennen. Im Canton St. Gallen ist schon im Jahre 1853, im Aargau 1862, in Basel 1869, in Glarus mit dem Mai dieses Jahres allen Kindern unter 13 Jahren die Fabrikarbeit untersagt. Ja, in Basel dürfen, wie seit Alters in Graubünden, der Regel nach nur Kinder von 14 Jahren und darüber beschäftigt werden. Ebendahin ging der Antrag der Thurgauer Arbeiter bei Gelegenheit der Gesetzesreform von 1867 u. s. w.

Auch fehlt es nicht an bezüglichen Anregungen in Deutschland. Von Vertretern der Arbeiter wurde bekanntlich schon bei den Verhandlungen über Erlaß der deutschen Gewerbeordnung der Ausschluß aller unter 14 jährigen Kinder beim Norddeutschen Reichstag lebhaft befürwortet, eben so z. B. schon 1867 bei der Sächsischen Regierung vom Leipziger Arbeiterbildungsverein. Und eine eben hierauf gehende Resolution ist nun kürzlich auch von den Vertretern der deutschen Gewerkvereine auf dem zweiten Verbandstage desselben im April d. J. einstimmig gefaßt worden. Desgleichen hat in Baden schon 1869 die erste Kammer einen Antrag auf Ausschließung aller Kinder unter 14 Jahren aus den Fabriken zum Beschluß erhoben, doch scheiterte die Ausführung desselben an dem Widerstand der zweiten Kammer.

Es ist ja auch nicht zu verkennen, daß der Ausführung einer derartigen Reform manche Schwierigkeiten entgegenstehen — sowohl für den Fortgang der Industrie im Verhältniß zum konkurrirenden Ausland, als für die betheiligten Familien, die in den Kindern bisher ihre Ernährer gefunden haben.

Indessen überschätze man auch beides nicht! Was das Erstere betrifft, so fällt in's Gewicht, daß thatsächlich schon gegenwärtig in Deutschland, in einigen sehr industriereichen Gegenden z. B. der Rheinprovinz und Schlesiens die Beschäftigung 12—14 jähriger Kinder eine geringe ist. So habe ich z. B. Einsicht gehabt in einen Bericht der Handelskammer zu Gladbach vom Herbste vorigen Jahres, in dem es heißt, daß bei der im Bezirke dieser Kammer lebhaft betriebenen Textilindustrie Kinder jener Altersklassen nur ausnahmsweise Verwendung fänden, weil — so wird ausgeführt — die Schulpfleger die schriftliche Entlassung aus der Schule nur in den seltensten Fällen vor zurückgelegtem 14. Lebensjahr ertheilen, und ohne solchen Schein auf den Polizeiämtern keine Arbeitsbücher für die Kinder ausgestellt werden.

Noch mehr dürfte von Erheblichkeit sein, daß ja nach dem Gesagten in der Schweiz der Ausschluß aller Kinder unter 13 resp. 14 Jahren thatsächlich möglich gewesen ist, und daß er sich auch so gut dort bewährt hat, daß ein Canton dem andern hierin folgt und von Rückschritten auf diesem Gebiete oder auch nur von Wünschen nach solchen nichts zu hören ist.

Wenn das dort möglich war, wenn so kleine Cantone, wie Glarus, Basel, Aargau u. s. w. derartiges durchzuführen vermochten, ohne ihre relativ sehr umfangreiche Textilindustrie der Konkurrenz des Auslandes gegenüber zu schädigen, so wird bei vorsichtigem Vorgehen das Gleiche sicherlich auch für die Industrie des ganzen deutschen Reiches durchführbar sein, der daraus natürlich weniger Gefahren erwachsen können, als z. B. die Basler Industrie zu fürchten hatte, da sie im eigenen kleinen Gebiet die Arbeit unter 14 jähriger ausschloß, während vor allen Thoren der Stadt, auf badischer Seite im Wiesenthal, wie vor den südlichen Thoren im Baselland und ebenso im Westen, in Elsaß und Frankreich Kinder noch bis zum 12., 10., ja in Elsaß und Frankreich bis zum vollendeten 8. Jahre herab beschäftigt werden durften.

Ernster werden die Schwierigkeiten für die Familien sein, die in den Kindern bisher eine Erwerbsquelle gehabt haben. Daß indessen auch diese Schwierigkeiten bei allmäligem schrittweisem Vorgehen vom 12. zum 13. und 14. Jahr ebenso zu überwinden sein werden, als es in früherer Zeit, trotz aller dagegen erhobenen Widersprüche möglich war, das Normaljahr z. B. in Preußen vom 9. zum 10., 11. und 12. Jahr zu erhöhen — dafür darf man sich, außer auf das Beispiel der Schweiz, wo die bezüglichen Uebergangsbedingungen nicht erheblich günstiger gestanden haben, als diesseits, wohl auch darauf beziehen, daß, wie schon bemerkt ist, grade unter den deutschen Arbeitern selbst der Wunsch nach Ausschluß aller Kinder unter 14 Jahren ein sehr weit verbreiteter und lebhafter ist.

Jedenfalls wird also zu prüfen sein, ob eine solche Erhöhung des Normaljahres thunlich ist und in welchen Fristen. —

Wende ich mich danach zu den Vorschriften betreffend die Beschränkung der Arbeit jugendlicher Personen, so sind diese nach der deutschen Gewerbeordnung bekanntlich zweierlei Art, theils allgemeine für alle Personen unter 16 Jahren, theils besondere je nach den Altersklassen.

Jene gehen dahin, daß wer unter 16 Jahre alt ist, weder an Sonn- und Feiertagen noch des Nachts arbeiten darf, und auch am Tage nur von $5^1/_2$ Uhr Morgens bis $8^1/_2$ Uhr Abends und bei Gewährung gewisser Pausen: eine Stunde Mittags und je eine halbe Stunde Vor- und Nachmittags, ferner, daß von der Beschäftigung dieser Arbeiter gewisse Anzeigen zu machen, über sie Listen und Arbeitsbücher zu führen sind u. s. w.

Nach den gedachten besonderen Beschränkungen aber dürfen

Kinder von 14—16 Jahren höchstens 10, und
„ „ 12—14 „ „ 6

Stunden täglich arbeiten und auch letzteres nur bei Nachweis eines mindestens dreistündigen täglichen Schulunterrichts.

Bezüglich aller dieser Bestimmungen wird es Aufgabe der Enquête sein müssen, zunächst wieder festzustellen, in welchem Umfange dieselben zur Ausführung gebracht werden, und welches die Gründe der Nichtausführung sind.

Denn wie schon im vorigen Jahre an dieser Stelle — ohne daß sich bisher ein Widerspruch dagegen erhoben hätte — ausgeführt ist und wie leicht mit weiteren Nachweisen zu belegen wäre, werden in Nord- und Süd-, Ost- und Westdeutschland jene Bestimmungen in weitem Umfange nicht befolgt, ja es läßt sich bezüglich einiger derselben, insbesondere derjenigen, welche für die 14—16 jährigen Arbeiter eine höchstens 10 stündige Arbeitszeit vorschreiben, die Nichtbefolgung geradezu als Regel hinstellen. Ehe aber nicht konstatirt ist, in welchem Umfange diese Nichtbefolgung wirklich stattfindet, ist auch das Maaß der Reformbedürftigkeit des Gesetzes nicht zu erkennen. Ehe z. B. nicht festgestellt ist, ob den jugendlichen Arbeitern die vorhin erwähnten, vorgeschriebenen Arbeitspausen gewährt werden, ist nicht zu übersehen, ob jene Vorschriften genügen, diese Personen von der ihnen nachtheiligen Bergwerksarbeit auszuschließen, mit der sich solche Pausen kaum vertragen; ehe nicht feststeht, ob 14—16 jährige Personen nur höchstens 10 Stunden arbeiten, wie Vorschrift ist, kann nicht beurtheilt werden, ob es für die über 16 Jahre alten weiblichen Arbeiter ähnlicher Bestimmungen bedarf, oder aber der Schutz der Letzteren sich bei dem Connex, in dem die einzelnen Thätigkeiten in den Fabriken miteinander stehen, aus jener Vorschrift von selbst ergeben wird u. s. w.

Auch ist nicht unerheblich, daß nachdem in neuester Zeit wiederholt strenge Erlasse zur Ueberwachung der Ausführung der bezüglichen Vorschriften ergangen sind, der durch die Enquête zu erbringende positive Beweis ausgedehntester Nichtausführung jedenfalls ein wichtiger Beleg dafür sein wird, daß die jetzt mit dieser Ueberwachung betrauten Behörden diesem Zweck nicht genügen, und ihre Ersetzung durch andere Organe, Fabrikinspektoren oder -inspektionskommissionen, nothwendig ist.

Eine Enquête über die Durchführung jener Bestimmungen scheint mir deshalb von großer Wichtigkeit.

Was aber die Reform derselben betrifft, so würde die Aufmerksamkeit der Enquêteorgane meines Dafürhaltens insbesondere auf drei Punkte zu richten sein:

einmal darauf, ob es nicht zu leichterer Controlle der bestehenden Vorschriften, nach Analogie der bekannten englischen Bestimmungen und nach dem, was darüber schon zur vorjährigen Versammlung beigebracht ist — rathsam wäre, Anfangs- und Endezeit der Arbeit jugendlicher Personen bestimmt vorzuschreiben, eventuell auf welche Stunden diese Zeit festzusetzen wäre und ob sich nicht insbesondere bezüglich der 12—14 jährigen Arbeiter die Bestimmung empföhle, daß sie entweder nur Vor- oder nur Nachmittags beschäftigt werden dürfen, eine Notiz über die danach getroffene Wahl aber in den Arbeitsbüchern Aufnahme zu finden habe.

Sodann ist in dem schon gedachten Promemoria der preußischen Regierung, wie ich glaube, zum erstenmale darauf verwiesen, daß sehr häufig die in Akkord arbeitenden, jugendlichen Personen in den Pausen, die ihnen wie vorgeschrieben ist, vom Arbeitgeber gewährt werden, thatsächlich doch fortarbeiten, und auf diese Weise das Gesetz umgangen wird, ohne daß es nach dem Wortlaut desselben möglich wäre, dies zu hindern. Es wird daher ferner zu prüfen sein, ob solche Umgehungen häufig sind und ob danach ein Bedürfniß vorliegt, das bestehende Gesetz dahin zu ändern, daß Arbeitgeber straffällig sind, nicht nur, wenn sie die vorgeschriebenen Pausen nicht gewähren, sondern auch, wenn sie die Beschäftigung jugendlicher Personen ohne die Einhaltung dieser Pausen dulden.

Insbesondere aber wird es endlich Gegenstand sehr sorgfältiger Erwägung sein müssen, ob es nicht nothwendig ist, bezüglich der Beschränkung der Arbeit jugendlicher Personen für besonders gefährliche Gewerbe auch besondere Bestimmungen zu erlassen. Grade in dieser Beziehung unterscheidet sich das jetzige deutsche Gesetz von den ausländischen sowohl, wie von früheren inländischen sehr zu seinen Ungunsten.

Von den englischen Gesetzen ist es bekannt, wie sie auch auf diesem Gebiete nacheinander zur Abhülfe verschiedener Bedürfnisse erlassen sind und danach auch für die verschiedenen Gewerbe manche besondere Vorschriften enthalten.

Aehnlich ist es in der Schweiz. Einzelne Gewerbe sind den jugendlichen Personen ganz untersagt, für andere ist ein späteres, als das regelmäßige Normaljahr festgesetzt, und insbesondere ist vielfach bestimmt, daß wenn ein Gewerbe oder eine Beschäftigung besonders ungesund oder gefährlich erscheine, es gewissen Behörden überlassen bleibe, solche den Kindern zu verbieten.

Dieselbe Ermächtigung haben die Behörden in Frankreich nach dem Gesetz von 1841.

Verwaltungs-Reglements dürfen dort:

1) die Dauer der Kinderarbeit für gewisse Beschäftigungen beschränken,
2) das Altersjahr, unter welchem die betreffende Beschäftigung nicht stattfinden soll, erhöhen,
3) von gewissen Fabriken und
4) von gewissen Beschäftigungen die Kinder ganz ausschließen.

Und ähnliche Befugnisse hatten die preußischen Behörden nach den älteren preußischen Gesetzen von 1839 und 1853, denen doch das heutige deutsche Gesetz im Wesentlichen nachgebildet ist. Danach war es nämlich den ressortmäßigen Verwaltungsbehörden, den Ministerien der Medicinalangelegenheiten, der Polizei und der Finanzen vorbehalten diejenigen besonderen sanitären, bau- und sittenpolizeilichen Anordnungen zu erlassen, welche sie zur Erhaltung der Gesundheit und der Moralität der Fabrikarbeiter für erforderlich hielten. Und von dieser Befugniß ist in allgemeinen und besonderen Reskripten vielfach Gebrauch gemacht. Wiederholt wurden die Provinzialbehörden von oben her angewiesen, sorgfältig zu erwägen, „welche Beschäftigungen für jugendliche Arbeiter überhaupt nicht geeignet sind und daher für letztere gänzlich verboten werden müssen und welche Vorsichtsmaßregeln nothwendig erscheinen, um den schädlichen Folgen zulässiger Beschäftigungen zu begegnen", wobei insbesondere auf die gefährliche Beschäftigung mit giftigen, explosibeln und viel Staub verursachenden Stoffen hingewiesen, auch z. B. allen Personen unter 16 Jahren die Bergwerksarbeit unter Tage ganz und gar untersagt wurde.

Im neuesten französischen Gesetzentwurf ist man dann bezüglich jener gefährlichen Beschäftigungen noch einen Schritt weiter gegangen und will von einer größeren Zahl derselben alle Personen von weniger als 16 Lebensjahren schon durch Gesetz ganz allgemein ausschließen, so vom Belegen von Spiegelscheiben, von der sog. trocknen Metall- und Glasschleiferei, von der Herstellung und Verwendung giftiger Stoffe, explosibler Stoffe, solcher Stoffe, denen gefährliche Gase entströmen u. s. w.

Von alle dem ist in Deutschland in dem gegenwärtigen Gesetze nicht die Rede.

Die jetzt geltende deutsche Gewerbeordnung kennt nicht nur nicht andere als die angeführten allgemeinen Schranken für die Arbeit jugendlicher Personen, sondern sie schließt sogar durch die Bestimmungen der §§. 1 und 105 jede weitere Beschränkung geradezu aus.

Es darf heute, selbst wenn die Schädlichkeit einzelner Gewerbe, wie z. B. der aus dem französischen Gesetzentwurf soeben citirten, nach so offen zu Tage liegt, ein Verbot derselben für die jugendlichen deutschen Arbeiter weder durch Reskript noch durch Landesgesetz erfolgen. Die Landes- wie die Provinzial-Regierung muß so zu sagen mit verschränkten Armen zusehen, wie die Kinder geopfert werden.

Dies aber ist, meines Dafürhaltens und wie es z. B. ganz neuerdings auch in dem verdienstlichen Werke Hirts über die Krankheiten der Arbeiter gezeigt ist, ein sehr beklagenswerther Rückschritt und Mangel des Gesetzes. Und ich halte es nach alledem daher für eine besonders wichtige Aufgabe der Enquêteorgane, anzuregen und zu prüfen,

von welchen Gewerben resp. von welchen Beschäftigungen jugendliche Personen durch Gesetz ganz auszuschließen seien,

bis zu welchem Jahr dies im Einzelnen der Fall sein müßte, und

ob es Bedürfniß sei, daneben auch den Verwaltungsbehörden die Befugniß einzuräumen, solches Verbot auf im Gesetz nicht vorgesehene Beschäftigungen in dringenden Fällen einstweilen wenigstens auszudehnen. — —

Verlasse ich damit das Gebiet der Arbeit jugendlicher Personen, so wird für das Weitere die allgemeine Frage von Wichtigkeit, ob überhaupt eine Reform erstrebenswerth ist, nach der auch erwachsene selbstständige Arbeiter bezüglich der Bedingungen der Arbeit schützenden und damit beschränkenden Bestimmungen unterworfen werden.

Mit Bezug auf die männlichen Arbeiter wird diese Frage bekanntlich noch heute sehr vielfach selbst von Solchen verneint, die im Uebrigen dem Grundsatze des laissez faire nicht huldigen, so in weitem Umfange noch auf der vorjährigen Eisenacher Versammlung, ebenso kürzlich im deutschen Reichstag bei Behandlung desjenigen Antrags, der zu dem schon erwähnten Beschlusse über Ausführung einer Fabrikgesetzesenquête geführt hat.

Indessen scheint mir gerade auf diesem Gebiete das Bedürfniß zur Reform und zum weiteren Ausbau unserer Gesetzgebung besonders dringend zu sein. Ich habe daher zunächst bei jener principiellen Frage zu verweilen und muß dazu, wenn auch in Kürze, etwas weiter ausholen.

Für mich unterliegt Das keinem Zweifel: So lange noch Unternehmer ein Interesse daran haben mit möglichst geringen Kosten zu produciren, wird nicht nur bezüglich der Arbeitszeit und des Lohnes, sondern auch bezüglich mancher anderer Arbeitsbedingungen ein Interessenkampf zwischen ihnen und den Arbeitnehmern fort und fort bestehen, und in diesem Kampfe werden, in der Großindustrie wenigstens, die Arbeitnehmer im Allgemeinen nicht der günstiger situirte Theil sein. Es ist das oft gesagt: An Zahl unvergleichlich größer, ohne Vermögen und daher unmittelbar und ausschließlich auf ihrer Hände Arbeit angewiesen, ja, zumal wenn verheirathet, selten auch nur im Besitz der zu einem Umzuge erforderlichen Mittel und daher ferner angewiesen auf die beschränkte Zahl von Arbeitsgelegenheiten in ihrem Wohnorte und seiner nächsten Umgebung, sind sie vereinzelt nur zu häufig gezwungen, die Arbeitsbedingungen so zu acceptiren wie sie ihnen geboten werden.

Der Einzelne vermag den Beginn seiner Arbeit im Allgemeinen nicht davon abhängig zu machen, daß diese oder jene seiner Gesundheit schädliche Einrichtung geändert, diese oder jene für ihn nachtheilige Art der Lohnauszahlung beseitigt, diese oder jene vielleicht noch so thörichte und ehrenkränkende Bestimmung des Fabrikreglements aufgehoben werde, u. s. w., sondern er unterwirft sich eben — wie es noch in den Motiven des jetzt geltenden deutschen Gewerbegesetzes ganz treffend hieß, der bestehenden Ordnung. — Aber, wenn es dann an derselben Stelle weiter heißt: Es könne keinem Zweifel unterliegen, daß eine solche Unterwerfung unter eine Fabrikordnung durch Annahme der Arbeit nach Mittheilung jener als ein Vertrag anzusehen sei — erinnern da diese Worte nicht lebhaft an jene Worte von Engels, die er bei Schilderung der Lage der arbeitenden Classen Englands schon in der zweiten Hälfte der vierziger Jahre aussprach: „Der Fabrikant erläßt Fabrikregulative, wie er Lust hat, er ändert und macht Zusätze, wie es ihm beliebt und wenn er das tollste Zeug hineinsetzt, so sagen doch die Gerichte den Arbeitern: „Ihr wart ja Euer eigner Herr, Ihr braucht ja einen solchen Contract nicht einzugehen. Nun aber da Ihr Euch unter diesen Contract begeben habt, jetzt müßt Ihr ihn auch befolgen" u. s. w. — oder erinnern sie nicht an die Worte jenes englischen Grubenbesitzers, der zur Rede gestellt über die sehr mangelhaften Einrichtungen seiner Gruben und die durch diese verursachten zahlreichen Unglücksfälle unter den Bergleuten erwiderte: „Zwinge ich diese Leute denn zur Arbeit? Steht es nicht in ihrem Belieben, ob sie in meine Gruben einfahren wollen oder nicht?" — worauf ihm von anderer Seite erwidert werden mußte: „Allerdings steht dies in ihrem Belieben gerade so, wie es in ihrem Belieben steht, zu verhungern, wenn sie nicht hineinfahren." — —

Gegenüber so übler Lage der Arbeiter auf ein heute mehr als früher verbreitetes Wohlwollen der Arbeitgeber zu verweisen, ist offenbar ganz und gar thöricht. Denn abgesehen davon, daß nicht alle Arbeitgeber wohlwollend sind, insbesondere diejenigen nicht, die selbst nicht Fleisch und Blut sind, sondern nur juristische Personen und abgesehen ferner davon, daß, worüber zahlreiche Erfahrungen aus England und Deutschland vorliegen, der Einzelne — noch so wohlwollend — sehr wenig vermag gegenüber der mit ihm konkurrirenden Gesammtheit: so heißt es doch auch offenbar dem Geiste der Zeit geradezu in das Gesicht schlagen, wenn man die Lage jener großen Classe selbstständiger, selbstbewußter, sich rastlos emporarbeitender Leute, deren Mancher schon an Wissen wie an Thatkraft Demjenigen voransteht, dem das Geschick eine Fabrik in die Hand gespielt hat — wenn man sie, sage ich, abhängig sein lassen will von dem Wohlwollen und dem Mitleiden einer kleinen Classe Begünstigter!! —

Es bleibt also, dem Uebel abzuhelfen, nur Zweierlei: der Arbeiterverband und das Gesetz.

Die wirthschaftliche Selbstbestimmung, Selbstständigkeit und Freiheit der Einzelnen, der gegenüber man heute immer noch so blöde thut, muß doch zum Opfer werden, und es fragt sich nur: ob dem Verbande, ob dem Staate.

Nun hat der Verband — darüber ist kein Zweifel — Vieles erreicht und hat sicherlich auch in der Art es zu erreichen mancherlei Vorzüge vor dem Gesetze: Freiheitsbeschränkungen, die er auferlegt, werden leichter getragen, Selbsterrungenes wird besser gewürdigt, der Kampf, das Erringen selbst stählt und erzieht. Und ebenso wichtig ist, daß den besonderen Bedürfnissen und Anforderungen des einzelnen Orts und Gewerbes auf jenem Wege leichter zu genügen ist, als durch die starre Vorschrift des Gesetzes.

Aber andrerseits hat man sich doch selbst, wenn von social-demokratischen Bewegungen hier ganz und gar abgesehen wird, wohl zu hüten, jene Vorzüge zu überschätzen und insbesondere von den Gewerkvereinen nun alles Heil zu erwarten.

Zunächst übersehe man nicht, daß solche Kampfesorganisation, wie sie hier in Frage steht, schon einen Grad der Erkenntniß, des Gemeingeistes und der Thatkraft bei den Arbeitern voraussetzt, wie er in Deutschland an vielen Orten weder vorhanden, noch in nächster Zeit zu erwarten ist! Und ich halte es demnach zunächst für recht bedenklich, den Umstand, daß z. B. einzelne englische oder deutsche Gewerkvereine sich dieses oder jenes selbst errungen haben, der Art zu verwerthen, daß man sagt: „Der Staat darf in die Freiheit und Selbstständigkeit des erwachsenen männlichen Arbeiters nur da eingreifen, wo Privat- oder Selbsthülfe nachweislich versagt. Nun haben die Arbeiter in London, Lancashire, Berlin, Crimmitzschau oder Leipzig gezeigt daß sie im Stande sind, sich dies oder jenes selbst zu erringen, also bedarf es gesetzlichen Einschreitens nicht."

Ich sage: so zu argumentiren erscheint mir in hohem Maaße bedenklich.

Was der Eine vermag, vermag eben der Andere noch durchaus nicht. Und wenn man Das — ich möchte beinahe sagen — in doktrinärer Befangenheit übersieht, wird Manches, was an sich durchaus nothwendig und erstrebenswerth ist, noch lange auf sich warten lassen, und es wird auch noch manche Saat bittern Hasses aufgehen und wuchern, die zu verhüten besser und auch klüger gewesen wäre.

Aber es kommt noch Wichtigeres in Betracht.

Bei aller Anerkennung, die den Männern gebührt, die uns auf die bezüglichen Einrichtungen in England verwiesen haben und in uneigennütziger, ja hochherziger Weise bestrebt sind, dieselben in Deutschland heimisch zu machen, darf doch nicht verkannt werden, daß solche Kampfesorganisation auch ihre Schattenseiten hat.

Es soll dabei gar nicht der Zukunft gedacht werden. Denn welches der endliche Ausgang jener großen Bewegung sein wird, in deren ersten Anfängen wir heute stehen, ob sie den Zielen ihrer jetzigen Führer immer treu bleiben oder nach Art früherer ähnlicher großer Bewegungen einst über die ersten Ziele zur Tagesordnung übergehen und bedenklicheren Problemen folgen wird: das kann heute wohl noch von Niemand überblickt werden.

Ich gedenke hier nur der Gegenwart. Und für diese scheint mir, zumal wenn ich, so weit ich Einsicht hierin habe, die bezüglichen deutschen und schweizerischen Verhältnisse vergleiche, Das jedenfalls unzweifelhaft, daß durch jene Organisation der Classengegensatz, wo er noch schlummert, geweckt, und wo er besteht, zeitweilig jedenfalls erheblich erhöht und verschärft wird. Nun mag man das als nothwendiges Uebergangsstadium bezeichnen, gleichsam — um ein altes Wort von 1789 zu gebrauchen — als die Kinderkrankheiten der neuen bessern Zeit, denen durch die auf Grund der Organisation einzuführenden Schiedsgerichte und Einigungsämter wieder abgeholfen werden soll — jede unnöthige Verschärfung des Gegensatzes wird jedenfalls zu meiden sein. Und solche unnöthige und sehr bedenkliche Steigerung der Gegensätze muß meines Dafürhaltens überall da eintreten, wo die Arbeitnehmer mit Mühe und Kosten aller Art, mit oft vergeblich aufgewandten sehr bedeutenden Geldopfern, ja mit Einsetzung ihrer eigenen mühseligen Existenz und der ihrer Familien Das sich erringen müssen, wovon die allgemeine Stimme sagt: Es gebührt ihnen von Rechtswegen, es müßte schon an sich so sein.

Wenn — um nur ein Beispiel zu gebrauchen — die Arbeiter sich in der gedachten Weise erst erstreiten müssen, daß in jenen Fabrikreglements nicht Bestimmungen vorkommen, die wie die bekannten Visitationsvorschriften — ihre Ehre täglich kränken, daß darin nicht Bußen vorgesehen sind, die nach der Willkür der Aufseher ihre Existenz in jedem Augenblick zu der eines Vogels auf dem Dache machen können, daß den Einrichtungen der Fabriken und Gruben nicht, so zu sagen auf der Stirn geschrieben steht, wie der Unternehmer seinen Geldbeutel höher stellt, als Leben und Gesundheit der Arbeiter, wenn alles Das erst mit Opfern der gedachten Art errungen werden muß: so muß gerade durch die hierin liegende Kränkung des Rechtsgefühls der Arbeiter die Steigerung der Leidenschaften besonders groß werden. Und alle gerühmten Vorzüge des Selbsterringens müssen in solchen Fällen vor den großen Unzuträglichkeiten des Kampfes weit zurücktreten.

Wo es gilt, dem, was an sich unzweifelhaft billig und recht erscheint, Boden zu schaffen — da darf meines Dafürhaltens die Staatsgewalt ihres schon zum Ueberdruß ihr nachgesagten ethischen Berufs nicht der Art uneingedenk sein, daß sie erst ängstlich prüft, ob etwa im Kampf die Arbeitnehmer sich selbst das Nothwendige zu erringen vermögen, sondern da hat sie meines Dafürhaltens unmittelbar einzuschreiten!

Und thatsächlich hat man denn auch in demjenigen Lande, das nicht gerade in dem Rufe steht, die persönliche Freiheit besonders zu mißachten, zu dessen schönsten Ruhmeskränzen es vielmehr gehört, daß in ihm, wie in wenig anderen Ländern der Mensch im Menschen geachtet wird, gleichgültig welches sein Kleid ist, das aber ebenso dadurch sich auszeichnet, daß man seit Alters in ihm weniger dem zweifelhaften Phantom des sogen. Nationalreichthums nachstrebt, als nach Menschenkraft und -einsicht bemüht ist, wirkliches Wohlbefinden unter seinen Mitmenschen zu verbreiten — in diesem Lande hat man schon lange ein staatliches Eingreifen in die wirthschaftlichen Verhältnisse auch der erwachsenen männlichen Personen als unzweifelhafte Pflicht angesehen. Und es dürfte nicht zum Geringsten diesem Umstande zuzuschreiben sein, daß daselbst (so weit ich es zu beurtheilen vermag) der Gegensatz zwischen Arbeitgeber und -nehmer und der Klassenkampf im Allgemeinen lange nicht die Schärfe gewonnen hat, wie in einzelnen Theilen Deutschlands. Ist mir doch noch jüngst von sehr glaubwürdiger Seite im Glarner Land versichert worden, wie dort Niederrheinische Fabrikanten sich mit einem gewissen Neide über den daselbst in dieser Beziehung herrschenden Ruhe- und Friedenszustand geäußert haben.

Ich will nun nicht Dessen gedenken, daß in zwei Cantonen der Schweiz, — in Glarus und Basel, dort seit 1864, hier seit 1869 — jener Forderung des Normalarbeitstags genügt ist, welche in weiten Kreisen heute noch als socialistische gilt, und in einem andern Canton, Baselland, die erwachsenen männlichen wie weiblichen Arbeiter wenigstens durch Verbot aller Nachtarbeit beschränkt sind.

Hier interessirt vor Allem, daß es in sämmtlichen Cantonen der Schweiz, die überhaupt Fabrikgesetzgebungen haben — und solche haben alle industriereicheren Cantone der Deutschen Schweiz — Vorschrift ist, daß alle Fabrikreglements der Arbeitgeber polizeilicher Controlle unterliegen resp. nur gültig sind, wenn sie zuvor durch die zuständige Behörde geprüft und genehmigt sind, daß vielfach auch vorgeschrieben ist, daß derartige höhern Orts genehmigte Reglements in den Fabriken vorhanden sein müssen, damit was Rechtens sei zwischen Arbeitgeber- und -nehmer unter allen Umständen bekannt und von höherer Genehmigung abhängig sei, daß regelmäßig auch gesetzliche Vorschriften über die zulässige Höhe der im Reglement anzudrohenden Strafen sowie über die Verwendung der letzteren zu Gunsten der Arbeiter-Krankenkassen, -Altersversorgungskassen u. s. w. bestehen, und daß insbesondere nicht nur allgemeine, sondern auch eine Reihe einzelner besonderer Vorschriften betreffs des den Arbeitern in den Fabriken zu gewährenden Schutzes gegen Gefahren für Leben und Gesundheit bestehen, z. B. über die erforderliche Ventilation der Fabrikräume, die Verkleidung rsp. Einfriedigung der Triebmaschinen, Transmissionen, Wellbäume, Riemen, die Vergitterung der Treppenöffnungen, Fallthüren, Schachte u. s. w.

In Deutschland ist von alledem so gut wie nichts zu finden.

Abgesehen von dem unzureichenden Truckverbot, auf das sogleich die Rede kommen wird, überläßt die Deutsche Gewerbeordnung den erwachsenen Arbeiter ganz und gar der Fabel vom freien Arbeitsvertrage und begnügt sich mit der ganz allgemeinen Vorschrift, daß — so lautet der § 107 — jeder Gewerbe-Unternehmer verbunden sei, auf seine Kosten diejenigen Einrichtungen herzustellen und zu unterhalten, welche zur thunlichsten Sicherung der Arbeiter gegen Gefahren für Leben und Gesundheit erforderlich sind. Indessen ist auf die Uebertretung dieser, wie leicht ersichtlich, sehr verschieden auszulegenden Vorschrift nicht, wie in Schweizer Gesetzen mehrfach, Gefängniß- resp. empfindliche Geldstrafe, sondern nur eine Strafe von 10 Sgr. bis höchstens 50 Thlr. gesetzt. Und daß auch diese Bestimmung nicht gefährlich werde — dafür sorgt die ihr zugefügte Clausel, wonach auch jener Strafe nur derjenige verfalle, welcher „der Aufforderung der Behörde ungeachtet" jener Vorschrift des § 107 entgegen handelt. Nun hat sich — wie bekannt — bis vor Kurzem kaum irgend eine Behörde um den innern Zustand der Fabriken gekümmert, es war daher auch kaum eine in der Lage, Aufforderungen wie die hier in Rede stehenden an die Unternehmer zu richten, und jener Strafe konnte daher kaum irgend Jemand verfallen, mochte es in den Fabriken noch so traurig in dieser Beziehung aussehen. —

Um auf diesem Gebiete lange Versäumtes nachholen zu können, wird nach alledem also einmal den Fabrikreglements ernste Aufmerksamkeit zuzuwenden und zu prüfen sein, ob nicht gesetzliche Vorschriften angezeigt sind, nach welchen:

1) ebenso wie in der Schweiz, alle Fabrikordnungen vor ihrem Erlaß im Verwaltungswege geprüft und genehmigt sein müssen, resp. nach welchem

2) derartig genehmigte Fabrikreglements in allen Fabriken vorhanden sein müssen, und nach welchen auch

3) die in diesen Ordnungen vorgesehenen Strafen nur Geldbußen bis zu gewisser gesetzlich vorgeschriebener Höhe sein dürfen, und zur Verhütung etwaigen Mißbrauchs dieselben auch niemals im Interesse der Arbeitgeber, sondern nur zu Gunsten der Arbeitnehmer, für Krankenkassen, Altersversorgungskassen oder zu andern etwa von der Behörde zu bestimmenden Zwecken Verwendung finden dürfen.

Ebenso erscheint es sodann dringendste Aufgabe, nicht nur mit Bezug auf Kinder und Frauen, sondern überhaupt die sanitären Verhältnisse der Fabriken und die zum Schutz von Leben und Gesundheit der Arbeiter dort getroffenen Einrichtungen einer eingehenden Prüfung zu unterwerfen und festzustellen:

1) in wie weit denn solche Einrichtungen hergestellt sind, welche — wie das Gesetz es vorschreibt — zu thunlichster Sicherung der Arbeiter gegen Gefahren für Leben und Gesundheit nothwendig sind;

2) in welcher Weise, nach Analogie der englischen und schweizerischen Gesetze eine weitere Ausbildung und Präcisirung dieser Vor-

schriften, sowohl im Allgemeinen als bezüglich einzelner mit besonderen Gefahren verbundener Gewerbe stattzufinden hat;

3) ob die jetzt geltende mäßige und principaliter nur auf Geldbuße lautende Strafbestimmung für genügend zu erachten ist, und endlich

4) ob nicht die erwähnte Bestimmung, wonach auch diese Strafe nur bei einem Zuwiderhandeln nach vorgängiger unbeachtet gebliebener „Aufforderung der Behörden" verhängt werden darf, geändert werden muß. —

Schließlich wird dann auch zu prüfen sein, wie weit das bestehende Truckverbot befolgt wird, und ob es nicht zu erweitern ist.

Verboten ist nehmlich nach § 134 der Gewerbe-Ordnung jede Löhnung, welche nicht entweder in Gewährung von Wohnung, Feuerungsbedarf, Landnutzung, regelmäßiger Beköstigung, Arzneien und ärztlicher Hülfe oder aber in „baarem Gelde" erfolgt.

Es ist danach also nicht nur Zahlung in „Waaren", sondern auch z. B. in Coupons, Wechseln, ausländischen Banknoten u. s. w. untersagt. Und doch wird, worüber der Nachweise genug vorliegen, in allen diesen Dingen noch häufig gezahlt.

Zugleich aber hat es sich auch als Bedürfniß herausgestellt, daß manches „baare Geld" von der Zahlung ausgeschlossen werde. Ich erinnere nur z. B. an die österreichischen und holländischen Gulden, die dem Arbeiter nachtheiliger sein können, als gute Coupons u. s. w.

Es wird daher meines Dafürhaltens zu prüfen sein, ob statt der Zahlung in „baarem Gelde" nicht Zahlung in „gesetzlichen Zahlungsmitteln" oder Währung zur Pflicht zu machen ist. —

Auf die Forderung des gesetzlichen Normalarbeitstages würde ich dagegen die Enquête zu richten nicht anräthig sein. Ich lege den gegen diese Einrichtung angeführten principiellen Gründen die dem freien „Selbstbestimmungsrecht" des erwachsenen männlichen Arbeiters entnommen sind, nach dem schon Gesagten kein sehr großes Gewicht bei und glaube mich auch überzeugt zu haben, daß sich solche Einrichtung in Glarus und in Basel, wo sie schon längere Zeit besteht, wohl bewährt hat.

Den och kann ich wie bemerkt, nicht rathen die zunächst hier in Frage stehende Enquête schon auf diesen Gegenstand auszudehnen, einmal weil in dieser Beziehung im großen Gebiet des Deutschen Reiches jedenfalls besondere Vorschriften für die verschiedenen Gewerbe erforderlich sein werden, und die hierzu erforderlichen Feststellungen den Umfang dieser Enquête der Art vergrößern möchten, daß der Erfolg des Ganzen dadurch in Frage gestellt würde, sodann aber auch, weil zunächst abzuwarten sein dürfte, welche Wirkung es haben wird, wenn dem Gesetze gemäß in der That alle 14—16 jährigen Arbeiter und, wie sogleich vorgeschlagen werden soll, auch alle weiblichen Arbeiter höchstens 10 Stunden täglich arbeiten, und ob sich — bei dem Connex der einzelnen Beschäftigungen mit einander — daraus nicht, ähnlich wie in England ein 10stündiger Normalarbeitstag auch für den erwachsenen männlichen Arbeiter von selbst ergeben wird.

Aus gleichem Grunde scheint es mir ferner auch zunächst entbehrlich, der Frage des allgemeinen Verbots der Sonntags- und der Nachtarbeit näher zu treten, welches Verbot, abgesehen von den allgemeinen polizeilichen Sonntagsvorschriften — nach der Deutschen Gewerbe-Ordnung ebenfalls schon für die unter 16 jährigen Arbeiter besteht.

Dagegen wird die Aufmerksamkeit der Enquêteorgane meines Dafürhaltens darauf zu lenken sein,

1) ob dieses Verbot, sowie alle übrigen für die 14—16 jährigen Arbeiter bestehenden Vorschriften, insbesondere bezüglich der Länge der Arbeitszeit und der Arbeitspausen, aus den im vorigen Jahre hier hinreichend erörterten Gründen nicht auf alle weiblichen, eventuell wenigstens auf die verheiratheten weiblichen Arbeiter auszudehnen sind.

2) ob nicht — nach Analogie ähnlicher Vorschriften in andern Ländern und wie es neuerdings auch von Hirt in dem schon angeführten Werke über die Krankheiten der Arbeiter als nothwendig nachgewiesen ist — die weiblichen Personen um ihrer Gesundheit willen von einzelnen Gewerben ganz auszuschließen sind; und endlich

3) ob und welcher Vorschriften es bedarf, um den Schwangern und Wöchnerinnen in der Zeit vor und nach der Geburt denjenigen Schutz zu gewähren, der in ihrem und der Neugebornen Interesse nothwendig ist.

Letzteren Punkt halte ich für sehr erheblich.

Die alte Fabel von der erfreulichen Zunahme der mittleren Lebensdauer mit steigender Kultur ist wohl gegenwärtig hinreichend erkannt als Das, was sie war — eine jener optimistischen Täuschungen, denen sich Diejenigen so gern hingaben, welche die fortschreitende Zunahme allgemeinen Wohlbefindens als nicht zu bezweifelnde Thatsache ansahen. Heute wissen wir, daß der bisher vorzugsweise beliebte Weg zur Berechnung jener mittleren Lebensdauer, nach welchem Letztere mit dem Durchschnittsalter der Gestorbenen identificirt wird, ein irriger ist. Dieses Durchschnittsalter ist natürlich abhängig von der Zahl der Kinder und unerwachsenen Personen, insbesondere mithin von der Zahl der Geburten. Wo Viele geboren werden und also verhältnißmäßig Viele in niedrigem Alter stehen, da muß auch das Durchschnittsalter der Gestorbenen klein sein, wo verhältnißmäßig wenig Geburten sind, muß dasselbe groß sein. Und deshalb ist es z. B. in Frankreich größer, als in Deutschland, und hier wie dort zur Zeit größer, als vor Jahrzehnten, als die Zahl der Geburten eine relativ größere war. Aber für die Gestaltung der mittleren Lebensdauer ist damit nichts erwiesen. Sie festzustellen und für verschiedene Zeiträume mit einander zu vergleichen, gebricht es uns durchaus an Material und wird voraussichtlich noch lange an solchem gebrechen.

Ein Einziges nur kennen wir auf diesem Gebiete: die Absterbeordnung der Menschen in ihren ersten Lebensjahren. Und diese zeigt uns — entgegen allen früheren Annahmen — eine sehr bedenkliche Neigung zu immer ungünstigerer Gestaltung in den verschiedensten Ländern.

Durch Berechnungen, die unabhängig von einander zu etwa derselben Zeit in England, Frankreich, Preußen, Baiern, Baden, Würtemberg, der

Schweiz u. s. w. gemacht sind, ist constatirt, daß seit Jahrzehnten schon eine fortschreitend immer geringer werdende Zahl von Kindern in diesen Ländern Aussicht hat, das erste, zweite, dritte Lebensjahr u. s. w. zu überschreiten.

In Preußen z. B. überlebten das erste Jahr von je 1000 Gebornen

		der Jahre	1816—20	noch	836, dagegen
von 1000	Gebornen	„ „	1820—30	nur	832,
„ 1000	„	„ „	1830—40	„	823,
„ 1000	„	„ „	1840—50	„	821,
„ 1000	„	„ „	1850—58	„	811,
„ 1000	„	„ „	1859—63	„	800.

Und das dritte Jahr überlebten von je 1000 Gebornen

		der Jahre	1816—20	noch	757, dagegen
von 1000	Gebornen	„ „	1820—30	nur	749,
„ 1000	„	„ „	1830—40	„	732,
„ 1000	„	„ „	1840—50	„	726,
„ 1000	„	„ „	1850—58	„	718 u. s. w.

So war es im Durchschnitt der preußischen Monarchie. Im Einzelnen, insbesondere in den größeren Städten gestaltete sich das Verhältniß noch erheblich ungünstiger, so z. B. für Königsberg i. Pr. dahin, daß das erste respective dritte Lebensjahr überschritten von 1000 Gebornen

der Jahre	1819—23 :	810	respective	712,	
„ „	1824—28 :	778	„	664,	
„ „	1829—33 :	758	„	629,	(Cholerajahr 1831!)
„ „	1834—38 :	776	„	666,	
„ „	1839—43 :	766	„	649,	
„ „	1844—48 :	732	„	622,	(Theuerungsjahr 1847!)
„ „	1849—53 :	739	„	592,	
„ „	1854—58 :	700	„	567.	
„ „	1859—64 :	695.			

Aehnlich hat auch die Kindersterblichkeit in der Schweiz zugenommen.

In Basel z. B. überlebten im dritten und vierten Jahrzehnt dieses Jahrhunderts noch etwa 879 von je 1000 Gebornen das erste Lebensjahr, im folgenden Jahrzehnt nur noch etwa 830 und z. B.:

in den Jahren 1860—65 nur 802,
„ „ „ 1866—70 nur 783.

Welches die Ursachen dieser, übrigens noch durch Detailstudien eingehender darzulegenden Erscheinung sind, steht noch nicht fest. Indessen dürfte unter den verschiedenen dafür geltend gemachten Gründen der erheblichste der sein, daß im Laufe der neueren Zeit die Frau immer mehr ein nothwendiger Faktor zum Unterhalt der Arbeiterfamilie geworden ist, und dadurch der Mutter mehr als früher die erforderliche Zeit zur Pflege ihrer selbst und ihres Kindes vor und nach der Entbindung gekürzt wird.

Als das Geschäft von Jean Dollfuß in Mülhausen, welches in den sechsziger Jahren 11—1200 weibliche Arbeiter beschäftigte, Anordnung traf, daß die Schwangeren und Wöchnerinnen unter Denselben im Ganzen 6 Wochen vor und nach ihrer Niederkunft ihren Lohn ausgezahlt erhielten, ohne in dieser Zeit zu arbeiten, sank die Kindersterblichkeit der Art, daß von je 100 Kindern jener Arbeiterinnen etwa 75, statt wie bisher nur etwa 62—64 das erste Lebensjahr überschritten. Aehnliche Erfahrungen sind an andern Orten gemacht. Und es erklärt diese Erscheinung zugleich, warum es insbesondere die Gegenden der, viele weibliche Arbeiter beschäftigenden Textilindustrie sind, die sich durch große Kindersterblichkeit auszeichnen, so Mülhausen früher in Frankreich, so Sachsen und Schlesien in Norddeutschland u. s. w.

Ueberleben doch im Regierungsbezirke Breslau durchschnittlich nur 74, im Regierungsbezirk Liegnitz durchschnittlich nur 73 von 100 Gebornen das erste Lebensjahr, während im Durchschnitt des preußischen Staats, wie schon bemerkt ist, etwa 80, im Regierungsbezirk Arnsberg, dem alten Sitze der wenig Frauen beschäftigenden Metallindustrie sogar etwa 86—87 von je 100 dieses Loos zu Theil wird.

Und in den eigentlichen Weberdistrikten Schlesiens, in den Kreisen Waldenburg, Bolkenhain, Landshut, Hirschberg u. s. w. sieht es am traurigsten aus. In Hirschberg überlebten im Durchschnitt der Jahre 1850—65 nur 64—65, in Landshut nur 63 von 100 Gebornen das erste Lebensjahr u. s. w.

In der Schweiz hat man deshalb zum Schutz der weiblichen Fabrikarbeiter zur Zeit ihrer Schwangerschaft und Geburt mehrfach besondere Bestimmungen erlassen, theils dahin gehend, daß sie eine gewisse Zeit vor und nach ihrer Niederkunft nicht arbeiten dürfen, theils dahin, daß es ihnen wenigstens gestattet sein soll, in solcher Zeit eine gewisse Reihe von Wochen die Arbeit auszusetzen.

Für Deutschland fehlen, wie es nach dem Bisherigen nicht Wunder nehmen kann, derartige Bestimmungen ganz und gar. Daß sie aber auch hier nothwendig sind, und daß es sich hierbei auch um einen Gegenstand von sehr großer Wichtigkeit, sowohl für die gegenwärtige, wie für die zukünftige Generation handelt, dürfte nach dem Gesagten a priori zuzugeben sein. Aufgabe der Enquête wird es aber sein müssen, diesen Gegenstand näher zu untersuchen und geeignete Mittel zur Abhülfe vorzuschlagen. — Damit ist das Capitel von den Objekten dieser Enquête beendigt.

Es bleibt nun, bevor ich zur Behandlung der Schlußfrage nach der Organisation derselben übergehe, noch die Vorfrage zu lösen:

auf welchen Kreis von Arbeitern sich dieselbe überhaupt zu erstrecken haben wird: ob nur auf die in Fabrik, Berg- und Hüttenwerken Beschäftigten oder auch auf die Arbeiter in Handwerk und Hausindustrie.

Trotz mancher entgegenstehenden Bedenken, die ich nicht gering schätze, entscheide ich mich für die erstere Alternative; nicht nur deshalb, weil im Wesentlichen — was also namentlich die Arbeit jugendlicher Personen betrifft — unsere jetzt geltende Gewerbeordnung sich auf diesem Standpunkt befindet, sondern insbesondere auch einmal weil die Gesammtheit der hier in Rede stehenden Gefahren, also die zu große Abhängigkeit der Arbeiter vom Unternehmer und die Gefahr für die Gesundheit und Sittlichkeit insbesondere der jugendlichen und weiblichen Arbeiter im großen Durchschnitt im Handwerk und der Hausindustrie nicht so bedeutend ist als in den größeren Anstalten und andrerseits, weil zu befürchten steht, daß, wenn die Enquête sich zugleich auf Handwerk und Hausindustrie erstreckte, sie einen Umfang gewinnen müßte, der eine so rasche Durchführung derselben, wie sie hier erstrebt werden muß, zur Unmöglichkeit machen würde.

Wenn man einwendet, daß manches Handwerk — wie Schlosser-, Schmiede-, Böttcher-, Tischler-, Zimmermannsarbeit u. s. w. größere Anforderungen an die Kräfte der Arbeitenden stelle, als die Arbeit an der Maschine in der Fabrik, so ist dieser Einwand offenbar ganz unerheblich. Wo wirkliche Kraftanstrengung erfordert wird, ist auf dem hier in Rede stehenden Gebiete — so paradox dies klingen mag — die Gefahr der Ueberanstrengung am geringsten. Denn diese zehrt eben die Kraft auf und verbietet sich sonach sehr bald von selbst. Wo aber wenig Kraft erfordert wird, wo die Kinder ganz ermüdet, halb im Schlafe noch fortarbeiten können, wie in den Fabriken der Textilindustrie — da ist jene Gefahr am größten. Und es ist sicherlich nicht Zufall, daß gerade von dieser Industrie die gesetzlichen Bestimmungen über Kinder- und Frauenarbeit im Allgemeinen ihren Ausgang genommen haben.

Dazu treten einerseits die besonderen Gefahren der Maschinen, anderseits der unaufhörliche, keine Rast gewährende Zwang, den die unermüdet fortarbeitende Maschine auf den Arbeiter ausübt. Nicht mit Unrecht konnten die Thurgauer Arbeiter bei der Thurgauer Gesetzesreform von 1867 sagen:

Der Handwerker ist dem Fabrikarbeiter gegenüber noch insofern ein wahrer Freiherr, als er ja nach Bedürfniß Pausen machen, Luftveränderungen vornehmen kann u. s. w., was alles wir nicht können.

Insbesondere aber scheinen mir nach Allem, was ich darüber in Erfahrung gebracht habe, die Gefahren für die Sittlichkeit, namentlich für die sittliche Vergiftung der Jugend da am größten zu sein, wo — wie in Fabriken — Massen von Arbeitern, Männer, Frauen, Mädchen und Knaben zusammen arbeiten, zusammen speisen, oft zusammen wohnen, und andernfalls zusammen von und nach der Fabrik wandern, unterwegs gemeinschaftlich die Wirthshäuser aufsuchen u. s. w.

In dieser Beziehung haben uns die Schweizerischen Enquêten und Gesetzesmotive in der That traurige Bilder aufgerollt, auf die hier nicht weiter eingegangen werden soll.

Jedenfalls aber steht es mit alledem im Zusammenhang, daß weder in irgend einem Schweizer Canton, noch in Frankreich, noch in Oesterreich, noch in irgend einem der früheren deutschen Gesetze, noch endlich wie bemerkt in der gegenwärtigen deutschen Gewerbeordnung von einem

Schutz **anderer** Arbeiter, als derjenigen in Fabriken, Berg- und Hüttenwerken die Rede ist.

Ein einziges Gesetz der **Schweiz**, das **Aargauische ermächtigt** die Regierung zum Erlaß schützender Vorschriften gegen ungebührliche Verwendung von Kindern außer Fabriken. Aber von dieser Ermächtigung hat man sich bisher nicht veranlaßt gesehen, Gebrauch zu machen. Und ebenso wurde es in Baden im Jahre 1869 zuerst von der I. und dann von der II. Kammer abgelehnt, die auf die Fabrikarbeit bezüglichen Vorschriften auf die Werkstättenarbeit auszudehnen, desgleichen sprach sich z. B. in den 50er Jahren die preußische Regierung zu Minden auf eine bezügliche Anfrage von oben her dahin aus, daß zu solcher Ausdehnung kein Bedürfniß vorläge u. s. w.

Mit alledem soll natürlich keineswegs bestritten werden, daß im **Einzelnen** nicht auch im Handwerk und insbesondere in der Hausindustrie schwer wiegenden Mißbräuchen und Uebelständen Abhülfe zu schaffen sein wird. Aber auf dem bisher beliebten **generellen Wege** weiter vorzugehen und nunmehr die auf die Fabrikarbeiter bezüglichen Vorschriften auf alle anderen industriellen Arbeiter auszudehnen, würde schon an sich nicht räthlich sein.

Abhülfe wird da nur auf dem Wege der besonderen Gesetzgebung für besondere Gewerbe zu erwarten sein. Und für diese Specialgesetzgebung das Material zugleich bei der hier in Rede stehenden Enquête sammeln zu wollen, hieße des Guten zu viel auf einmal verlangen und hieße, wie oben schon angedeutet wurde, das, was im Anschluß an das Bestehende in Kürze zu erreichen wäre, auf lange Zeit verzögern und hinausschieben.

Auch wolle man wohl beachten, daß, wenn über das Gebiet der Fabriken hinausgegangen werden wird, diese Reform selbst mit unverhältnißmäßig großen Schwierigkeiten der Ausführung und der Ausführungskontrolle zu kämpfen haben wird. Schon für die Fabriken ist die Ausführung der Gesetze bisher nicht zu erreichen gewesen. Wie viel größer werden die Schwierigkeiten aber werden, wenn das Handwerk der Controlle mit unterstellt werden sollte! und zu welchen sehr bedenklichen Eingriffen in die Rechte des Hauses und der Familie könnte es führen, wenn auch die Hausindustrie stetig beaufsichtigt werden sollte!! Was ein Fabrikant von St. Gallen kürzlich versicherte: Die Behörden dieses Cantons dürften nie wagen, ein Gesetz zu erlassen, das so tief in die Familienverhältnisse eingreifen würde, wie eine fabrikgesetzliche Beschränkung der Hausindustrie, selbst wenn offen kundige Schäden vorlägen — dürfte wohl auch außerhalb dieses Cantons von Bedeutung sein.

Ich kann nach alledem also eine Ausdehnung der Enquête über das Gebiet der Fabriken, Berg- und Hüttenwerke und Gruben hinaus zunächst wenigstens nicht empfehlen.

Nun bleibt freilich der Einwand, daß der **Begriff** der **Fabrik** selbst ein unbestimmter sei und daß daher um Willkür zu vermeiden, nichts übrig bleiben werde, als durch starre Zahlenvorschrift z. B. festzusetzen: eine Anstalt mit 10 oder mit 20 Arbeitern sei Fabrik, darunter nicht.

An sich ist dieser Einwand richtig. Ohne solche Zahlenvorschrift kommen wir nicht zu fester Gesetzesnorm. Erwägt man jedoch, daß ebenso starre Zahlenvorschrift entscheidet, ob Jemand zum Soldaten tauglich ist oder nicht, ob man auf seinem Grundstück sich Festungsrayonbestimmungen zu unterwerfen hat oder nicht, ob man z. B. in Preußen classensteuerfrei oder -pflichtig ist u. s. w. — kurz, daß es einmal im Allgemeinen zu den Unvollkommenheiten des praktischen Lebens überhaupt gehört, ein „bis hieher und nicht weiter" in starrer Ziffer ausdrücken zu müssen, um die noch größere Gefahr wechselnder subjektiver Willkür zu vermeiden, so wird man auch jenen Uebelstand nicht unerträglich finden können.

Aus Gründen, welche darzulegen hier zu weit führen würde, ist indessen zu empfehlen, die bezügliche Ziffer für die hier in Rede stehende Enquête nicht zu hoch zu greifen, sondern sie nach dem Vorgange des Aargauer Gesetzes von 1862; des französischen Gesetzentwurfs von 1847 und der eidgenössischen Aufnahmen von 1870 auf 10 festzustellen, so daß also nur diejenigen gewerblichen Etablissements in Betracht kämen, welche in den Anstalten selbst und den dazu gehörigen Höfen und Plätzen (resp. Gruben und Bergwerken) 10 oder mehr Arbeiter beschäftigen. —

Danach bleibt nun zum Schluß nur noch die Frage nach der Organisation der Enquête zu erledigen.

Unbedenklich erscheint mir, daß dieselbe nicht allein von Behörden durchzuführen ist, — die Erfahrungen, die in dieser Beziehung insbesondere in Frankreich und Belgien gemacht sind, sind zu trübe —, unbedenklich auch, daß sie nicht allein von Privaten, geschehen kann, sondern diese unter amtlicher und zwar reichsamtlicher Leitung zu fungiren haben werden, da es sich hier ja um einen Gegenstand einheitlichen deutschen Rechts handelt, und nur durch amtliche Mitwirkung allgemeine und gleichmäßige Aufnahmen verbürgt werden können.

An der Spitze müßte also ein Beamter der Reichsbehörde, ihm zur Seite aber eine Commission stehen, die zum Theil wenigstens aus Reichstagswahlen hervorzugehen hätte, und bei der auf etwa gleichmäßige Vertretung von Arbeitnehmern und -gebern Gewicht zu legen wäre.

Für die Ausführung selbst bieten sich dann freilich zwei Wege:

Zunächst könnten in Analogie des bekannten englischen Verfahrens einige wenige, besonders hiezu geeignete Persönlichkeiten mit der Aufgabe betraut werden, so zu sagen, Spezialstudien über die in Frage stehenden Objecte vorzunehmen, sich überall dahin zu begeben, wo sie über den einzelnen Gegenstand Nachricht gewinnen können, und dort durch eigene Besichtigung und Prüfung, sowie durch Erfordern von Gutachten und Nachrichten, Vernehmen und Confrontiren von Zeugen u. s. w., der Sache thunlichst auf den Grund zu gehen. Und dieser Weg hätte in Bezug auf Tiefe und Zuverlässigkeit der Erkenntniß, sowie auf Farbenfrische der zu gewinnenden Nachrichten jedenfalls große Vorzüge, die in England oft erprobt sind. Ich glaube auch, daß er im vorliegenden Falle bezüglich mancher Fragen nicht zu entbehren sein wird, z. B. dann, wenn es sich darum handelt, von gewissen Gewerben um ihrer Schädlichkeit willen jugendliche oder weibliche Personen ganz auszuschließen, für die weiblichen oder doch die verheiratheten weiblichen Arbeiter einen Normalarbeitstag festzusetzen, zu diesem Zwecke die Mißstände festzustellen, welche sich in Bezug auf Sittlichkeit und Familienleben aus der Frauenarbeit ergeben haben u. s. w.

Aber allein genügen kann jener Weg meines Dafürhaltens nicht.

Wenn wir uns wirklich darüber unterrichten wollen: Wie sieht es heute in den Fabriken aus? in welchem Umfange wird thatsächlich den bestehenden Vorschriften genügt? wie viel Kinder unter zwölf Jahren finden noch Beschäftigung in denselben? wie groß ist die Zahl der 12—14 jährigen Arbeiter, die durch die vorgeschlagene Erhöhung des Normaljahrs betroffen würden? welche Einbuße an Lohn würde sich aus ihrer Ausschließung für die betheiligten Familien ergeben? in welchem Umfange werden die Vorschriften bezüglich der 14—16jährigen Arbeiter beachtet? wie viel weibliche resp. verheirathete Arbeiter würden betroffen, wenn auf sie die für jene gegebenen Vorschriften Anwendung fänden? wie viele weibliche Arbeiter arbeiteten bisher des Nachts? wie viele würden also durch solche Ausdehnung in ihrem Erwerbe gekürzt werden u. s. w.: so können in allen diesen Fällen Spezialstudien der gedachten Art keinen hinreichenden Aufschluß geben.

Dazu bedarf es planmäßiger, bezirksweise vor sich gehender Aufnahmen durch das ganze Reichsgebiet.

Und nur durch solche würde auch der Gefahr vorgebeugt werden, daß nicht dem Vorgehen jener Specialkommissare der Einwand entgegengestellt werden könnte, sie verführen nach Willkür, sie suchten sich die Objekte zu ihren Spezialstudien in parteiischer Weise so aus, wie dieselben am besten zu ihren vorgefaßten Meinungen paßten u. s. w.

Jene generellen örtlichen Aufnahmen müßten aber ebenfalls unter Zusammenwirken von Privaten und Beamten erfolgen, unter den Ersteren müßten Arbeitgeber und Arbeitnehmer in etwa gleicher Zahl vertreten sein, neben ihnen als Sachverständige Aerzte, Lehrer und eventuell auch Bau- und Maschinentechniker fungiren, und als Beamter der Inhaber der ortspolizeilichen Gewalt oder die etwa schon in Thätigkeit befindlichen Fabrikinspektoren (resp. die bezüglichen Bergbehörden) den Vorsitz führen, wonach denn auch die Aufnahmebezirke im Anschluß an die bestehenden Ortspolizeibezirke abzugränzen wären. Letzteres ist nehmlich insbesondere deshalb nothwendig, damit die in Rede stehenden Commissionen sich unter allen Umständen — auch widerwilligen Unternehmern gegenüber Zutritt in die zu besichtigenden Etablissements verschaffen können. Ohne den Rückhalt der ortspolizeilichen Gewalt könnten die Commissionen hierbei leicht auf Widerstand stoßen, der im Verwaltungswege nicht zu beseitigen wäre. Mit solchem Rückhalt aber würde ihre Befugniß zur Revision und Besichtigung der Fabriken nach § 132 der Gewerbeordnung keinem Zweifel unterliegen. Daraus folgt jedoch keineswegs, daß nun Ortspolizei- und Aufnahmebezirke immer zusammenfallen müßten. Je nach Bedürfniß werden z. B. in den großen Städten innerhalb eines Ortspolizeibezirks mehrere Commissionen zu bilden sein und andererseits in weniger industriereichen

Gegenden einer Commission eventuell unter wechselndem Vorsitz, die Geschäfte in mehreren Ortspolizeibezirken übertragen werden können.

Wenn schließlich aber eingewandt werden sollte, daß es derartige generelle Aufnahmen, wie der eben gedachten, nicht bedürfe, da der in Vorbereitung begriffenen allgemeinen deutschen Gewerbestatistik die Beschaffung des hier in Rede stehenden Materials überlassen werden könnte, so ist bei solchem Einwande nicht hinlänglich gewürdigt:

1) daß wir die Resultate der in Aussicht genommenen, sehr umfassenden deutschen Gewerbestatistik erst sehr spät, ja, wie nach den Angaben der bezüglichen Denkschriften anzunehmen sein dürfte, kaum vor den Jahren 1878 oder 1879 zu erwarten haben, was für die hier in Rede stehenden Untersuchungen ein zu später Termin wäre, sodann

2) daß jene Statistik es nach den eben erwähnten Denkschriften, bereits selbst so zu sagen, abgelehnt hat, manche für die hier in Rede stehenden Zwecke sehr erhebliche Punkte neben ihren zahlreichen sonstigen Objekten in Betracht zu ziehen, z. B. die Lohnverhältnisse festzustellen, und insbesondere

3) daß die Art der Erhebung gewerbestatistischer Nachrichten und der hier in Rede stehenden Nachrichten eine durchaus verschiedene sein muß. Jene sollen bei der in Aussicht genommenen deutschen Gewerbestatistik durch an Unternehmer versandte Fragebogen eingesammelt werden. Und dieser Weg ist dort gewiß ganz angebracht. Aber er paßt durchaus nicht für die hier in Rede stehenden Aufnahmen. Da bei diesen Classeninteressen in Frage stehen, so müssen bei ihnen Arbeitnehmer und -geber zusammenwirken, wenn nicht Schlimmeres als nichts, nehmlich falsche Bilder zu Stande kommen sollen.

Es kann also nach alledem eine Verschmelzung der hier in Rede stehenden Aufnahmen mit der deutschen Gewerbestatistik durchaus nicht empfohlen werden, und es wird für die Ausführung jener der Weg genereller örtlicher Erhebung nicht entbehrt werden können.

Nur durch Verbindung solcher Erhebung mit Spezialuntersuchungen der vorhin gedachten Art wird es gelingen, ein Werk zu vollbringen, das des deutschen Namens würdig und im Stande ist, der hohen Bedeutung der Aufgabe zu genügen, deren Verfolgung Ihnen Allen nicht warm genug an's Herz gelegt werden kann. — — (Lebhafter, lang anhaltender Beifall.)

Ich erlaube mir nach alledem der hochgeehrten Versammlung folgende Resolutionen vorzuschlagen.

Ich beantrage, daß sich diese Versammlung dafür ausspreche:

1. daß im Geltungsgebiet der deutschen Gewerbeordnung eine Enquête darüber veranstaltet werde,

a) in welchem Umfange und aus welchen Gründen den Vorschriften der §§ 128 ff. der Gewerbeordnung entgegen gehandelt werde;

b) ob und in welchen Fristen das Verbot des § 128 Absatz 1 auf jugendliche Personen bis zum vollendeten 13. und 14. Jahr ausgedehnt werden könne;

c) ob es sich zur Erleichterung der Aufsicht empfehle, Anfangs- und Endzeit der Arbeit jugendlicher Personen im Gesetze näher zu bestimmen, und in welcher Weise dies zu geschehen hätte;

d) ob die Bestimmungen der §§ 129 und 150 a. a. O. dahin zu erweitern seien, daß die Arbeitgeber in den von ihnen zu gewährenden Arbeitspausen Arbeit auch nicht dulden dürfen;

e) in welchen Gewerben und Beschäftigungen jugendlichen und resp. weiblichen Personen das Arbeiten ganz oder vor Erlangung eines gewissen Lebensalters durch Gesetz zu verbieten oder seiner Dauer nach zu beschränken sei, und ob die Befugniß zum wenigstens vorläufigen Erlaß derartiger Bestimmungen auch Verwaltungsbehörden einzuräumen sei;

f) ob und in welchen Fristen die auf die 14—16jährigen Personen bezüglichen Vorschriften auf alle weiblichen oder doch auf die verheiratheten weiblichen Arbeiter auszudehnen seien;

g) ob und in welcher Weise gesundheitsschädliche Arbeit der Schwangern und Wöchnerinnen zu verhüten sei;

h) in welcher Weise der Vorschrift des § 107 a. a. O. entsprochen wird, nach welcher die Gewerbeunternehmer alle zu thunlichster Sicherung der Arbeiter gegen Gefahr für Leben und Gesundheit nothwendigen Einrichtungen herstellen und unterhalten sollen, und durch welche Spezialbestimmungen diese Vorschrift aus Rücksicht auf die mit einzelnen Gewerben und Thätigkeiten verbundenen besonderen Gefahren zu ergänzen sei;

i) ob die Bestimmung des § 148, Absatz 10 genüge, nach welcher Zuwiderhandlungen gegen die Vorschrift des § 107 nur mit Geldbuße von 10 Sgr. bis 50 Thaler und nur dann bestraft werden, wenn sie „der Aufforderung der Behörde ungeachtet" erfolgen;

k) ob ein Bedürfniß vorliege die Fabrikreglements einer Aufsicht zu unterwerfen, etwa in der Weise, daß sie nur nach Genehmigung gewisser Behörden Geltung erlangen, daß ohne ein in dieser Weise genehmigtes Reglement in Fabriken nicht gearbeitet werden darf, daß die in den Reglements vorgesehenen Strafen nur Geldstrafen bis zu gewisser Höhe sein dürfen und dieselben auch nur zu gewissen von dem Gesetz resp. der Aufsichtsbehörde zu bestimmenden Zwecken Verwendung finden dürfen; endlich

l) in welchem Umfange gegen die Bestimmung der §§ 134 ff. a. a. O. gefehlt werde, und ob dieselben dahin zu ergänzen seien, daß statt der „Baarzahlung" Zahlung in gesetzlichen Zahlungsmitteln (Währung) vorgeschrieben werde;

2. Daß mit dieser Enquête auch diejenigen Aufnahmen über die Zahl, die Arbeitszeit und die Löhne der weiblichen und männlichen Arbeiter in den verschiedenen Altersclassen verbunden werden, welche zur Förderung der ad 1 gedachten Untersuchungen nothwendig erscheinen;

3. Daß jedoch alle diese Untersuchungeu und Aufnahmen sich zunächst nur auf diejenigen Fabriken, Berg- und Hüttenwerke, Brüche und Gruben zu erstrecken haben, welche in den betreffenden Anstalten und den dazu gehörigen Höfen und Plätzen wenigstens 10 (weibliche oder männliche) Arbeiter beschäftigen;
4. Daß dieselben von einer unter Mitwirkung des Reichstags einzusetzenden Centralcommission zu *leiten* seien, in welcher unter amtlichem Vorsitz Arbeitgeber und -nehmer in etwa gleicher Zahl Vertretung haben;
5. Daß die *Ausführung* aber *theils* durch Localcommissionen zu erfolgen habe, in denen neben dem leitenden Beamten und den in etwa gleicher Zahl vertretenen Arbeitgebern und -nehmern auch Sachverständige (Aerzte, Lehrer, Bau- und Maschinen-Techniker) fungiren, *theils* durch Specialcommissare, welche mit der besonders eingehenden Untersuchung bestimmter einzelner Fragen von der Centralcommission zu betrauen wären.

Vorsitzender Prof. Dr. Gneist: Se. Hoheit der Erbgroßherzog hat uns die überraschende Ehre erzeigt, an den Verhandlungen Theil zu nehmen. Sie gestatten mir wohl, in unser Aller Namen Seine Hoheit mit ehrerbietigem Dank zu begrüßen.

(Die Versammlung erhebt sich.)

Die sachliche Behandlung der Frage liegt etwas abweichend von dem Uebrigen. Es scheint mir einer Generaldebatte nicht zu bedürfen, vielmehr eine durchgehende Theilung in Einzelfragen sich zu empfehlen. Denn das Princip der Enquête steht fest; die Factoren der Gesetzgebung und Verwaltung sind schon im Gange. Es wird auch nicht über die materielle Richtigkeit des einen oder anderen Princips entschieden: ob z. B. die Arbeit für Kinder von 14—16 Jahren absolut auszuschließen sei, sondern eigentlich nur über die Erheblichkeit der Frage beschlossen: ist die Frage relevant genug, um sie einer Enquête-Commission zu übergeben und sodann die Frage über Umfang und Form dieser Enquête.

Der Herr Correferent ist daher der Ansicht, auf die Generaldebatte zu verzichten und nur geeigneten Ortes in der Specialdebatte das Wort zu ergreifen. Ich glaube, daß dieser Vorgang sich zur Nachfolge empfehlen würde, weil wir dadurch Ordnung in die Debatte bekommen und die Redner an bestimmte Punkte anbinden können. Sollte daher das Wort zur Generaldebatte nicht verlangt werden — und ich constatire, daß dies nicht geschieht — so gehen wir auf die 18 Punkte über, wobei ich nach vorjähriger Präcedenz um Innehaltung einer möglichst kurzen Zeit, um 5 Minuten etwa, bitte. (Widerspruch. Rufe: 10 Minuten!) Für die Specialdebatte waren 5 Minuten und für die Generaldebatte 10 Minuten als Redezeit im vorigen Jahre beliebt worden. Zunächst gebe ich das Wort dem Herrn Correferenten Bürgermeister Ludwig-Wolf.

Anträge des Correferenten.

Zu 1a und 1h der Anträge des Referenten:

Die Versammlung erachtet es für zweckmäßig, daß die Enquête auch nach der Richtung sich erstrecke, ob und in welcher Weise die Behörden sich die Durchführung der Reichsgewerbeordnung in ihren hierauf bezüglichen Bestimmungen haben angelegen sein lassen.

Zu 2 desgl.

a) Die Enquête möge auf die Dauer der Mittagspause und die in dieser Richtung gemachten hygienischen Erfahrungen erstreckt werden.

b) Die Versammlung hält es für dienlich, daß die Enquête auch das gewerbliche Hülfskassenwesen ins Auge fasse.

Zu 5 desgl.

Die Versammlung meint, daß die Ausführung selbst den durch die betr. Landesregierung innerhalb der Reichstagswahlkreise zu bildenden Kreiscommissionen übertragen und diesen überlassen werde, nach Bedürfniß die Bildung etwaiger Special- und Bezirkscommissionen in die Hand zu nehmen.

Correferent Bürgermeister Ludwig-Wolf (Großenhain): Ich bitte Sie um gefällige Nachsicht, da die Rednertribüne ein mir ungewohnter Ort ist. — Daß die Reichsgesetzgebungsbestimmungen bezüglich der Fabrikarbeit, die in tit. VII. der Reichs-Gewerbe-Ordnung im § 107 und § 128 folg. enthalten sind, nicht allenthalben Ausführung gefunden haben, sondern großentheils leider noch illusorischer Natur sind, das steht fest. Es könnte dies einen doppelten Grund haben, erstens, daß das Gesetz in sich selbst Gründe der Undurchführbarkeit trägt, oder daß die Handhabung und Durchführung desselben eine laxe ist, und wieder dieser letzte könnte sich spalten in die beiden, daß diejenigen, welche dem Gesetze nach zu leben haben, dies nur widerwillig thun, oder daß diejenigen, welche mit der Aufsicht über die Ausführung betraut sind, dieser ihrer Verpflichtung nicht nachkommen. Daß das Gesetz in sich selbst die Gründe der Undurchführbarkeit nicht trägt, das ist, glaube ich, dadurch nachgewiesen, daß in diesem und jenem Falle, an diesem und an jenem Orte die einzelnen Bestimmungen des Gesetzes recht wohl zur Durchführung gelangt sind. Ebenso glaube ich die mangelhafte Durchführung der gesetzlichen Bestimmungen nicht sowohl auf Rechnung des bösen Willens der Arbeitgeber setzen zu sollen, als vielmehr auf die angeborene Nachlässigkeit derselben, sowie auf die Saumseligkeit der Behörden. Es liegt allerdings bereits in dem Punkte 1a der Anträge des Herrn Referenten ausgesprochen, daß die Enquête auch darauf erstreckt werde, zu untersuchen, aus welchen Gründen den Vorschriften der §§ 128 ff. der Gewerbeordnung entgegen gehandelt werde. Ich glaube, meine Herren, aber doch, daß es sehr räthlich sein würde, der Enquête eine Directive zu geben, dahin gehend, es möge untersucht werden, ob und in welcher Weise die Behörden sich die Durchführung der Reichs-Gewerbeordnung haben angelegen sein lassen. Ich wenigstens, obschon selbst Verwaltungsbeamter, bin zu dem Bekenntnisse genöthigt, daß nach meinen Erfahrungen es die Behörden gerade in dieser Hinsicht an Manchem haben fehlen lassen. Ich möchte Ihnen deshalb meinen in diesem Sinne abgefaßten Antrag zu Punkt 1a und 1h empfehlen.

Geh.-Rath Dr. Engel (Berlin): Nach meinem Gefühle liegt in dem Antrage des Herrn Correferenten zu 1a und 1h ein Vorwurf gegen die Verwaltungsbehörden, der mir nicht gerechtfertigt zu sein scheint und der mindestens mit ebensoviel Recht gegen die Gesetzgebung ausgesprochen werden könnte. Es werden immer und immer neue Gesetze gemacht; selten oder nie aber hat sich die Gesetzgebung darum gekümmert, was aus ihren Gesetzen geworden ist, wie sie sich in der Praxis bewähren und wie sie ausgeführt werden. Würde sie bei jedem Landtage einen Rechenschaftsbericht von der Verwaltung fordern, und würde sie auf Grund solcher Berichte selbst die Gesetzgebungsarbeit prüfen, dann wäre obigem Antrage von selbst Genüge geleistet. Ich erlaube mir das Amendement zu stellen, einfach zu sagen, nach „erstrecken", „in welcher Weise die Reichs-Gewerbeordnung in ihren hierauf bezüglichen Bestimmungen durchgeführt worden ist".

Janson (Berlin), Vertreter des Verbands der deutschen Gewerkvereine: Da es sich darum handelt, zu erfahren, aus welchen Gründen die Gesetzgebung nicht zur Ausführung gelangt ist, so glaube ich einige Gründe anführen zu können. Erstens kennen die Arbeiter überhaupt gar keine Fabrikgesetzgebung, um ihr Recht zu wahren; ein zweiter Grund ist der, daß ein Arbeiter, welcher die Kenntniß vielleicht hätte, seiner Existenz verlustig gegangen sein würde, hätte er sie verwerthen wollen. Wohl oder übel, er mußte schweigen und durfte sein Recht nicht zum Austrage bringen. Das ist ein sehr wesentlicher Grund: Unkenntniß oder Beeinträchtigung dessen, welcher die Kenntniß zu Gunsten seines Mitarbeiters geltend machen wollte. Würde man das Gesetz in einem Exemplar in der Fabrik ausgehängt haben, so würde dadurch vielleicht sich auch schon ein ganz anderes Resultat ergeben haben!

Dr. Huppé (Berlin): Ich möchte mich nur der Entgegnung des Herrn Geh.-Rath Engel anschließen. Wenn derselbe betont, daß die Gesetzgebung selbst einen großen Theil der Schuld daran trage und daß daher der Vorschlag des Herrn Correferenten im deutschen Reichstage wahrscheinlich als unannehmbar erscheinen wird, so betone ich meinerseits, daß wahrscheinlich auch von Seiten des Bundesrathes der Antrag höchst erheblichen Widerstand erfahren wird. Wie unser ganzes Reichsstaatsrecht beschaffen ist, ist ja eine Controle der Centralgewalt nach meiner Ansicht undenkbar; auch daß die Einzelstaaten sich durch eine Reichstagscommission in dieser Art controliren lassen würden. Es kann uns doch nur daran liegen, Beschlüsse zu fassen, welche einen möglichst schnellen practischen Erfolg haben. Wenn wir aber den Antrag des Herrn Correferenten annehmen, so werden wir wohl auf erheblichen Widerstand stoßen.

Dr. Max Hirsch (Berlin): Mein Mitvertreter der Gewerkvereine, Herr Janson, hat auf den Antheil der Arbeiter selbst bei der Handhabung der Fabrikgesetzgebung hingewiesen, und es veranlaßt mich dies, einige Beziehungen dieser Gesetzgebung zu den Arbeiterverbänden zu berühren. Ich stimme in fast allen Punkten herzlich mit dem Herrn Referenten überein, in Betreff der Entstehung von Differenzen zwischen Unternehmern und Arbeitern bin ich jedoch abweichender Ansicht. Der Herr Referent meinte, daß die Gewerkvereine die Gefahr in sich trügen, die Classengegensätze zu verschärfen und berief sich dabei auf den Unterschied zwischen der Schweiz und

Deutschland. Ein anderer Vergleich scheint mir aber zutreffender zu sein. Vergleichen Sie nämlich innerhalb Deutschlands die Gegenden und Industriezweige, wo Gewerkvereine bestehen, mit denen, wo sie nicht bestehen, so finden Sie die Thatsache — die ich hier nicht näher erörtern will, aber jederzeit zu beweisen vermag —, daß die größten und bedenklichsten Strikes gerade in Gegenden und Gewerken vorkommen, wo wir keine Gewerkvereine haben. Ich muß auf Grund dieser und der englischen Erfahrungen behaupten, daß die Gewerkvereine eher zur Vermeidung von Strikes beigetragen haben, als umgekehrt; und wenn dies bei uns nicht schon in vollem Maße geschehen ist, so liegt die Schuld daran, daß man die von Anfang an dargebotene Hand zur Verständigung durch Einsetzung von Einigungsämtern seitens der Fabrikherren zurückgewiesen hat. (Ruf: Zur Sache!) Ich bin bei der Sache, da ich ein Argument des Herrn Referenten widerlege. Zugleich ist eben dies der Punkt, die Nothwendigkeit einer Organisation der Arbeiter zu betonen; denn die vorzüglichste Gesetzgebung und die besten Fabrikinspectoren, sie werden alle nicht ausreichen um eine gewissenhafte Durchführung der Schutzgesetze zu bewirken, wenn nicht den Arbeitern selbst die Kenntniß und auch die Kraft beiwohnt, sich an der Controle zu betheiligen. In einer stummgemachten Arbeiterwelt werden Sie niemals eine wirksame Controle haben. Sind aber die Arbeiter geschult, erfahren sie, was Rechtens ist und wissen sie, daß sie als Mitglieder größerer Vereinigungen durch diese gegen Unbilligkeiten geschützt sind, so werden sie die zuverlässigsten Hülfsmittel sein für die Behörden, die Controle durchzuführen. Also, meine Herren, das Eine thun und das Andere nicht lassen! Ich bin keineswegs der Meinung, daß der Staat hier nicht einzutreten habe. Aber die energische Handhabung seiner wohlgemeinten Gesetze wird nur möglich sein durch Organisation der Arbeiter selbst!

Dr. Websky (Wüste-Waltersdorf): Ich mag eine Bemerkung des Herrn Vorredners nicht unerwidert lassen, weil dieselbe Zustimmung zu finden schien; das ist diejenige, daß die Arbeiter, wenn sie von der Gesetzgebung Kenntniß hätten und sie zur Anwendung bringen wollten, daran von den Arbeitgebern gehindert würden. Ich muß hervorheben, daß ich das Entgegengesetzte bemerkt habe. Ich habe mir Mühe gegeben in meiner Fabrik die Gewerbeordnung durchzuführen und so besonders die Bestimmung daß alle jugendlichen Arbeiter nur 10 Stunden arbeiten. Meine Arbeitszeit ist etwas länger; ich habe es aber doch unter erschwerenden Umständen möglich gemacht. Die Folge davon ist gewesen, daß die Arbeiter zum Theil mir ihre Arbeit verheimlicht und mich flehentlich gebeten haben, mit den Anderen weiter arbeiten zu dürfen. Es liegt dies daran, daß die Verkürzung der Arbeitszeit in vielen Fällen eine Beschwerde ist; die älteren Arbeiter, deren Kinder in der Fabrik sind, wünschen, daß die Kinder die ganze Zeit über in der Fabrik zusammenbleiben mögen, — ich spreche immer von Kindern zwischen 12 und 14 Jahren. Ich glaube nicht, daß die Fälle, wie sie der Herr Redner erwähnt hat, so allgemein sind, daß man die These aufstellen könnte: Die Arbeiter können deshalb die Gesetz=

gebung nicht durchführen, weil sie von den Arbeitgebern daran verhindert werden.

Vors. Prof. Dr. Gneist: Herr Geh. Rath Dr. Engel will eine Aenderung des Antrages des Herrn Correferenten vorschlagen, welche dahin geht zu sagen:

„ob und in welcher Weise seitens der Behörden die Reichsgewerbeordnung in ihren hierauf bezüglichen Bestimmungen durchgeführt worden ist.“

Es enthält diese Fassung weniger Präjudicirliches, sodaß die Form des Tadels etwas gemildert ist. (Correferent Ludwig-Wolf erklärt sich mit dieser Fassung einverstanden.)

Dann ist sie also auch der Ansicht des Herrn Correferenten entsprechend und da sich Niemand weiter zum Worte gemeldet, so schließe ich die Debatte und ertheile das Wort dem Herrn Referenten.

Referent Prof. Dr. Neumann: Ich möchte mich dahin äußern, daß es sich nicht empfehlen würde die Fassung des Herrn Correferenten anzunehmen. Ich glaube, wir thun gut, so zu beschließen, daß es möglich ist, Hand in Hand mit den Behörden zu gehen, deren Mitwirkung wir doch nun einmal nicht entbehren können. Weshalb der Sache eine unnöthige Schärfe geben?! Was nach dem Antrage des Herrn Correferenten gethan werden soll, wird ja implicite auch nach meiner Fassung der Resolution beantragt. Wenn wir aber jenen Antrag annehmen, so heißt dies: Wir wollen ein Tribunal aufrichten und eine Untersuchung darüber veranstalten, wie die Beamten bisher ihre Pflicht erfüllt haben. Dadurch könnten wir unserer Sache leicht mehr schaden als nützen.

Zweitens möchte ich Herrn Dr. Hirsch gegenüber erwidern, daß er mich, wie ich glaube, mißverstanden hat. Ich habe nicht absolut gesagt: es werden durch die Verbände und „Kampfesorganisationen“ der Arbeiter die Classengegensätze geschärft, sondern ich habe mich vorsichtiger ausgedrückt. Ich war der Ansicht, daß durch dieselben zeitweilig wenigstens die Gegensätze geschärft würden. Ich habe die verdienstlichen Seiten jener Verbände, von denen ich in der That durchdrungen bin, wohl anerkannt und habe auch angedeutet, daß eine Milderung jener Gegensätze sich ergeben würde durch später etwa einzurichtende Schiedsgerichte und Einigungsämter. Es lag mir nur daran hervorzuheben, daß neben jenen Verbänden auch dem erwachsenen männlichen Arbeiter gegenüber die Hilfe der Staatsgewalt nicht zu entbehren ist. Uebrigens habe ich nicht immer nur von Gewerkvereinen gesprochen, sondern auch von Verbänden im Allgemeinen, was doch etwas Anderes ist!

Vors. Prof. Dr. Gneist: Wir stimmen zuerst über Punkt 1 a des Herrn Referenten ab. (Geschieht.) Es ist nahezu Einstimmigkeit. Es bleibt also bei der einfachen Fassung des Herrn Referenten.

Ich frage nun, ob Jemand zu 1 b das Wort verlangt?

Dr. Hilse (Berlin), Syndicus des Baugewerkenbundes: Ich bin der Ansicht, daß das Verbot des § 128 ausgedehnt werde auf alle jugendlichen Arbeiter bis zu erreichter Mannbarkeit.

Ich möchte lieber, daß man diesen medicinisch feststellbaren Begriff hineinnimmt. Auch bei der männlichen Jugend ist die Mannbarkeit noch nicht mit 14 Jahren erreicht. Deshalb möchte ich, daß die Erlaubniß zur Arbeit von einem ärztlichen Atteste abhängig gemacht werde.

Prof. Dr. Constantin Rößler (Berlin): Ich möchte bitten, daß der Herr Referent den Ausdruck „Fristen" näher angebe, d. h. ob er darunter „Zeitfristen" versteht.

Referent Prof. Dr. Neumann (Freiburg): Unter „Fristen" verstehe ich Zeitfristen!

Correferent Bürgermeister Ludwig-Wolf (Großenhain): Ich muß mich zunächst gegen Herrn Hilse wenden. Sein Antrag erfordert eine unendliche Menge so delicater ärztlicher Untersuchungen, daß er schon in dieser Hinsicht undurchführbar wird. Ich stimme mit dem Vorschlage des Herrn Referenten in Bezug auf 1 b überein. Aber ich habe noch ein anderes Argument: Meiner Ansicht nach trägt hauptsächlich zu den socialen Wirren der Umstand bei, daß unserem Arbeiterstande das Gefühl häuslichen Glückes mit der Zeit abhanden gekommen ist, und es trägt dazu wieder der Umstand bei, daß der größte Theil der Ehefrauen unserer Arbeiter nicht recht den Posten einer Hausfrau einzunehmen und auszufüllen vermögen. Mir ist dies aus vielen Fällen, in denen ich genöthigt war, als Polizeirichter häuslichen Excessen auf den Grund zu gehen, in erschreckender Weise klar geworden. Unvermögen der Frau, eine Wirthschaft im Stande zu halten auf der einen, Verbitterung und in Folge dessen Trunksucht des Mannes auf der anderen Seite, darin wurzeln die meisten solcher Excesse. Woher sollen denn die Mädchen unserer Arbeiter lernen, einen ordentlichen Strumpf stricken und ein Hemde nähen; woher sollen sie es, da die Mutter dem Verdienste nachgehen muß, lernen, wenn sie es nicht in der Schule lernen? Auch bezüglich der Knaben gilt dies, namentlich was den Zeichnenunterricht anlangt, der von großem Einfluß auf die Hebung der Bildung sein würde! Fragen Sie nun einen Lehrer, welche Zeit er als die gedeihlichste zum Lernen bezeichnet, so sind es gerade die letzten Schuljahre, weil da der Verstand des Kindes zu erwachen beginnt. Wenn wir der Jugend diese beiden Jahre noch zuführen können, so sind dieselben, glaube ich, weder für Kultur noch Industrie verloren. Ich möchte sie also ersuchen, den Antrag des Herrn Referenten zu unterstützen, daß die Frist bis zum 14. Jahre, beziehentlich bis zur Entlassung aus der Schule ausgedehnt und die Kinder bis dahin vollständig von Fabrikarbeit entfernt gehalten werden.

Dr. Huppé (Berlin): Ich möchte mich gegen den Antrag des Herrn Dr. Hilse erklären und zwar aus allen den Gründen, welche mich veranlassen, gegen den Herrn Correferenten in 1 a zu stimmen. Es ist jetzt festgestellt worden, daß zwischen uns und der anderen Seite qualitative Differenzen nicht bestehen, es wird auch von jener Seite zugegeben, daß eine Enquête zu machen sei. Die Differenz ist nur quantitativ zwischen uns und den Herren des volkswirthschaftlichen Congresses zu Wien. Wir wollen durch die Enquête dasjenige feststellen lassen, was wir als Zielpunkte der künftigen Gesetzgebung im Auge haben. Wir dürfen diese Zielpunkte nicht zu weit hinausrücken. „Maß zu halten ist gut." Ich glaube, wir dürfen in quantitativer Festsetzung nicht zu weit gehen.

Vorsitzender Prof. Dr. Gneist: Es ist ein Antrag eingegangen vom Freiherrn von Minnigerode, ad 1 b, statt „Fristen" zu setzen „Uebergangsfristen."

Dr. Websky (Wüste-Waltersdorf): Ich wollte mich mit dem Herrn Referenten einverstanden erklären und statt „Fristen" beantragen „Uebergangsfristen" zu setzen. Wenn wir Kinderarbeit ganz verbannen, thun wir einen außerordentlichen Schritt vorwärts. Daß es möglich ist, sehen wir daraus, daß gerade die bedeutende Textil-Industrie der Kreise, welche ich kenne, Waldenburg, Schweidnitz — von Reichenbach weiß ich es nicht genau — gar keine Kinder mehr unter 14 Jahren beschäftigt, obgleich sie dort eine schwere Concurrenz zu ertragen hat. Dieser Vorgang beweist mir, daß wir Aussicht haben, das Ziel zu erreichen. Ich wünsche dies um so mehr, weil ich der Ansicht bin, daß, wenn wir diese 14 Jahre als Grenze festsetzen, wir dann mit weiteren Arbeitsbeschränkungen um so sparsamer sein werden.

Sasse (Berlin), Vertreter des Verb. d. deutschen Gewerkvereine: Sie haben angenommen und ich stehe noch heute dafür ein, daß wir Kinder unter 14 Jahren in der Fabrik nicht arbeiten lassen wollen, denn der Herr Correferent hat richtig gesagt: Die letzten Jahre in der Schule sind gerade die besten. Geht der Knabe aber in die Fabrik, dann geht gerade das wieder verloren, was er in früheren Jahren gelernt hat. Denn in der Fabrik geht es nicht so zu, daß der Mensch dort Sittlichkeit lernen kann. (Widerspruch.) Ja, es ist so; ich bin Arbeiter gewesen, und ich bin es noch! Es wird dort Vieles gesprochen, was ein jugendlicher Arbeiter nicht hören muß. Bei den Mädchen ist es eben so der Fall. Sie bilden sich in der Fabrik nicht aus und lernen keineswegs so viel, daß sie einmal tüchtige Hausfrauen sein könnten. Es ist ganz und gar zu verwerfen, Kinder unter 14 Jahren in die Fabriken zu schicken. (Lebhafte Zustimmung.)

Vorsitzender Prof. Dr. Gneist: Wir schließen die Debatte. Ich bitte diejenigen Herren, welche den Zusatz „bis zu erreichter Mannbarkeit" wünschen, aufzustehen. (Geschieht.) Wird abgelehnt.

Referent Prof. Dr. Neumann (Freiburg): Ich erkläre mich einverstanden mit der Aenderung von „Fristen" in „Uebergangsfristen."

Vorsitzender Prof. Dr. Gneist: Der Herr Referent erklärt sich mit der Aenderung einverstanden; ich bitte diejenigen Herren, welche nunmehr den Antrag 1b in der Fassung des Herrn Referenten und mit der Aenderung von „Fristen" in „Uebergangsfristen" annehmen wollen, sich zu erheben.

1b wird angenommen.

1c, 1d, 1e, 1f, 1g, 1h, 1i, 1k, 1l werden ohne Debatte angenommen.

Vorsitzender Prof. Dr. Gneist: Wir kommen damit zur zweiten Resolution.

Correferent Bürgermeister Ludwig-Wolf (Großenhain): Unter Punkt 2 der Anträge des Herrn Referenten fallen einige Bestimmungen, welche mir so wichtiger Natur zu sein scheinen, daß ich glaube nöthig zu haben, sie speciell hervorzuheben. In § 229, Abs. 1 des Gesetzes ist die Bestimmung enthalten, daß dem jugendlichen Arbeiter Mittags 1 Stunde Pause gegeben werde; bezüglich der erwachsenen Arbeiter enthält das Gesetz über diesen Punkt nichts. Wo die Arbeiter Gelegenheit haben, im Fabriklocal ihr Mittagsmahl einzunehmen, da mag die Zeit von 1 Stunde, welche Gang und Gäbe ist, genügen; wo aber dies nicht der Fall ist, wo die Arbeiter einen weiteren Weg nach Hause zurückzulegen haben, da halte ich diese Stunde für durchaus nicht hinreichend. Daß des Arbeiters Gesundheit darunter leiden muß, wenn er nach Hause eilt, dort das Bischen Essen halb gar, halb kalt oder überheiß hinunterwürgt, um zurückzukehren zur Fabrik, wird keinem Zweifel unterliegen.

Herr Dr. Geißler in Meerane, in der medicinischen Welt sehr wohl bekannt, sprach es mir gegenüber aus, daß er es als einen Fortschritt begrüßen würde, wenn die Mittagszeit um nur $1/2$ Stunde verlängert würde. Ich möchte Ihnen deshalb anempfehlen, meinen Antrag zu 2a anzunehmen, dahin lautend: „Die Enquête möge auf die Dauer der Mittagspause und die in dieser Richtung gemachten hygienischen Erfahrungen erstreckt werden." Ich glaube nämlich, daß dieselben sanitären Erwägungen, welche § 107 der Reichsgewerbeordnung dictirten auch in diesem Falle maßgebend sein möchten.

Dann noch zu meinem Antrage 2b habe ich zu bemerken, daß in § 141 der Reichsgewerbeordnung uns die Ordnung des Cassenwesens in Aussicht gestellt worden ist. Es ist in dieser Beziehung noch nichts geschehen. Ich glaube, es liegt dieses „noli me tangere" daran, daß man die nöthigen Erfahrungen in dieser Richtung noch nicht gesammelt hat. Ich glaube, daß die Enquête gerade hier Aufschlüsse zu ertheilen vermöchte und bitte Sie, Punkt 2 mit zu beschließen.

Geh.-Rath Dr. Engel (Berlin): Ich möchte glauben, daß in dem zweiten Satze ein statistischer Lapsus enthalten sei. Ich würde mich für Punkt 2 des Herrn Referenten nur dann entscheiden können, wenn er die Worte „Die Zahl" in der ersten Zeile des Antrags streichen wollte. Wenn die Zahl der männlichen und weiblichen Arbeiter in den verschiedenen Altersklassen ermittelt werden soll, so müssen die Aufnahmen ganz anders organisirt werden, als wenn man sich mit Nachweisen über die Arbeitszeit und die Löhne begnügt. Die Ermittelung der Zahl der Arbeiter gehört zu den allerschwierigsten Aufgaben der Statistik. Bei jenen Nachweisen kann man sich mit einigen typischen Repräsentanten zufrieden geben, während die Zahl der Arbeiter nimmermehr von 3 oder 4 Gewerbtreibenden der betreffenden Branche auch nur halbwegs genau angegeben werden kann. Dazu ist aber ein ganz besonders weit umfassender Apparat nöthig. Sie müssen in jeder Betriebsstätte Nachfragen halten, wie viel männliche und wie viel weibliche Arbeiter aus bestimmten Altersklassen darin beschäftigt werden, und Sie werden in zahlreichen Fällen auf diese Fragen deshalb keine Antwort erhalten, weil die Arbeitgeber darüber selbst nichts Genaues wissen. Mein Amendement geht deshalb dahin, die Aufnahme über die Zahl der Arbeiter aus der Enquête fortzulassen, damit sie hierdurch nicht aufgehalten werde.

Syndikus Dr. Hilse (Berlin): Ich habe über das Baugewerbe statistische Erhebungen zu machen gehabt, und bin in der Lage, constatiren zu können, daß sie auch mit Ernst vorgenommen worden sind. Es ist thatsächlich unmöglich, gleichzeitig das Lebensalter und die Arbeitslöhne in irgend welches richtige Verhältniß zu stellen, wenn man von dem Arbeitgeber verlangt, die Löhne nach dem Alter zu trennen. Er zahlt nicht nach dem Alter, sondern nach der Leistung; man wird also jenes nicht erreichen können. Weil ich an der Ausführbarkeit zweifle, so werde ich dagegen stimmen.

Vorsitzender Prof. Dr. Gneist: Sie würden also den ganzen Absatz ablehnen, und nicht bloß die „Löhne" streichen?

Syndikus Dr. Hilse: Ich würde „Löhne" streichen und — Arbeitszeit und auch .... (Unruhe und Heiterkeit.)

Vorsitzender Prof. Dr. Gneist: Dann bleibt eben nichts übrig. (Große Heiterkeit.)

Prof. Dr. Held (Bonn): Ich möchte bemerken, daß nach Ansicht des Referenten die Enquête nicht auf beliebige Gewerbe, sondern nur auf Fabriken sich erstrecken soll. In Fabriken aber ist die Erhebung, welche der Vorredner als undurchführbar bezeichnet, möglich, weil nach der Gewerbeordnung für die verschiedenen Altersklassen verschiedene Arbeitszeit feststeht, das Alter der Arbeiter also bekannt sein muß.

Referent Prof. Dr. Neumann: Ich muß beklagen, den Ausführungen des Herrn Geh.-Rath Engel im Anfange nicht gefolgt zu sein. Es ist dies aus Zerstreutheit geschehen. Nach Demjenigen aber, was ich gehört habe, glaube ich mich seinen Ansichten nicht ganz anschließen zu können. Ich bin in der That davon ausgegangen, daß, wenn man den Begriff Fabrik in der vorgeschlagenen Weise so einengt, daß nur diejenigen Anstalten darunter verstanden werden, in denen mindestens zehn Arbeiter beschäftigt werden, — daß es dann möglich sein wird, die hier in Rede stehenden Aufnahmen so vollständig zu machen, daß von den Commissionen wirklich in jede Fabrik hineingegangen wird und daß damit dann auch Erhebungen über die Zahl der Arbeiter in den verschiedenen Altersklassen, sowie über die Löhne und die sanitären Einrichtungen der Fabriken in der in meinem schriftlichen Gutachten näher formulirten Weise verbunden werden können. Möglich wird dies m. E. sein, aber auch sehr wichtig. Insbesondere lege ich auch darauf Werth, daß bei solchem Verfahren nicht der Verdacht entstehen kann, daß die Commission nur in diese und jene Fabrik gegangen ist, deren Zustände ihren vorgefaßten Meinungen am Besten entsprochen hätten. Auch wird, glaube ich, der von mir empfohlene Weg schneller zum Ziele führen, als wenn man sich auf die in Vorbereitung begriffene große deutsche Gewerbestatistik verläßt, deren Resultate wir vielleicht erst 1878 oder 79 zu erwarten haben. Mir scheint es besser, daß wir so lange nicht warten, sondern die hier interessirenden statistischen Nachrichten früher einsammeln. Und das wird thunlich sein, wenn man die Commissionsbezirke, deren Bildung von mir empfohlen ist, nicht zu groß macht, so daß sie im großen Durchschnitt etwa 40 bis 50 Fabriken umfassen. Dann halte ich, wie schon bemerkt, die der Erfüllung ihrer Aufgabe entgegenstehenden Schwierigkeiten nicht für unüberwindlich. Ich muß also an meinem Vorschlage festhalten.

Geh.-Rath Engel (Berlin): Da diese Anträge doch nur Wünsche sind, so kann es mir ganz gleich sein, ob meine Aenderungen darin stehen oder nicht, sie werden einfach nicht gemacht werden; ich ziehe meinen Antrag zurück.

Vors. Prof. Dr. Gneist schreitet zur Abstimmung, wobei der Antrag Nr. 2 in der Fassung des Referenten angenommen wird.

Hierauf wird Punkt 2a der Anträge des Correferenten angenommen.

Bei Abstimmung über 2b erhebt sich Widerspruch und der Vorsitzende eröffnet nochmals die Debatte über Punkt 2b, da derselbe von der Versammlung als noch nicht zur Debatte gestellt betrachtet worden war.

Geh.-Rath Engel (Berlin): Ueber das gewerbliche Hilfs-Kassen-Wesen ist gleich zu Anfange unserer Verhandlungen gesprochen worden, und zwar hat Dr. Max Hirsch geglaubt, dem Angriff, den die Gewerkvereins-Invalidenkasse auf dem volkswirthschaftlichen Congreß erfahren, hier eine Vertheidigung folgen lassen zu müssen. Das allein beweist schon, wie streitig die Sache ist. Wenn nun jetzt seitens des Herrn Correferenten zu 2b beantragt wird, auszusprechen: „Die Versammlung hält es für dienlich, daß die Enquête auch das gewerbliche Hilfs-Kassen-Wesen ins Auge fasse", so wird mit diesen wenigen Worten zu dem schon Geforderten noch ungemein viel verlangt. Gerade deshalb aber kann ich nicht zugeben, daß ein so wichtiger Gegenstand wie das Hilfs-Kassen-Wesen so nebenbei abgemacht werde; es ist von solcher Bedeutung, daß die von Ihnen gewünschte

Enquête-Commission unmöglich, gleichsam anhangsweise, alle Knappschafts-, Gewerkskassen u. s. w. untersuchen und darüber berichten kann. Meiner Ansicht nach müßte die Untersuchung feststellen, ob und unter welchen Bedingungen derartige Hilfskassen Nachhaltigkeit und Sicherheit gewähren. Diese nothwendigsten Eigenschaften solcher Kassen sind z. B. den Kassen, welchen Hr. Dr. Max Hirsch vorsteht, von einer Seite bestritten worden, während von anderer Seite das Gegentheil behauptet wird. Angesichts dessen leuchtet doch wohl ein, daß, wenn die Sachverständigen darüber selbst noch im Streit sind, eine Versammlung wie die unsrige nicht aussprechen kann, diese Kassen sind sicher, jene sind es nicht. Thatsache ist, daß über die Invalidität, Morbilität und Mortalität der Angehörigen verschiedener Berufszweige noch keineswegs hinlängliche Erfahrungen vorliegen. Man kennt allenfalls vom Bergbau die Anzahl der Invaliden u. s. w.; von allen anderen Gewerben aber noch nicht. Weitere Schwierigkeiten entstehen durch die unaufhörlichen Uebergänge aus dem einen Gewerbe in das andere, so daß man häufig nicht weiß, auf wessen Rechnung der ermittelte Grad der Invalidität u. s. w. zu setzen ist. Alle dergleichen Umstände müssen mit in Betracht gezogen werden, und deshalb möchte ich bitten, die in Rede stehende Frage nicht beiläufig, sondern durch eine Untersuchung ad hoc zu erledigen. (Beifall.)

Correferent Ludwig-Wolf: Aus den Auslassungen des Herrn Geh.-Rath Engel glaube ich entnehmen zu können, daß eine Erhebung über diesen wichtigen Punkt gemacht werden wird; aus diesem Grunde ziehe ich meinen Antrag zurück.

Vors. Prof. Dr. Gneist: Ich betrachte diesen Punkt als erledigt und ertheile das Wort zu Punkt 3 dem Herrn Correferenten.

Correferent Ludwig-Wolf (Großenhain): Mit der von dem Herrn Referenten vorgeschlagenen Beschränkung erkläre ich mich einverstanden; es sind aber blos praktische Gründe, welche mich veranlassen, nicht vorzuschlagen, daß diese Enquête auch auf die Hausindustrie ausgedehnt werde. Der Herr Referent hat die Enquête der Hausindustrie ablehnen zu müssen geglaubt, aus folgenden Gründen: erstens scheint ihm eine Ausbeutung der Kinder in der Hausindustrie weniger gegeben als in den Fabriken, zweitens hält er die Kinder in der Fabrikindustrie für sittlich mehr gefährdet als in der Hausindustrie; aber gerade in dieser wird mehr gesündigt als in jener. Ich erlaube mir Ihnen ein Beispiel aus der sächsischen Halb-Woll-Waarenindustrie anzuführen. Als in Meerane, wo ich der städtischen Verwaltung angehörte, die Frage zur Sprache kam, ob es nicht zweckmäßig sei, einige Stunden dem Stundenplan für die Kinder der 3. Abtheilung der dortigen Bürgerschule anzufügen und seitens der Schuldirection eine Untersuchung angestellt wurde, ob diese beiden Stunden der häuslichen Arbeit der Kinder entgegenstehen und mit dieser collidiren würden, hat sich Folgendes herausgestellt — ich werde es vorlesen aus einem Artikel des Meeraner Wochenblattes:

„Einiges von dem Material, welches bei Beantwortung der Schul„frage unentbehrlich ist, herbeizuschaffen: das ist der Zweck der nachfol„genden Zusammenstellung. Möge sie zugleich zur Folge haben, daß „wenigstens dem einen oder dem andern beklagenswerthen Kinde geholfen „wird.

„Noch sei bemerkt: Wenn auch schon hier und da ein Mißverständniß „vorgekommen sein mag, so ist doch bei der Zählung, welche stattgefunden „hat, so verfahren worden, daß die Zusammenstellung im Großen und „Ganzen Anspruch auf Glaubwürdigkeit erheben darf. Es ist erklärt, es „ist controlirt worden.

„Arbeiten“ bedeutet hier nur: „weben“, „spulen“, „treiben“ und „dergleichen, durchaus aber nicht: „sich mit der Lösung von Schulaufgaben „beschäftigen“.

„Wenn sodann nicht näher bezeichnet worden ist, wie viel Stunden „diejenigen arbeiten müssen, welche über 8 Uhr Abends hinaus arbeiten, „so ist der Grund lediglich ein praktischer: die Arbeit wäre aufhältlicher „und umständlicher geworden, als sie es zur Zeit sein konnte. Uebrigens „ist sie trotzdem instruktiv genug, leider schon zu instruktiv. Man wird „kaum irren, wenn man annimmt, daß Kinder, welche über 8 Uhr Abends „hinaus arbeiten, meistens von 1 Uhr ab arbeiten.

„Endlich sind die aufgeführten Klassen diejenigen Klassen der III. Bür„gerschule, in welchen Vormittags — und zwar von 8 Uhr ab — unter„richtet wird.“

Da hat sich nun herausgestellt, daß in der Knabenklasse IVb, wo Knaben von 9 bis 10 Jahren sind, und welche Klasse aus 55 Schülern bestand, von diesen 55 vor 8 Uhr früh bereits 7 arbeiten mußten. Es arbeiteten von 1 bis 7 Uhr 8; von 1 bis 8 Uhr 34; über 8 Uhr hinaus 25; bis 10 Uhr 14, und über 10 Uhr 4. Bei den Mädchen ergab sich Folgendes: (ich nehme hier die Klasse Vb, Kinder im Alter von 8 bis 9 Jahren, 56 an der Zahl) Früh von 8 Uhr an arbeiteten 8; von 1 bis 7 Uhr Nachmittags 5; von 1 bis 8 Uhr 35; über 8 Uhr hinaus 21; bis 10 Uhr wenigstens 13; über 10 Uhr hinaus 7[1]).

---

[1]) Die vollständige Tabelle lautet:

Klasse	Wie alt die btr. Kinder in der Regel sind.	Am Tage der Zählung anwesend	Von 1—7 Uhr arbeiten	Wenigstens von 1—8 Uhr arbeiten	Ueber 8 Uhr hinaus	Bis 10 Uhr wenigstens	Ueber 10 Uhr hinaus	Früh vor Anfang der Schule
				Knaben:				
Ia	12—14	40	12	22	21	14	9	9
Ib	12—14	41	11	26	14	10	3	7
Ic	12—14	42	5	22	20	19	15	18
IIa	11—12	42	12	25	23	15	4	8
IIb	11—12	47	9	28	21	11	2	12
IIc	11—12	42	5	30	26	14	7	8
IIIa	10—11	63	7	48	36	19	4	14
IIIb	10—11	46	7	36	34	21	8	19
IIIc	10—11	55	5	42	35	15	6	11
IVb	9—10	53	8	34	25	14	4	7

Ich habe Ihnen hier ein Beispiel gegeben, in welcher Weise in der Textilhausindustrie gesündigt wird. Ich glaube, daß, wenn die Enquête auch auf die Hausindustrie erstreckt würde, wir haarsträubende Dinge erfahren würden. Wenn der Herr Referent die Fabrik für einen schlüpfrigen Boden hält, wo die Jugend und Unschuld zu Falle kommt, so glaube ich gerade, daß in der Fabrik die Gefahr nicht so groß ist, wie in der Hausindustrie. Ich möchte ein Wort Schillers für das Leben und Treiben in der Fabrik anwenden: „Ein Jeder treibt sich an dem Andern schnell vorbei und fragt nicht." — Dagegen bin ich überzeugt, daß gerade die üblen häuslichen Verhältnisse schädlich wirken. Wenn Sie, meine Herren, z. B. auf einem Boden, wie es mir mehrfach vorgekommen, die Schlafräume von 5 bis 6 Familien, nur durch dünne Bretterwände geschieden, erblicken, Kinder und Erwachsene durcheinander, so frage ich Sie, was kommt da Alles dem kindlichen Ohre vor, was ihm eigentlich verborgen sein und bleiben sollte? Sie werden übereinstimmen mit mir, daß wir mehr in den üblen Wohnungsverhältnissen die Ursache vorkommender moralischer Versunkenheit zu suchen haben. Aus praktischen Gründen jedoch erkläre ich mich für den Antrag des Referenten. Ich fürchte, wir würden bei Ausdehnung der Enquête auf die Hausindustrie auf Schwierigkeiten stossen, die das ganze Unternehmen zu Fall bringen dürften.

Landesökonomierath Dr. Thiel (Berlin): Wenn ich die Classen betrachte, auf welche sich die Enquête erstrecken soll, so vermisse ich darunter die Classe der ländlichen Arbeiter. Ich möchte also den Herrn Referenten um die Gründe bitten, welche diese Auslassung veranlaßt haben. Es gibt deren sehr wichtige und ich möchte nicht, daß dieselben unerwähnt blieben.

Dr. Huppé (Berlin): Die Beschränkung unserer Untersuchung und der Enquête auf jene Fabriken, in welchen 10 Arbeiter beschäftigt sind, wird lebhaften Widerspruch erfahren, sobald unsere Verhandlungen einer größeren Oeffentlichkeit übergeben sein werden. Ich muß erklären, daß

Klasse	Wie alt die btr. Kinder in der Regel sind	Am Tage der Zählung anwesend	Von 1—7 Uhr arbeiten	Wenigstens von 1—8 Uhr arbeiten	Ueber 8 Uhr hinaus	Bis 10 Uhr wenigstens	Ueber 10 Uhr hinaus	Früh vor Anfang der Schule
				Mädchen:				
Ia	12—14	42	5	37	26	23	4	1
Ib	12—14	43	8	32	27	23	10	4
Ic	12—14	40	5	35	21	18	2	2
IIa	11—12	46	7	39	36	29	5	5
IIb	11—12	45	3	31	29	14	12	5
IIc	11—12	40	4	30	26	15	8	8
IIIa	10—11	53	5	32	16	14	1	2
IIIb	10—11	46	5	39	36	22	5	7
IIIc	10—11	57	6	40	38	18	3	7
IIIN	10—11	39	vac.	35	34	16	8	8
IVc	9—10	56	9	39	27	20	15	26
Vb	8—9	56	5	35	21	13	7	8

ich das Wort nur ergriffen habe um mich dem Referenten anzuschließen und zu constatiren, daß, wenn er 10 Arbeiter in Vorschlag brachte zur Bestimmung des Begriffes einer Fabrik, dies hier gebilligt wird. Wenn wir 10 festsetzen, so thun wir dies nur, um überhaupt eine Zahl festzustellen; wir sind dazu durch praktische Gründe veranlaßt. Es wird uns entgegengestellt werden, daß eine bestimmte Zahlbeschränkung juristisch unzulässig sei. Im deutschen Reichstage ist von einem hervorragenden Führer einer Partei, des Centrums allerdings, als man den Begriff der Fabrik feststellen wollte, das bekannte Sophisma in's Treffen geführt worden: „Meine Herren! Wie viel Haare bilden denn einen Pferdeschweif?“ Es ist aber nothwendig, daß man sich auf ein in Zahlen wiederzugebendes Moment beschränkt, und die praktische Logik entspricht der theoretischen in vielen Fällen, wie wir uns jetzt in allen Fällen an die historische Logik halten müssen. (Rufe: „Zur Sache!“) Ich bin total bei der Sache, wenn ich behaupte, daß dies Dogma einer bestimmten Zahl festgesetzt werden darf, daß wir uns darin dem Gesetze anschließen. Aber ich möchte zur Erwägung geben, ob die Zahl nicht kleiner festzustellen sei. Es giebt Anstalten, in denen weniger als 10 arbeiten, auf welche die Enquête ihr Augenmerk richten müßte, weil in solchen die Gesundheit der Arbeiter sehr oft gefährdet ist. Es ist die chemische Fabrikindustrie und ihre Artikel. Es werden Maschinen angewendet, welche die Arbeiterzahl sehr herabzusetzen gestatten; dennoch werden die Arbeiter durch giftige Stoffe sehr gefährdet und es ist auf der andern Seite nur die allerärmste Bevölkerung, welche ihre Kinder dorthin schickt. Deshalb möchte ich zur Erwägung stellen, ob nicht 5 statt 10 Arbeiter den Begriff einer Fabrik ausmachend zu setzen sind, stelle aber keinen dahingehenden Antrag.

Handelskammersekretär Dr. Gensel (Leipzig): Ich möchte mir nur erlauben, den höchstinteressanten Ausführungen des Herrn Referenten eine thatsächliche Mittheilung hinzuzufügen, und zwar im Anschlusse an das, was der Hr. Correferent über die Hausindustrie gesagt. Die Handelskammer zu Leipzig, welche ich hier zu vertreten die Ehre habe, veranstaltete vor einiger Zeit auf Anregung des Handelstags-Ausschusses eine Enquête über die Arbeitseinstellungen. Wir hatten eine Commission niedergesetzt, welche Arbeitgeber und Arbeiter vor sich kommen ließ und einzeln verhörte. Da wurden denn mancherlei Uebelstände zur Sprache gebracht; u. a. wurde in Bezug auf Cigarrenindustrie, die ja sehr weit verbreitet ist, namentlich von den Arbeitern bezeugt, daß bei Weitem mehr Mißstände in der Hausindustrie vorkommen, als in den geschlossenen Etablissements. Von den engen, ungesunden Wohnungen, von welchen auch der Sittlichkeit Gefahren drohen, hat der Herr Correferent schon gesprochen. Von geregelter Eintheilung der Zeit ist in der Hausindustrie meist gar nicht die Rede; der Arbeiter erhält Material und hat das Fabrikat nach 8 oder auch nach 14 Tagen abzuliefern. Da kommt es nun vor, daß in den ersten zwei, drei Tagen gar nichts gethan wird; wenn dann aber die Ablieferung naht, wird bis in die tiefe Nacht gearbeitet; Frauen und Kinder, selbst bis zu 6 Jahren und noch weiter herab, werden mit herangezogen. Ebenso ist von Einhaltung der Mittagspause keine Rede; die Arbeit wird bis an's Essen und unmittelbar nach dem Essen fortgesetzt. Die Frau fängt, wenn sie kaum das Wochenbett verlassen, wieder mit an zu arbeiten — kurz, es sind höchst betrübende Erfahrungen, welche wir gerade in Bezug auf die Hausindustrie gemacht haben. Der Herr Referent hat die Sterblichkeit der Kinder unter der in der Textilindustrie beschäftigten Bevölkerung hervorgehoben; da möchte ich daran erinnern, daß die Weberei großentheils als Hausindustrie betrieben wird und ein Theil der von ihm erwähnten schlimmen Ziffern ist vermuthlich gerade auf die Hausindustrie zurückzuführen. Ich enthalte mich, einen Antrag zu stellen, da ich die Schwierigkeiten einer so ausgedehnten Erörterung kenne; ich wollte mir nur erlauben, die Aufmerksamkeit darauf hinzulenken, wie wünschenswerth es wäre, daß man die Enquête auch auf dieses Gebiet, vielleicht später erstrecke. (Zustimmung.)

Geh.-Rath Engel (Berlin): Ich kann mich dem eben Gesagten nur anschließen. Gerade aus Sachsen sind mir in meiner früheren Berufsstellung die schlimmsten Dinge bekannt worden. In Meerane war z. B., wenn ich mich nicht täusche, die Kindersterblichkeit in den Jahren 1847—49 über 50 %, und auch in Glauchau, Crimmitzschau, Orte, wo die Textilindustrie zu Hause ist, hatte die Kindersterblichkeit eine Höhe erreicht, wie man sie schlimmer sich gar nicht vorstellen kann. In der Hausindustrie ist es, wo am Meisten gegen die Gesundheit gesündigt wird. Die bei Weitem bedeutendsten Industriezweige im Königreich Sachsen sind aber heutzutage noch der Hausindustrie angehörig, so u. A. die Strumpfindustrie, die Bunt-Weberei u. s. w. Weit über die Hälfte aller Arbeiter würde von der Enquête nicht getroffen werden, wenn Sie die Hausindustrie davon ausschließen wollten. Freilich stellen sich hier den Untersuchungen große Schwierigkeiten entgegen. Der Hausindustriebetrieb entbehrt der sicheren äußeren Kennzeichen; man weiß nicht immer, wen man fragen soll. Außerdem ist in der Hausindustrie das Faktorenwesen ausgebildet, welches darin besteht, daß ein sogenannter Fabrikkaufmann einem Faktor Bestellungen auf Waaren und den Rohstoff dazu übergiebt. Erst dieser vertheilt die Arbeit und nur er kennt die Arbeitnehmer, der Fabrikant selbst aber weiß blutwenig hierüber anzugeben.

Im Jahre 1848 wurde im Königreich Sachsen schon eine solche Enquête angestellt, sie zog sich bis ins Jahr 1850 hinein und ging unter im Sturme der Ereignisse und in der alsbald auf das Jahr 1848 folgenden Reactionsperiode. Die Organisation dieser Enquête kann auch heute noch zum Muster genommen werden. Es waren Ausschüsse von Arbeitgebern und Arbeitnehmern gebildet, und an diese bestimmte Fragen gerichtet worden. Die Fragen selbst hatte der jüngst verstorbene Geh. Rath Weinlig, einer der tiefgebildetsten praktischen Staatsmänner, mit vollem Sachverständniß redigirt. Es wurde auch ein überaus lehrreiches Material zu Tage gefördert und in den „Historischen Berichten der Commission zur Untersuchung der Arbeiterverhältnisse im Königreich Sachsen" veröffentlicht. Leider ist davon nichts in den Buchhandel gelangt, es ist nicht zu bekommen, und existirt daher auch sonst nicht. Ich war selbst Mitglied dieser Commission und kenne das Berichtmaterial ziemlich genau. Gerade aus diesem Grunde muß ich bei der Ansicht stehen bleiben, daß, wenn Sie die Enquête nur auf die sogenannte Fabrikbevölkerung erstrecken wollten, Sie eine überaus große Zahl von Arbeitern aus der Untersuchung fortlassen würden. Ich bitte also den beschränkenden Antrag zu erweitern und damit wenigstens in Etwas die Hausindustrie mit in die Untersuchung hineingezogen werde, in Satz 3 des Herrn Referenten die Zahl 7 statt der Zahl 10 zu setzen. Die englische Workshop-Regulation-Act vom Jahre 1867 nimmt gleichfalls die Zahl 7 an, d. h. sie unterwirft die gewerblichen Anstalten, in welchen zusammen sieben Personen thätig sind, der Untersuchung durch die Fabrikinspectoren, und man ist in England bis auf diese Zahl herabgegangen, weil man überzeugt war, dadurch auch die Verhältnisse eines großen Theils der Hausindustrie mit ans Licht zu ziehen. Ich bitte Sie, folgen Sie diesem durch die Praxis bewährten Beispiele.

Janson (Berlin): Ich kann das vom Vorredner Gesagte nur bestätigen. Es kommt Alles auch bei den kleinen Handwerkern vor, so daß es wohl nothwendig wäre, die Enquête auszudehnen auf im Hause Beschäftigte überhaupt. In meinem Geschäfte (Schneiderei) existirt der Uebelstand auch. Eine derartige Heranziehung der Kinder ist zwar hier nicht möglich, aber eine richtige Arbeitszeit ist in meinem wie in andern Geschäften überhaupt nicht vorhanden. Ich bin mit meinem Freunde und Mitvertreter Sasse nicht einverstanden über den sittlichen Nachtheil, den die Kinder in der Fabrik erfahren. Wenn dort etwas Unsittliches gesprochen wird, so ist es unrecht; und ich erwarte von einem sittlichen Arbeiter, daß er gegen Diejenigen auftrete, welche zu wenig Schamgefühl haben. Die Schuld liegt an einem Theile der Arbeiter. Daß die Arbeiter unserer Richtung noch nicht in der Lage waren, dem anderen Theile wirksam entgegen zu treten, hat in den Verhältnissen gelegen. In den Gewerkvereinen wird Moral und Sittlichkeit gelehrt. Daß diesen Uebelständen abgeholfen werde, ist nothwendig. Ich will die Mitwirkung der Kinder in der Hausindustrie nicht allein auf die schlechten Löhne schieben, wie es so viele Agitatoren thun, und ich muß mich verwahren daß ich ein allgemeines Urtheil ausgesprochen hätte, ich habe nur einzelne Fälle herausgenommen. Es giebt Familienväter, die wohl nicht nöthig hätten, ihre Kinder zur Arbeit heranzuziehen und es doch thun; ob es Gewissenlosigkeit ist, ich weiß es nicht, ich constatire nur die Thatsache. Aber in vielen anderen Fällen liegt es wirklich daran, daß der Vater nicht in der Lage ist, das zu erschwingen, was er braucht, und gezwungen ist Frau und Kinder arbeiten zu lassen. Diesem abzuhelfen, sage ich nur, wird eine sehr, sehr lange Zeit vergehen. Ich selbst bin gezwungen einmal so und so lange spazieren zu gehen und dann wieder zu arbeiten, daß ich auf den Rücken fallen möchte. Aber vergessen Sie darum nicht die Arbeiterorganisationen, sie sind in der

Lage abzuhelfen durch Vereinigung, wenn man ihnen nicht überall Hindernisse in den Weg legt.

Dr. Max Weigert, Fabrikbesitzer (Berlin): Es kann nicht scharf genug auf die Hausindustriemängel hingewiesen werden. In dem schönen lichten Vortrage hat der Herr Referent sich in etwas schroffer Weise über das Verhältniß des Arbeitgebers gegenüber dem Arbeitnehmer ausgesprochen. Es wird sich herausstellen, daß die Mißstände zum allergeringsten Theile auf die Fabrikindustrie, viel mehr auf die Hausindustrie fallen. Ganz besonders ist dies bei der Branche, der ich angehöre, der Textilindustrie, der Fall. Die Zahlen, welche der Herr Referent angegeben hat, bin ich im Stande, zum Theil corrigiren zu können. In Bezug auf die Sterblichkeit der Kinder hatte der Herr Referent den schlesischen Kreis Hirschberg genannt, welcher verhältnißmäßig die höchste Sterblichkeit an Kindern bis zu 1 Jahre haben soll. Ich bin Fabrikbesitzer in diesem Kreise; ich kann constatiren, daß gar keine Fabrikindustrie, sondern nur Hausindustrie betrieben wird. In Bezug hierauf wird Herr Dr. Websky gleiche Angaben machen können. Der Hausindustrie fallen alle die gerügten Mängel zur Last. Die Arbeiter, die so sehr über Sclaverei sprechen, sollten zuerst in ihren eigenen Busen greifen und zuerst in ihrem Hause reformiren. Wenn Sie nicht zuerst vorgehen bei denen, welche vor Allem über das Wohl der Kinder zu wachen haben, so werden Ihre Anträge nicht von Nutzen sein. Wenn die Enquête sich aus practischen Gründen nicht auf die Hausindustrie erstrecken soll, so halte ich doch für nothwendig zu constatiren, welche Mißstände die Hausindustrie im Gefolge hat.

(Ein Antrag auf Schluß der Debatte wird angenommen.)

Referent Prof. Dr. Neumann: Es sind also zwei Dinge angeregt: 1) daß man die Enquête auch erstrecke auf ländliche Arbeiter, oder daß man wenigstens sage, warum hier von diesen nicht die Rede sei, und 2) daß die Enquête auch auf die Hausindustrie ausgedehnt würde. Was das letztere betrifft, so erkläre ich, daß ich mit großem Interesse vernommen habe, was hier bezüglich der großen Nachtheile und Gefahren der Hausindustrie gesagt ist. Ich bin freilich davon, daß dergleichen Gefahren bestehen, schon früher überzeugt gewesen, und es ist nicht richtig, wenn man glaubt, ich hielte die Sterblichkeit der Kinder in Gegenden der Fabrikindustrie für größer, als in Gegenden vorherrschender Hausindustrie, und hätte die von mir angegebenen Zahlen ins Gefecht geführt, um gerade die Gefahren der Fabrikindustrie darzuthun. Darin bin ich mißverstanden. Meine Ausführungen bezogen sich auf die Folgen der Beschäftigung von Frauen in der Textilindustrie überhaupt, und ich habe hiebei zwischen Fabrik- und Hausindustrie nicht unterschieden. Was aber die Ausdehnung der hier in Rede stehenden Enquête auf die letztere betrifft, so würden, glaube ich, die Schwierigkeiten einer solchen Aufnahme sehr große sein und auch die Controlle über die Ausführung der die Hausindustrie beschränkenden Gesetze würde auf große Hindernisse stoßen. Ich erinnere in dieser Beziehung nur noch einmal an den in der „Concordia“ kürzlich mitgetheilten Ausspruch eines Fabrikanten aus St. Gallen: „Bei uns — sagte dieser — würde wohl keine Regierung es wagen, so in Haus und Familie einzugreifen, wie es eine fabrikgesetzliche Beschränkung der Hausindustrie mit sich bringen würde.“ Sehe ich aber auch hievon ganz ab: allein die Schwierigkeiten der Enquêteausführung würden, wie bemerkt, durch solche Ausdehnung sehr große werden. Dann würde sich realisiren, was Geheimrath Engel in Aussicht stellt: die Aufnahme wird fast unthunlich werden. Wollen wir etwas anregen, was sich auch durchführen läßt und von dem wir erwarten können, daß es zu Resultaten führt, so ist es nach meiner Ansicht gut, Beschränkungen walten zu lassen. Man kann ja später weiter gehen. Hüten wir uns aber, zu viel auf einmal zu verlangen und damit unseren bescheideneren Forderungen selbst Schaden zu thun! Was insbesondere die Zahl 10 betrifft, so habe ich sie nicht aus der Luft gegriffen. In vielen schweizerischen Gesetzen und Enquêten, wenn ich nicht irre, auch bei der Pariser Aufnahme von 1860, ebenso in dem französischen Gesetzentwurfe von 1847 wurde jene Zahl beliebt. Wenn hier nun beantragt ist, statt 10 die Zahl 7 zu wählen, so kann ich freilich augenblicklich nicht übersehen, ob, wenn alle Verhältnisse in Betracht gezogen werden, diese letztere Zahl noch passender sein würde. Das ist eben im Handumdrehen nicht zu entscheiden. Ich möchte Sie aber nach den eben mitgetheilten Vorgängen bitten, es bei der Zahl 10 bewenden zu lassen.

Was dann die Frage der Ausdehnung der Enquête auf die ländliche Arbeiterbevölkerung betrifft, so habe ich wohl darauf zu verweisen, was ich gesagt habe bezüglich der Forderung thunlichster Beschränkung des Enquêtegebiets. Dieselben Gründe, die für die Ausschließung der Hausindustrie geltend gemacht sind, müssen auch bestimmend sein, bezüglich der ländlichen Arbeiter. Wir können nicht Alles auf einmal. Wir wollen zunächst eine Reform der Fabrik-Gesetzgebung und wollen diese Schritt für Schritt ausbauen. Wenn wir sogleich Alles in jene Enquête aufnehmen wollen, was über Arbeiterverhältnisse überhaupt zu wissen wünschenswerth ist, so würde ein wirklich werthvolles, erhebliches Resultat schwer zu erreichen sein.

Vorsitz. Prof. Dr. Gneist: Ich lasse zunächst über den ersten Theil des Antrags „Engel“ abstimmen. Wer von den Herren wünscht „gewerbliche Anstalten“ für Fabriken zu setzen?

Es ist die Mehrheit.

Wer von den Herren wünscht statt „10“ „7“ zu setzen?

Das Stimmverhältniß stellt sich auf 36 zu 35; ich werde es also vorziehen durch eine itio in partes die Sache zu erledigen.

(Geh.-Rath Engel zieht seinen Antrag zurück).

Nr. 3 wird angenommen.

Zu Nr. 4 und 5 wird ein Antrag von Dr. Eckardt gestellt.

Prof. Dr. Schmoller (Straßburg) (Zur Geschäftsordnung): Da meine Uhr jetzt 1 Uhr zeigt, so müssen wir, wenn wir über diesen Gegenstand eine längere Debatte haben werden, jetzt eine Pause machen. Wenn wir aber gleich 4 und 5 mit Antrag Dr. Eckardt en bloc annehmen könnten, dann könnten wir die ganze Sache erledigen und Vormittag noch zu dem Vortrage über das Actienwesen übergehen (Zustimmung).

Vorsitz. Prof. Dr. Gneist: Ich möchte erst den Herrn Correferenten und Referenten über diese Sache hören. (Beide erklären sich einverstanden.) Herr Correferent Ludwig-Wolf zieht seinen Antrag zurück, und es bleibt noch 4 und 5 des Referenten, welche ich in Ermangelung von Widerspruch für genehmigt ansehe.

Nun kommen wir zu dem Antrage Dr. Eckardt:

„Die Versammlung setzt eine Commission nieder, welche eine Petition an den Reichstag zu richten hätte, dahingehend, daß derselbe ersucht werde, eine Enquête über die Ausführung der Fabrikgesetzgebung herbeizuführen und derselben die Vorschläge des Herrn Prof. Neumann zu Grunde zu legen."

Dr. Eckardt (Hamburg): Der Zweck der soeben geschlossenen Debatte kann sich unmöglich darauf beschränkt haben, daß die Versammlung die Nothwendigkeit oder Rathsamkeit von Enquêten im Allgemeinen anerkennt. Dieser Anerkennung bedürfen die Enquêten seit lange nicht mehr. Auch darauf dürfen wir uns nicht beschränken fromme Wünsche und gute Rathschläge für eine eventuell in Deutschland abzuhaltende Enquête über den Zustand des Fabrikwesens auszusprechen. Sollen die soeben geschlossenen Berathungen bleibenden Werth gewinnen, so müssen sie dazu den Anstoß geben, daß eine solche Enquête wirklich abgehalten werde. Darum schlage ich vor, daß wir Namens der Versammlung eine Petition an den Reichstag richten, welche diesem zur Pflicht macht, sich durch eine Enquête darüber zu unterrichten, ob und in wie weit seine zum Schutz der Fabrikarbeiter vor fünf Jahren erlassenen Gesetze ausgeführt sind. Warten wir nicht ab, bis die extremen Parteien diese Frage aufwerfen, ergreifen wir als Partei der Vermittlung die Initiative dazu, dem Reichstag die Erfüllung dieser Pflicht ans Herz zu legen, geben wir dadurch den heute gepflogenen Verhandlungen eine praktische Schneide.

Prof. Dr. Held (Bonn): Es bedarf dazu keiner Commission, der Ausschuß kann mit Abfassung einer derartigen Petition beauftragt werden.

Dr. Eckardt (Hamburg): Ich hätte nichts dawider, wenn der Ausschuß nur erst neugewählt wäre und wir wüßten, ob der Referent zu demselben gehören wird.

Vorsitz. Prof. Dr. Gneist: Vorbehaltlich, wie die Commission gewählt wird, frage ich die Herren, wer ist für den Antrag Eckardt?

(Derselbe wird angenommen).

Damit ist der erste Hauptgegenstand erledigt.

(Der Vorsitz. vertagt die Versammlung von $^1/_2$1 Uhr bis $^3/_4$1 Uhr.)

Nach einer viertelstündigen Pause eröffnet um $^3/_4$1 Uhr der Vorsitz. Prof. Dr. Gneist die Verhandlungen wieder.

Es werden zunächst verschiedene Druckschriften und handschriftliche Mittheilungen vorgelegt.

Vorsitz. Prof. Dr. Gneist: Ich bitte nunmehr den Herrn Referenten Prof. Wagner aus Berlin hier auf der Rednertribüne seinen Platz einnehmen zu wollen. Die vulkanische Natur der socialen Frage zeigt sich allerdings auch an der Art und Weise unserer Rednerbühne [1]) (Heiterkeit.).

---

[1]) Dieselbe war aus sehr nachgiebigen, schwankenden Brettern hergestellt.
Anmerk. d. Stenogr.

Referat

des Prof. Dr. A. Wagner (Berlin) über

Actiengesellschaftswesen.

Referent Prof. A. Wagner (Berlin) legt seinem Vortrage die folgende Reihe Thesen zu Grunde, welche der Versammlung schon gedruckt vorliegen.

Thesen, zum Theil mit kurzer Motivirung.

1. Die Nothwendigkeit einer Einengung des Gebiets der Actiengesellschaften.

1. Die Reform des deutschen Actiengesellschaftsrechts ist als ein Hilfsmittel gegen die bei der Errichtung (Gründung) und Verwaltung von Actiengesellschaften hervorgetretenen Mißstände in's Auge zu fassen (s. These 16 u. ff.), jedoch liegt darin kein ausreichendes Hilfsmittel und ist diese Reform nicht die erste und wichtigste Aufgabe, welche im Actiengesellschaftswesen vorliegt.

2. Die hauptsächliche Ursache der Mißstände ist in einer unpassenden Ausdehnung des Gebiets des Actiengesellschaftswesens zu suchen. Die hauptsächliche Abhilfe liegt daher in der Einengung dieses Gebiets.

3. Diese Einengung hat auf zweierlei Weise zu geschehen. Einmal, und in geringerem Maße, dadurch, daß den andern speculativen privatwirthschaftlichen Unternehmungsformen die Concurrenz mit der Actiengesellschaft nicht durch einseitige Begünstigung der letzteren, z. B. im Steuerrechte, noch erschwert werde; ferner mehr noch dadurch, daß das Genossenschaftsprincip (und das verwandte Princip des Gegenseitigkeitvereins im Versicherungswesen) namentlich durch zweckmäßige Gestaltung des Genossenschaftsrechts sich leichter neben dem Actienprincip erhalten und ausdehnen könne.

4. Sodann aber, und in weit stärkerem Maße, muß das Gebiet der Actiengesellschaften direct dadurch eingeengt werden, daß die sog.

öffentliche Unternehmung oder Geschäftsform, d. h. die Unternehmung, welche von Staat, Provinz, Bezirk, Kreis, Gemeinde selbst errichtet und in der Regel auch selbst verwaltet oder betrieben wird, an die Stelle der Actiengesellschaft tritt.

5. Die Gebiete, auf denen dies zu geschehen hat, sind vornehmlich diejenigen, welche Actiengesellschaften, ohne Concurrenz der öffentlichen Unternehmung, meistens ganz allein inne haben, weil die andern privatwirthschaftlichen Unternehmungsformen und die Genossenschaften hier aus ökonomisch-technischen Gründen keinen Spielraum für ihre Thätigkeit finden. Das hierdurch für das Actiengesellschaftswesen leicht entstehende factische Monopol erhält weder durch die Concurrenz der Actiengesellschaften unter einander, an deren Stelle Vereinbarung oder Fusion zu treten pflegt, noch durch die undurchführbare öffentliche Controle (des Staats, der Gemeinde) eine ausreichende Begrenzung. Die Alleinherrschaft der Actiengesellschaften hat daher schwere socialpolitische und volkswirthschaftliche Bedenken. Dagegen ist die öffentliche Unternehmung um so unbedenklicher, weil sie in ökonomisch-technischer Leistungsfähigkeit der Actiengesellschaft auf vielen Gebieten nicht nachsteht, vielmehr beide Arten von Unternehmungen im Wesentlichen gleichartig eingerichtet und verwaltet werden müssen und der reinen Privatunternehmung gegenüber dieselben Vorzüge und Mängel besitzen.

6. Die Gebiete, aus denen das Actiengesellschaftswesen durch die öffentliche Unternehmung zu verdrängen ist, sind vornehmlich diejenigen, welche allgemeine volkswirthschaftliche Angelegenheiten oder Interessen der ganzen Bevölkerung oder größerer Bevölkerungskreise, namentlich der auf räumlicher Interessengemeinschaft beruhenden Kreise betreffen.

Speciell sind als die wichtigsten einzelnen Gebiete zu nennen: das Verkehrswesen, d. h. die Wege aller Art und die zu Verkehrsanstalten fest organisirten regelmäßigen Transportdienste für Beförderung von Menschen, Gütern und Nachrichten, wo Eisenbahnen (Bau und Betrieb) neben Landstraßen, Telegraphen neben Posten, lokale Verkehrsanstalten (Pferdebahnen, Omnibuswesen) in richtiger Gliederung von Staat, Provinz, Kreis, Gemeinde zu übernehmen sind; ferner das große Gebiet der Anstalten für locale, wirthschaftliche Gemeinschaftsbedürfnisse, wie Gas-, Wasserwerke, Markthallen, Viehmärkte u. s. w., welche von den städtischen Communen ebenfalls selbst zu übernehmen sind; endlich das Gebiet des Bank- und Versicherungswesens, wo diejenigen Anstalten, welche ein rechtliches Monopol erhalten oder ein factisches leicht erreichen, ebenfalls möglichst den Actiengesellschaften zu Gunsten der öffentlichen Unternehmung zu entziehen, die übrigen Banken und Versicherungsanstalten aber, soweit sie vorherrschend für die Benutzung der unteren Classen dienen (Sparcassen, Altersversorgungsanstalten u. dgl. m.) ebenfalls vom Staat und mehr noch von Provinzen, Kreisen, Communen einzurichten und zu betreiben, sonst aber genossenschaftlich und nach dem Gegenseitigkeitsprincip neben der zuzulassenden Actiengesellschaft zu organisiren sind.

7. Eine nothwendige Voraussetzung zur Durchführung dieser Vor-

schläge ist ein wohlgeordnetes locales Selfgovernment, eine zweckmäßige Decentralisation der Verwaltung und eine Gestaltung des Finanz- und Schuldenwesens von Staat, Provinz, Kreis und Gemeinde, welche Unabhängigkeit von Banquiers und Actienbanken möglichst gewährt. Insbesondere ist die Centralisation der Creditoperationen der Gemeinden und sonstigen Selbstverwaltungskörper zu diesem Zwecke geboten.

II. Das Gebiet des Actiengesellschaftswesens.

8. Im Uebrigen ist die Actiengesellschaft mit ihrem specifischen Rechtsprincip der auf die Einlage begrenzten Haftbarkeit des Actionärs eine berechtigte und der modernen Volkswirthschaft unentbehrliche privatwirthschaftliche Unternehmungsform auf dem Gebiete der einzelnen Productionszweige.

9. Sie darf und soll eben deshalb ein Gegenstand des gemeinen Rechts sein und ihre Errichtung nicht von specieller Staatsgenehmigung, sondern blos von der Erfüllung besonderer Normativbedingungen abhängen.

10. Ihre wirthschaftliche Anwendbarkeit liegt im Allgemeinen da vor, wo ein großes Kapital möglichst dauernd und zu stehenden Anlagen für denselben unveränderten und schwer veränderlichen Zweck in ein Geschäft gesteckt werden muß; wo ferner ein erheblicheres Risico unterläuft und wo endlich der Betrieb einigermaßen auf feste Regeln zurückzuführen ist, das Speculationsmoment dagegen nur mäßigen Spielraum hat.

11. Eine besondere rechtliche Beschränkung ihrer wirklichen Anwendung ist im Allgemeinen für die Actiengesellschaft nicht geboten. Doch kann die Frage offen gehalten werden, ob die Anwendung des Actienrechts für bestimmte Arten von Unternehmungen untersagt werden soll. Diese Eventualität verdient für sogenannte Gründungsbanken (Credits-mobiliers) nähere Erwägung.

12. Es empfiehlt sich, die abweichenden besondern Verhältnisse der einzelnen Arten von Unternehmungen im Actienrechte durch Specialbestimmungen zu berücksichtigen. Dies gilt besonders hinsichtlich des Princips der Oeffentlichkeit, der Erfordernisse der Errichtung der Gesellschaft, der Revision und Kontrole, der Bilanzaufstellung und Gewinnvertheilung, der Grundsätze für die Bildung des oder der verschiedenen Arten von Reservefonds. Unter andern bilden besonders wichtige Gruppen mit dem Erfordernisse von Specialbestimmungen: solche Actiengesellschaften, welche durch Verwandlung von Privatunternehmen in eine Actiengesellschaft entstehen oder ein solches später erwerben (Actienfabriken); solche, welche erst das den Gegenstand des Unternehmens bildende Object während einer bestimmten längeren Zeit herstellen (Berg-, Hüttenwerke, Fabriken, Hotels); Gründungsbanken; Lebensversicherungsanstalten.

13. Die gute Gestaltung des Genossenschaftsrechts ermöglicht auch für große Unternehmungen leichter die Koncurrenz der Genossenschaft mit der Actiengesellschaft.

14. Unter den einzelnen Unternehmungen, welche Gegenstand des Actiengesellschaftsbetriebs sind, verlangen u. A. die Actienfabriken und die Gründungsbanken eine besondere Beachtung. Die Anlegung von Actienfabriken und die Hinüberführung von Privatfabriken in Actienfabriken ist wirthschaftlich oft berechtigt und soll rechtlich zulässig sein, da das Fabrikwesen passend den privatwirthschaftlichen Unternehmungsformen überlassen bleibt und sich unter diesen die Actiengesellschaft aus ökonomisch-technischen Gründen oft empfiehlt. Doch ist in diesem Falle besonderer Werth auf gesetzliche Bestimmungen zu legen, durch welche der Uebernahmspreis von jedem speciellen Vortheil Dritter getrennt und genau offen dargelegt, auch in diesem Preise der Werthbetrag der festen Anlagen und der Betriebscapitalien (Materialien, fertige Produkte) nach dem wirklichen Sachverhalt getrennt angegeben wird (s. unten These 21). Die Angaben über diese und andere Punkte im Prospecte sind nach einem gesetzlichen, erforderlichen Falls vom Registerrichter oder vom Controlamte (s. These 32) abzuändernden Schema zu liefern.

15. Wird das Actienrechtsprincip für Gründungsbanken zugelassen, so ist für diese Banken dieser oder ein ähnlicher, deutlich characterisirender Name als obligatorische Beifügung zur Firma zu erklären. Die Betreibung von Zettel- (Notenausgabe-), Depositengeschäften und die Emission von langterminlichen Obligationen gegen Effectendeckung ist diesen Banken zu verbieten. Eine neue Kapitalemission über die erst erfolgte hinaus ist nur nach Vorlage einer geprüften Jahresbilanz statthaft. Gründer und erste Zeichner dürfen vollends bei diesen Banken kein Vorrecht auf Actien neuer Emissionen al Pari erhalten, selbst wenn das allgemeine Actienrecht kein allgemeines Verbot einer solchen Bestimmung ausspricht (s. These 31). Eine neue Actienemission darf überhaupt nur al Pari oder über Pari durch Subscription oder durch Verkauf nach dem Börsencours erfolgen, wobei der Gewinn über Pari zur Dotation des Reservefonds zu verwenden ist. Tantièmen an Mitglieder der Direction und des Aufsichtsraths sind erst vom dritten Geschäftsjahre an und nur aus dem Gewinn des einzelnen Jahres zulässig.

III. Die Reform des allgemeinen Actiengesellschaftsrechts.

16. Die Darstellung, welche die Gutachten von den in neuerer Zeit bei der Gründung und Verwaltung von Actiengesellschaften hervorgetretenen Mißständen liefern, ist vollständig zu billigen und wird sich darauf hier bezogen (s. bes. Goldschmidt S. 30, Behrend S. 38 ff. Wiener passim).

17. In Uebereinstimmung mit den Gutachten, namentlich Wiener's und Behrend's, wird dem geltenden deutschen Actiengesellschaftsrechte, d. h. dem dritten Titel des zweiten Buchs des A. D. H.-G.-B., sowie namentlich der Novelle vom 11. Juni 1870 eine Mitschuld an diesen Mißständen zugeschrieben, theils weil das geltende Recht Lücken enthält, die zur Abstellung einiger Uebel zu verhüten gewesen wären, theils weil einige Bestimmungen direct nachtheilig gewirkt haben. Die Frage der Reform des deutschen Actienrechtes ist daher zu bejahen.

18. Hinsichtlich der einzelnen Punkte einer solchen Reform wird auf die in den eingereichten Gutachten, besonders denen von Wiener und Behrend, enthaltenen Vorschläge, ferner auf die mit mehreren dieser Vorschläge übereinstimmenden Beschlüsse des letzten deutschen Juristentags in Hannover hingewiesen, welchen Vorschlägen und Beschlüssen im Wesentlichen beigestimmt wird.

19. Insbesondere ist an dem System der Normativbedingungen statt des Concessionszwanges festzuhalten und die Reform des Actienrechts in Verbesserungen dieser Normativbedingungen zu suchen.

20. Als Hauptpunkt erscheint dabei: die vollständigere Durchführung der Oeffentlichkeit und die Verstärkung der Garantieen für die Richtigkeit der mitgetheilten Thatsachen durch verschärfte Strafbestimmungen und möglichst weit gehende civilrechtliche Haftbarkeit der Gründer und der Gesellschaftsorgane (Vorstand, Aufsichtsrath, Revisoren).

21. Namentlich muß eine vollständige Offenlegung aller Verhältnisse der Gründung und die Verantwortlichkeit der Gründer für diese Offenlegung erzielt werden. Als geeignetes Mittel dafür empfiehlt es sich, nach dem Vorschlage Wiener's und dem Beschluß des Juristentages, einen von einer Minimalzahl (7) verantwortlicher Gründer zu erlassenden Prospect, in welchem die für die Gründung wichtigsten Angaben, namentlich über die nicht in Geld bestehenden Einlagen, kundgegeben werden, zu einem wesentlichen Erforderniß der Errichtung der Actiengesellschaft zu machen. Dieser Prospect hat im Fall der Uebernahme oder des Erwerbs eines Privatgeschäfts oder von Realitäten nähere Daten über Erwerbspreis, Erwerbszeit und Bedingungen, Zeitdauer des früheren Besitzes, frühere Erwerbspreise seit den letzten 5 Jahren, über besondere Vortheile der Gründer zu enthalten. Wiener's Vorschlag für die neue Fassung des Art. 209 b. des H.-G.-B. ist zu billigen. Für die in Bezug auf die Angaben des Prospects veranlaßten Täuschungen ist die Strafe des Betrugs über die Gründer zu verhängen und letztere sind für den aus wahrheitswidrigen Angaben entstandenen Schaden sowohl der Actiengesellschaft, als den Actionären und Dritten persönlich und solidarisch für verantwortlich zu erklären. (S. Wiener S. 14.)

22. Die Angaben im Prospecte sind nach amtlichen Formularen, welche nach Ermessen des Registerrichters (oder eines eventuellen Controlamts, s. These 32) abgeändert werden können, zu liefern.

23. Die Statuten der Gesellschaft sind ihrem ganzen Wortlaute nach in einem amtlichen Organ zum Abdruck zu bringen. Die wichtigsten Punkte daraus müssen nach näherer Angabe des Richters (oder des Controlamts) in verbreiteten Zeitungen, ferner durch Aushängen im Geschäftslocal und durch Abdruck auf den Actiendocumenten kundgemacht werden.

24. Dieselbe Art der Kundmachung ist für diejenigen Angaben des Prospects vorzuschreiben, welche sich auf nicht in Geld gemachte Einlagen beziehen.

25. Mindestens vierteljährlich sind von Banken, Gründungsbanken und Versicherungsanstalten, alljährlich von allen andern Actiengesellschaften

genaue, nach einem amtlichen Schema specificirte Bilanzen und Gewinn- und Verlustconti aufzustellen und zu veröffentlichen. Diese Ausweise sind nach der Art der Unternehmungen verschieden einzurichten, nach den Bestimmungen des Registerrichters oder besser eines Controlamts (These 32). Die Effectenbestände unter den Activen müssen stets genau nach den einzelnen Posten namenweise mit Ankaufs-, Nenn- und Courswerth angegeben werden. Ein Exemplar des Ausweises ist dem Registerrichter, eventuell dem Controlamt zu überliefern. Das Gericht, event. das Controlamt überwacht die regelmäßige Veröffentlichung und rügt Mängel der Aufstellung mit Ordnungsstrafen. Für wissentlich falsche Angaben unterliegen die betreffenden Gesellschaftsorgane der Strafe des Betrugs.

26. Auf Antrag einer Anzahl Actionäre, welche einen kleinen Theil des Gesellschaftskapitals (z. B. 5% oder weniger) vertreten, sind nach dem Vorgang fremder Gesetzgebungen und den Vorschlägen der Gutachten und den Beschlüssen des Juristentags gemäß, die Gerichte, eventuell besser noch die Kontrolämter (s. These 32) zu ermächtigen, jederzeit die Mittheilung einer Bilanz, alle sonst nothwendigen Aufklärungen, Vorlegung der Bücher und Papiere zu verlangen und eine Untersuchung der Geschäftsführung durch vom Gerichte oder Kontrolamt ernannte unabhängige Sachverständige anzuordnen.

27. In der Verwaltung der Actiengesellschaften ist für bessere sachliche Controle zu sorgen. Zu diesem Zweck ist die bei den deutschen Actiengesellschaften übliche Verschmelzung des Aufsichts- und Verwaltungsraths zu beseitigen. Namentlich empfiehlt sich, nach dem Muster der französischen (Ges. v. 24. Juli 1867 Art. 32 bis 35) und belgischen (Ges. vom 18. Mai 1873 Art. 54 bis 58, 62—65) Gesetzgebung und den Vorschlägen unsrer Gutachten gemäß, die obligatorische Einführung einer besonderen, der Geschäftsführung ganz fern stehenden Revisionsbehörde, deren Mitglieder von der Generalversammlung, eventuell vom Gerichte oder vom Controlamte (These 32) für die Prüfung der nächstjährigen Rechnungen gewählt werden. Die Functionen dieser Revisoren sind nach dem Vorbild der fremden Rechte zu bestimmen. Diese Behörde hat einen, mindestens 14 Tage vor dem Zusammentritt der Generalversammlung zu veröffentlichenden Bericht zu liefern, in welchem die Geschäftsführung nach der materiellen Seite geprüft wird. Ohne diesen Bericht darf keine Definitiv-Bilanz als Basis der Dividendenvertheilung aufgestellt, noch eine Dividende vertheilt, noch der Verwaltung Entlastung gewährt werden.

28. In der Generalversammlung soll eine Actie eine Stimme geben. Das Stimmrecht für größeren Actienbesitz regeln die Statuten, doch so, daß Niemand im eigenen oder fremden Namen mehr als eine gewisse Maximalzahl Stimmen, die gesetzlich zu fixiren wäre, ausüben darf.

29. Fälschungen von Beschlüssen der Generalversammlung durch Ausübung eines nicht rechtlich zustehenden Stimmrechts und Ueberlassung von Actien Seitens der Eigenthümer zu diesem Zweck werden als Betrug

gestraft, nicht nur mit Geldstrafen getroffen wie im franz. Recht (Ges. v. 1867, Art. 13).

30. Niemand soll Mitglied einer Actiengesellschaftsbehörde sein können, der einer andern Actiengesellschaft derselben Gattung von Unternehmungen, die hiernach gesetzlich zu gruppiren sind, in einer andern Eigenschaft denn als Actionär angehört. Ferner ist die Zahl der Vorstands- oder Aufsichtsrathsstellen, welche Jemand gleichzeitig bekleiden kann, auf eine mäßige Maximalzahl (etwa 4) zu beschränken. Personen, welche eine Bestrafung in ihrer Eigenschaft als Vorstand oder Aufsichtsrath erlitten haben, können gleichzeitig vom Gericht zeitweilig oder bleibend für unfähig erklärt werden, solche Stellungen bei Actiengesellschaften zu bekleiden.

31. Von einzelnen Bestimmungen des Actienrechts ist insbesondere diejenige abzuändern, die Zeichner von Inhaberactien nach erfolgter Zahlung von 40 % von der Haftung für weitere Einzahlungen zu befreien ermächtigt. Ebenso ist es zu verbieten, daß Actiengesellschaften mit Ausnahme der Versicherungsanstalten, der gewöhnlichen Handels- (Zettel- und Depositenbanken mit Disconto- und Lombardgeschäft) und der Hypothekenbanken, ihr Kapital vor erfolgter Vollzahlung der alten Actien erhöhen. Jede neue Emission des Kapitals ist von einem ausdrücklichen Beschlusse der Generalversammlung abhängig zu machen. Vorrechte der Gründer oder ersten Zeichner der Actien neuer Emissionen sind zu verbieten.

32. Die Einführung staatlicher Controlämter für das Actiengesellschaftswesen, welche nach den Hauptarten der Unternehmungen einzutheilen sind, ist empfehlenswerth. Diese Controlämter können die Registrirungen der Gerichte übernehmen, eventuell können sie den Gerichten als sachverständiger Beirath zur Seite stehen. Die Controlämter haben außerdem über die Wahrung des Princips der Oeffentlichkeit zu wachen, die Schemata der Bilanzen und Gewinn- und Verlustconti aufzustellen, die Ausweise zu begutachten und jährlich über die Lage der Actiengesellschaften Bericht zu erstatten, sowie nach ihren Erfahrungen gesetzliche Reformen zu beantragen, überhaupt im Einzelnen die in den Thesen 14, 22. 23, 25, 26, 27, erwähnten Functionen zu übernehmen.

Referent Prof. A. Wagner: Die letzten Worte des Herrn Vorsitzenden waren, mit Recht oder Unrecht, vielleicht an meine specielle Adresse gerichtet. Ich werde sie mir dankbar ad notam nehmen.

I. Meine Herren! Die „sociale Frage" wird häufig kurzweg identificirt mit der „Arbeiterfrage". Wäre diese Auffassung richtig, so würden wir nicht in die Lage kommen, das Thema, welches ich zu behandeln übernommen habe, hier in dieser Versammlung zu discutiren. Indessen diese Auffassung ist nicht richtig. Wir haben vielmehr mit Recht schon in unserem Aufrufe zur Bildung eines Vereins für Socialpolitik betont, daß außer der Arbeiterfrage auch andre sociale und ökonomische Probleme der Zeit zu besprechen und daß ihre richtige Behandlung zu fördern sei. Unter diesen Problemen steht die Actiengesellschaftsfrage gegenwärtig im Vordergrund des Interesses, weil grade auf ihrem Gebiete charakteristische

Schäden der modernen Volkswirthschaft und nachtheilige Einflüsse auf die Vertheilung des Nationalvermögens zum Vorschein gekommen sind.

Wir begegnen bei der Behandlung dieser Frage gleich unserem Kernproblem in der Volkwirthschaft: nämlich der speciellen Frage, welche Stellung der Staat zum Actiengesellschaftswesen einnehmen soll, eine Frage, deren Beantwortung den hauptsächlichen Inhalt meines Referats bilden wird.

Von vorneherein besteht hier ein bemerkenswerther Unterschied zwischen dem Problem, welches uns jetzt zu beschäftigen hat, und anderen ökonomischen Problemen. Denn selbstverständlich kann im Actiengesellschaftswesen von reinem laisser faire und völliger Passivität des Staats niemals die Rede sein. Die Bildung der Actiengesellschaft setzt vielmehr bestimmte Rechtsnormen voraus, wie sie, allenfalls unter Weiterbildung des Gewohnheitsrechts, nur vom Staate gegeben werden können. In der Actiengesellschaft haben wir es nicht mit den einzelnen an ihr betheiligten physischen Personen, sondern mit einem von diesen unterschiedenen künstlichen Rechts- und Wirthschaftssubject zu thun, das immer erst auf Grund bestimmter Rechtsnormen geschaffen werden muß. Der Staat aber ist es, welcher die Zulässigkeit eines solchen künstlichen Rechtssubjects oder einer juristischen Person überhaupt (das „Ob") und die Bedingungen dafür (das „Wie") bestimmt und somit entscheidet er erst, ob und wie weit es bestimmte Rechtsbildungen geben soll, die wir mit dem Namen „Actiengesellschaft" belegen. Die Actiengesellschaftsfrage ist also ihrem Wesen nach immer eine Frage der wirthschaftlichen Rechtsordnung.

Die Stellung des Staats zum Actiengesellschaftswesen kann nun an und für sich eine sehr verschiedene sein und ist auch thatsächlich eine solche gewesen und zum Theil noch jetzt so. Namentlich folgende Standpunkte verdienen hier unterschieden zu werden:

1) Der Staat kann das der Actiengesellschaft als Unternehmungsform specifisch eigenthümliche Rechtsprincip der sog. begrenzten Haftbarkeit, wonach Jemand nur mit dem Betrage der Einlage (Actie) an einem Unternehmen sich betheiligt und für dasselbe haftet, ganz verneinen, also im Princip an der begrenzten Haftbarkeit festhalten. Es war dies bis vor nicht langer Zeit der Standpunkt des englischen Rechts. Auch bei uns sind neuerdings, als ein immerhin beachtenswerthes Zeichen der Zeit, Stimmen aufgetreten, welche das Actienrechtsprincip als solches beseitigt haben wollen. Ich komme darauf zurück.

2) Ein anderer Standpunkt läßt sich kurzweg als derjenige des Concessionszwangs bezeichnen: der Staat gesteht das Actienrechtsprincip zu, behält sich aber für jeden einzelnen Fall vor, das Ob und Wie zu genehmigen. Hier bildet das Actienwesen eine Ausnahme vom gemeinen Rechte, ein besonderes Privileg. So früher in England bei der Errichtung von Gesellschaften, z. B. Banken, mit begrenzter Haftbarkeit auf Grund k. Freibriefs oder Parlamentscharters; so bis vor Kurzem noch allgemein in Frankreich, Deutschland, heute noch in Oesterreich und manchen andern Staaten.

3) kann der Staat im Princip die freie Bildung von eigentlichen Actiengesellschaften (also das „Ob") zugeben, aber die Bedingungen, unter denen sie allein rechtsgültig zu Stande kommen und ihre Verwaltung führen können (also das „Wie"), näher formuliren: das sog. System der Normativbedingungen, das im neuesten englischen, französischen und deutschen Rechte an die Stelle des Concessionssystems getreten ist.

Diese verschiedenen Standpunkte und Systeme lassen sich dann noch miteinander combiniren und außerdem sind im Einzelnen weitere Modificationen möglich. So kann der Staat, während er aus dem Gesichtspunkte des Gesellschaftsrechts die freie Bildung von Actiengesellschaften im Allgemeinen nach dem System der Normativbedingungen zuläßt, aus gewerbepolitischen und sonstigen speciellen Rücksichten für einzelne Arten von Unternehmungen das Concessionssystem beibehalten, wie z. B. für Eisenbahnen, Zettelbanken in der Regel, für Versicherungsanstalten gelegentlich. Oder wieder in anderer Weise kann für gewisse Arten von Unternehmungen das Actienrechtsprincip grundsätzlich ausgeschlossen werden, wie zeitweilig früher in England für Banken und Versicherungsanstalten, während die Actiengesellschaft sonst nach dem System der Normativbedingungen zugelassen wird. Oder endlich, es wird letzteres System allgemein angenommen, die Form der Actiengesellschaft für alle Arten Unternehmungen zugelassen, aber die Normativbestimmungen werden nach der verschiedenen Art der Unternehmen weiter specificirt, wozu Ansätze in einzelnen Vorschriften des positiven Actiengesellschaftsrechts sich schon vorfinden. Der letztere Modus scheint mir, wie ich einstweilen vorwegnehme, empfehlenswerth und einer weiteren Ausbildung harrend.

Für die practischen Fragen des Actiengesellschaftswesens gilt es, zwischen diesen verschiedenen Modalitäten zu wählen. Ein Blick auf die Ansichten der theoretischen Nationalökonomen, der Practiker des Geschäftslebens, der Juristen und auf die gesetzliche Regelung des Actienwesens ergiebt in der Hauptsache folgenden Entwicklungsgang.

Das Actienrechtsprincip ist immer allgemeiner zugegeben worden, so sehr, daß neuerdings eine Erörterung darüber in der Regel als überflüssig gilt, weil sie etwas betrifft, was kaum mehr bestritten wird. Das Concessionssystem ist immer mehr verworfen, wenigstens aus dem rein gesellschaftsrechtlichen Gesichtspunkte mehr und mehr von der Gesetzgebung aufgegeben worden. Statt dessen ist man zum System der Normativbedingungen übergegangen, die dann wiederum erleichtert werden sollten. Mit einem Worte also: die Entwicklung der Theorie und Praxis war der freien und leichten Bildung von Actiengesellschaften überwiegend günstig.

So standen doch im Ganzen die Nationalökonomen zur Frage. Sie haben die Actiengesellschaften als Form der privatwirthschaftlichen, speciell der Associationsunternehmungen betrachtet. Sie legten dabei den Hauptunterschied einmal in die Art der Arbeitsleistungen und die ganze Stellung der an der Spitze stehenden Personen (der „Leiter"), sodann in die Verhältnisse der Haftbarkeit. Der leitende Gesichtspunkt bei der Vergleichung der Actiengesellschaft mit der reinen Privatunternehmung, mit der offenen, der stillen, der Commanditgesellschaft auf Actien, mit der Genossenschaft war regelmäßig blos der technisch-ökonomische oder, was ziemlich dasselbe besagt, der reine Productionsstandpunkt: ob nämlich die betreffende wirthschaftliche Thätigkeit besser oder schlechter von der Actiengesellschaft als von andern privaten Unternehmungsformen ausgeübt werde. Hier wurden die Vor- und Nachtheile verglichen, letztere nicht verhehlt, aber die Actiengesellschaft doch als Mittel zur Erleichterung des Großbetriebs und zur Uebernahme riscanter Unternehmungen im Ganzen gerne gesehen. Der Zug der Zeit, die Abneigung gegen Staatseinmischung und Bevormundung in wirthschaftlichen Dingen, führte dann auch zur Polemik gegen das Concessionssystem im Actienwesen wie in andern Fällen und zur Empfehlung eines Systems bequemer Normativbedingungen.

Im Einklang mit dieser Auffassung hat sich die Gesetzgebung entwickelt. Besonders bemerkenswerth ist die Geschichte des englischen Gesellschaftsrechts. Hier hat man lange Zeit das Princip der unbegrenzten Haftbarkeit als das Palladium britischer geschäftlicher Solidität angesehen (ältere Joint-Stock-Companies). Aber vermehrte Erfahrungen, so namentlich in Betreff der Banken in der großen Handelskrise von 1857, zeigten das Irrige dieser Ansicht. Notorisch scheuten sich wohlhabende und solide Personen, Actionäre von Joint-Stock-Companies zu werden oder in deren Verwaltung einzutreten, weil sie das Risico der unbegrenzten Haftung nicht auf sich nehmen wollten. Um so leichter geriethen die Gesellschaften in die Hände unreeller Leute. In einem Hauptzweige des britischen Gesellschaftswesens, bei den Depositenbanken mit unbegrenzter Haftbarkeit, trat in den Jahren der Ueberspeculation und Krise 1856—57 noch ein charakteristischer besonderer Uebelstand hervor, der direct auf den Grundsatz der unbeschränkten Haftbarkeit zurückzuführen war: die verzinslichen Depositen on call schwollen übermäßig an, der Zins dafür wurde immer mehr gesteigert, der Speculation immer neue Fonds zugeführt, die Deponenten aber genossen auf diese Weise den wirthschaftlich unvereinbaren Vortheil einer fast absoluten Sicherheit (wegen der unbeschränkten Haftung der Actionäre) neben hoher Verzinsung und steter Verfügbarkeit ihres Guthabens. Nach langem Zögern hat dann England doch schließlich allgemein die begrenzte Haftbarkeit und damit die Bildung eigentlicher Actiengesellschaften zugelassen, aber unter strengeren und im Ganzen doch wohl practischeren Normativbedingungen als auf dem Continente: so besonders in den Gesetzen von 1855 und 1856, welche Banken und Versicherungsanstalten noch ausnehmen, in den Gesetzen von 1858 (21 u. 22 Vict. c. 91) und vollständig vom 7. Aug. 1862 (25 u. 26 Vict. c. 89), welche diese Ausnahme beseitigten, und in dem neuesten Gesetze vom 20. Aug. 1867 (30 u. 31 Vict. c. 131).

In Frankreich forderte der Code de commerce für die Actiengesellschaften Staatsgenehmigung. In dem Gesetze vom 23. Mai 1863 wurde dieser Grundsatz zunächst aufgegeben für kleinere Gesellschaften mit einem Kapital von nicht über 20 Mill. Fr. und ein System von Normativbedingungen eingeführt (sog. sociétés à responsabilité limitée).

Das abschließende Gesetz vom 24. Juli 1867 gestattete dann allgemein die Errichtung von Actiengesellschaften nach dem System der Normativbedingungen. Diese französische Gesetzgebung hat der ausländischen, besonders auch der deutschen mehrfach zum Muster gedient. Sie läßt in ihren Hauptgrundsätzen und Einzelbestimmungen Manches zu wünschen übrig, enthält indessen auch passende Vorschriften, z. B. über eine obligatorische Revisionsbehörde im Behördenorganismus der Actiengesellschaft, ferner strengere Strafbestimmungen, welche mit Unrecht im deutschen Gesetze bisher fehlen.

In Deutschland hat man das Actienrechtsprincip seit länger zugelassen, aber an der Staatsgenehmigung (Concessionszwang) vor dem Handelsgesetzbuch, wie z. B. im preußischen Gesetze vom 9. Nov. 1843 über Actiengesellschaften und nach einigem Schwanken auch im Handelsgesetzbuche noch festgehalten. Doch war im Art. 249 den Landesgesetzen vorbehalten worden, zu bestimmen, daß es der staatlichen Genehmigung zur Errichtung von Actiengesellschaften im Allgemeinen oder von einzelnen Arten derselben nicht bedürfen solle. Von dieser Ermächtigung hat Preußen nicht Gebrauch gemacht (Einführ.-Ges. z. Allg. D. H.-G.-B. vom 24. Juni 1861, Art. 13), wohl aber einzelne andere Staaten, so z. B. Baden im Einführungsgesetz zum H.-G.-B. vom 5. Aug. 1862, wo die Staatsgenehmigung in der Regel nicht für erforderlich erklärt wird mit Ausnahme von Gesellschaften für Bank- und Creditgeschäfte, Sach- und Lebensversicherungen. Der grundsätzliche Bruch mit dem Concessionssystem erfolgte bei uns, im Einklang mit unserer neueren Wirthschaftspolitik, in der vielbesprochenen Novelle vom 11. Juni 1870, in welcher für Actien- wie Commanditactiengesellschaften das Princip der Staatsgenehmigung aufgegeben und zu demjenigen der Normativbedingungen übergegangen wurde. Man kann hiermit einverstanden sein und dennoch zugeben, daß die betreffende Vorlage von dem Bundeskanzleramt nicht genügend vorbereitet und durchgearbeitet war, wie dies auch sonst an neueren Gesetzentwürfen bei uns mitunter zu rügen ist. Mehr aber noch muß man bedauern, daß der Reichstag mit übertriebener Hast und Flüchtigkeit die Vorlage berathen hat. Es würde sonst doch wohl nicht nöthig sein, an eine Aenderung dieses erst drei Jahre alten Gesetzes zu gehen, wie sie ziemlich allgemein auch von Solchen als erforderlich bezeichnet wird, welche dem System der Normativbedingungen anhängen. Auch das war mißlich, daß aus Gründen, die mit unserem unvollkommenen Reichsverfassungsrecht zusammenhängen, alle Arten Actiengesellschaften in der Novelle von 1870 ganz gleichgestellt und auch die nicht handeltreibenden Actiengesellschaften nunmehr eigentlich durch Unterstellung unter das Actienrecht des H.-G.-B. zu Handelsgesellschaften gestempelt wurden (Art. 207).

In Oesterreich ist man bei dem Concessionsprincip des H.-G.-B. stehen geblieben (s. Einführ.-Ges. vom 17. Dec. 1862, § 32 ff.), geht aber seit länger mit einem Reformproject um, in welchem das System der Normativbedingungen im Wesentlichen nach deutschem Muster angenommen werden soll. Durch die große Börsenkrise dieses Jahres scheinen diese legislativen Reformen ins Stocken gerathen zu sein. Aber ob man am Concessionssystem festhalten wird, möchte ich trotzdem bezweifeln, da sich dasselbe gerade in der neuesten Speculationsaera notorisch gar nicht bewährt hat. Der Vergleich zwischen der jüngsten Entwicklung des Actienwesens in Deutschland und in Oesterreich ist besonders lehrreich wegen der Verschiedenheit der Principien der Gesetzgebung. Wir haben bei uns eine Ueberspeculation, ja eine rein schwindelhafte Speculation gesehen, wie sie selten vorgekommen ist. Das Gesetz von 1870 hat dies wenigstens nicht verhindert und wird oft genug hauptsächlich der Schuld dafür geziehen. Daß letztere Ansicht zu weit geht, zeigt aber doch wohl der Vergleich mit Oesterreich, wo trotz des Concessionsprincips und der Staatsaufsicht durch besondere Commissäre die Speculation gerade im Actienwesen fast noch größer und eher noch schwindelhafter war, als bei uns. Die allgemeinen Zeitverhältnisse trugen eben in beiden Fällen die Hauptschuld. — Auch in Ungarn scheint die Reform des Actienrechts auf die Tagesordnung kommen zu sollen. Im ungarischen Reichstage hat z. B. der bekannte ehemalige Pariser, jetzt wieder in seiner Heimath lebende Oekonomist Horn am 24. Mai d. J. einen Gesetzentwurf eingebracht, der unter Beseitigung des Concessionssystems Normativbedingungen, im Ganzen nach französischem Muster, aber mit einigen nicht unzweckmäßigen Modificationen aufstellt. Ich habe einen und den andern Punkt aus diesem Horn'schen Entwurf in meine Thesen über die Reform des Actienrechts aufgenommen.

Unter den Gesetzgebungen andrer europäischer Staaten will ich nur noch diejenige Belgiens, zugleich die neueste, erwähnen. Nach längerer umsichtiger Berathung in der gesetzgebenden Körperschaft ist hier am 18. Mai 1873 ein allgemeines Gesetz über Handelsgesellschaften erlassen worden, welches das System der Normativbedingungen für Actiengesellschaften strenger und zweckmäßiger als das französische Gesetz, hie und da mit Annäherung an das englische Gesellschaftsrecht, ausgebildet hat. Um ein Mißverständniß zu beseitigen, zu dem eine Bemerkung im Behrend'schen Gutachten veranlassen könnte, sei indessen erwähnt, daß in einem Hauptpunkte, nämlich in Betreff der Constituirung der Actiengesellschaften, das englische Princip nicht Eingang in das neue belgische Gesetz gefunden hat. Aus letzterem habe ich einige Bestimmungen in die dritte Reihe meiner Thesen aufgenommen.

Wie stellen sich nun die Juristen zu dieser Entwicklung der Gesetzgebung über Actiengesellschaften? Sie behandeln selbstverständlich das geltende Recht zunächst nur als lex lata, deren rechtliche Consequenzen und Formulirungen sie interessiren. Aber bei der speciellen Erörterung und bei der mit Recht in unseren wissenschaftlichen Schriften üblichen vergleichenden Behandlung kommen sie regelmäßig auf Fragen der Reform des Actienrechts, sprechen also auch de lege ferenda. Soweit ich sehe wird allerdings das Grundprincip unseres Actienrechts, die begrenzte Haftbarkeit, von unseren Juristen nirgends in Frage gestellt, sondern als selbstverständlich angenommen. Das Wiener'sche Gutachten z. B. erwähnt diesen Punkt gar nicht. Goldschmidt und Behrend berühren ihn allerdings kurz, und in unserem Fragebogen war auch absichtlich darauf hingewiesen worden, aber sie verwerfen die Einwürfe, weil die Beseitigung des Princips eine Negation der Actiengesellschaft in unserem (deutschen) Sinne des

Wortes wäre, Behrend unter Hinweis auf die englische Rechtsgeschichte. Aus der neuesten deutschen juristischen Literatur über das Actienrecht sind außer unseren vortrefflichen Gutachten, die wir uns freuen können angeregt zu haben, besonders die Monographien von Keyßner und Auerbach zu erwähnen. Die Mängel unseres deutschen Actienrechts, besonders der flüchtig gearbeiteten Novelle von 1870 werden von allen Seiten zugegeben. Die vergleichende Behandlung stellt Manches in das richtigere Licht. In den Gutachten und den erwähnten Schriften ist ein großes Material geboten, das bei der kaum zu vermeidenden Reform unseres Actienrechts gewiß verwerthet werden wird. In Betreff des Umfangs einer solchen Reform, des dabei einzuschlagenden Wegs und namentlich in Betreff der Opportunität einer sofortigen Reform gehen die Ansichten der Juristen indessen mehrfach auseinander. Keyßner z. B. warnt vor zu eiligem Vorgehen und vor Gelegenheitsgesetzgebung, wobei man sich wohl an die jüngsten Erfahrungen halten würde, die schwerlich genügten, um Mustergiltiges zu schaffen. Man kann solches Bedenken zugeben. Aber angesichts eines so mittelmäßigen Gesetzes wie die Novelle von 1870 fragt sich doch, ob der Einwurf nicht zu weit geht. Ein anderer, nicht genannter Jurist, den die Commission des Ausschusses des deutschen Handelstags bei ihrer Berathung über das Actienwesen (1873) zuzog, ist noch conservativer und erklärte sich selbst gegen die wenigen Reformpunkte, welche jene Commission in Aussicht nahm. Indessen sind solche Stimmen doch vereinzelt. Die Mehrzahl der Juristen scheint eine baldige, umfassende Reform für opportun zu halten. Namentlich haben Wiener's Vorschläge z. B. über die Abänderung des Art. 209 b des H.=G.=B., Beifall gefunden. Der jüngste deutsche Juristentag hat im August d. J. in Hannover ebenfalls mehrere Reformvorschläge, mit Anlehnung an Wiener, gemacht, die wir besonders zu beachten haben werden. — Aehnlich stehen, wohl auf die juristischen Autoritäten hin, geschäftliche Practiker, Handelskammern u. dgl., welche sich mit dem Actienwesen neuerdings in Folge der Aufforderung des preußischen Handelsministers zu gutachtlichen Aeußerungen beschäftigt haben, z. B. das Vorsteheramt der Kaufmannschaft zu Königsberg: Reform des Actienrechts, nicht Aufgeben des Hauptprincips dieses Rechts ist die allgemeine Parole.

Während so die Nationalökonomie und Jurisprudenz, die Gesetzgebung und die geschäftliche Praxis dem Actiengesellschaftswesen und dem System der Normativbedingungen im Ganzen übereinstimmend günstig ist, ist doch von anderer Seite gerade in neuester Zeit eine Reaction gegen das Actienwesen sichtbar geworden, die wir etwas näher verfolgen müssen.

Schon in der älteren englischen Nationalökonomie war man bekanntlich dem Betrieb wirthschaftlicher Unternehmungen durch Gesellschaften aus technisch=ökonomischen Gründen, nach vielen schlimmen Erfahrungen, nicht gewogen. Speculative Geschäfte, wie Handel, galten zumal für ungeeignet für den Gesellschaftsbetrieb. Es wurden bereits Regeln aufgestellt, wonach nur Unternehmungen mit mehr mechanisch=regelmäßigem Betrieb sich allenfalls für die Uebernahme durch Gesellschaften eigneten. Was gegen Gesellschaften im allgemeinen gilt, war vollends gegen Actiengesellschaften einzuwenden.

Neuere Theoretiker haben wieder ähnliche Gesichtspunkte vertreten. Vor allem gehört Schäffle hierher, dessen Erörterungen über die privatwirthschaftlichen Unternehmungsformen (in der Tüb. Ztschr. 1869 und in seinem Lehrbuche) neben den Arbeiten von Mangoldt's das Erheblichste sind, was die deutsche Literatur über diesen Gegenstand besitzt. Allerdings ist Schäffle's Darstellung vorzugsweise deductiv und, wie seine meisten Arbeiten, mehr aphoristisch. Ich lege aber auf seine Behandlung der Frage besonders deshalb Werth, weil er, wenn auch nur im Vorbeigehen, einen Punkt berührt, den ich gerade für den principalen halte. Er giebt nemlich zu erwägen, ob nicht überhaupt die privatwirthschaftlichen Unternehmungsformen und darunter besonders auch die Actiengesellschaft auf einigen Gebieten wirthschaftlicher Thätigkeit durch eine ganz andere Geschäftsform, durch die sogen. öffentliche Unternehmung, ersetzt werden sollten und könnten, und weist für die Zukunft auf das Communicationswesen hin. An diesem Punkte werden wir, glaube ich, in der That den Hebel tiefer greifender Reformen ansetzen müssen, wie ich es in der ersten Gruppe meiner Thesen und in der Ihnen vorzuschlagenden ersten Resolution zu thun versucht habe. Außerdem vergleicht Schäffle näher die verschiedenen Arten der privatwirthschaftlichen Unternehmungsformen, namentlich auch die Actiengesellschaften und Genossenschaften nach ihrer technisch-ökonomischen Natur und Leistungsfähigkeit mit einander und sucht festzustellen, bei welchen Arten von Unternehmungen die Actiengesellschaft am Platze sei. Er hält die Aktiengesellschaften bei großen Geschäften mit schwer zu berechnender Rentabilität für wirthschaftlich unentbehrlich, — wohl mit Recht, und liefert im Uebrigen eine richtige Fortbildung älterer Ideen über Gesellschaftsbetrieb nach neueren Erfahrungen.

An die Auffassung Schäffle's schließt sich sehr bemerkenswerther Weise mehrfach die Behandlung an, welche die Actiengesellschaftsfrage auf dem volkswirthschaftlichen Congreß in Mainz im J. 1869 unter Männern gefunden hat, welche sonst die eifrigsten Gegner unserer volkswirthschaftlichen Richtung sowie derjenigen Schäffle's sind. Auf diese Mainzer Verhandlungen gerade an diesem Orte etwas näher einzugehen, lohnt um so mehr, weil dabei die Gegensätze der beiden deutschen volkswirthschaftlichen Schulen oder, wenn man will, Parteien, aber auch die mancherlei Punkte gemeinsamer Anschauung deutlich hervortreten. Die Behandlung der Frage, namentlich Seitens des Referenten, war in Mainz der Art, daß man wohl sagen kann, es war auf dem volkswirthschaftlichen Congresse eine der neueren Entwicklung des Actienrechts und Actienwesens gegnerische Auffassung vertreten. Das Referat über die Frage hatte Herr Alexander Meyer, damals, glaube ich, in Breslau, jetzt in Berlin, übernommen, einer der Männer, die sich unserer Richtung am eifrigsten entgegengestellt haben, welcher sich aber gleichwohl in der vorliegenden Frage mit der Auffassung, welche ich zu vertreten suche, in einem Hauptpunkte begegnet. In dem geistvollen Referat Meyer's wird der Versuch gemacht, feste Principien für die wirthschaftliche Anwendbarkeit der Actiengesellschaft als Unternehmungsform aufzustellen, was dann folgerichtig auf eine principielle Einengung des Gebiets der Actiengesellschaften hinauskommt, — eine Consequenz, die M. allerdings nicht offen zieht. Unterstützung hinsichtlich seines principiellen Standpunktes fand Meyer in Mainz nur bei Herrn Faucher, während die andern damaligen Redner, Bamberger, Schulze-Delitzsch, Dorn, diesen Standpunkt, wie mir scheint, einfach nicht verstanden haben. Herr A. Meyer geht im ausgesprochenen Anschluß an Schäffle und an die älteren englischen Ansichten darauf aus, näher die Bedingungen nachzuweisen, unter welcher allein die A.-G. wirthschaftlich anwendbar sein soll. Seine Ansicht formulirte er in der von ihm vorgeschlagenen ersten Resolution dahin: Die A.-G. sei nur am Platze, wo nach der Natur der Unternehmung ein erheblicher Theil des Stammkapitals in stehende, möglichst dauernde, einem festbestimmten, nicht leicht veränderlichen Zwecke dienende Anlagen verwendet werde; wo ferner in der Geschäftsleitung der speculativen Thätigkeit ein weiter Spielraum nicht gegönnt sei. Von Banken eigneten sich daher für Actiengesellschaften nur Disconto- und Depositenbanken, nicht Gründungsbanken. Ich theile diese Auffassung vollkommen und habe sie ähnlich in meiner These 10 formulirt. Zuweit geht mir M. nur wieder, der Richtung seiner Schule gemäß, wenn er ein festes Naturgesetz in einer mathematischen Formel für die ökonomische Anwendbarkeit der A.-G. aufstellen will, wonach die A.-G. nur da passend sei, wo ihr Anlagecapital einen solchen Complex von Werkzeugen darstelle, der fast von selber gehe: ein Automatum. Denn es wirken eben hier doch noch andere Umstände ein. Ein solches Gesetz ist, dem Wesen einer Socialwissenschaft gemäß, doch nur eine Regel, die als ungefährer Fingerzeig dienen kann, aber ihre Ausnahmen erleidet. Weiter noch als M. ging übrigens damals Herr Faucher mit der principiellen Einengung der Actiengesellschaften auf solche Fälle, wo ein Unternehmen nichthypothekarischen Credit nicht gebrauche, — eine vollends zu einseitige Formulirung, weil dadurch einige der am Besten für Actiengesellschaften geeigneten Geschäfte, das Zettel- und selbst das Depositenbankgeschäft, ganz ausgeschlossen würden.

Es ist Herrn A. Meyer nicht gelungen, seine Ansicht und seine wichtigsten Resolutionen auf dem Mainzer Congreß zur Annahme zu bringen. Der Congreß hat, wie nicht selten, sich schließlich nur über die wesentlich negative letzte Resolution M.'s geeinigt, wonach das Concessionsprincip für Actiengesellschaften verworfen und die Zurückführung derselben auf das zulässige Maß lediglich der „wachsenden wirthschaftlichen Einsicht“ der Bevölkerung anzuvertrauen sei, — ein ziemlich dürftiges Resultat.

Auffällig, aber sehr characteristisch für den Referenten und für den volkswirthschaftlichen Congreß war in den Mainzer Verhandlungen mehrerlei. Einmal, daß weder von M. noch von einem der anderen Redner neben den privatwirthschaftlichen Formen und der Actiengesellschaft der öffentlichen Geschäftsform, also der eventuellen Uebernahme gerade mancher der in Rede stehenden Unternehmungen durch Gemeinde, Kreis oder Staat, auch nur erwähnt wurde! Und doch gilt offenbar das von M. so richtig betonte technisch-ökonomische Moment, nach welchem die Anwendbarkeit der A.-G. beurtheilt werden sollte, im Wesentlichen gerade ebenso für die öffentlichen Unternehmungen: die Regel vom „Automatum" u. s. w. Meyer's hauptsächliche Beispiele, Gaswerke, Eisenbahnen, Transportgeschäfte legten den Vergleich noch näher.

Weiter ist beachtenswerth, daß in den Mainzer Verhandlungen neben der technisch-ökonomischen Seite, dem Productionsstandpunkt, die wichtige socialpolitische, mit dem Vertheilungsproblem zusammenhängende gar nicht berührt wurde: ob es gut sei, daß so manche für die ganze Bevölkerung wichtige Unternehmungen Gegenstand der Speculation seien; ob nicht leicht eine drückende Abhängigkeit der Bevölkerung dabei drohe und auch finanzielle Nachtheile eintreten. Ich erinnere an den Fall mit den Berliner Wasserwerken und deren Rückkauf durch die Gemeinde.

Endlich ist auch das zu bemerken, daß M. nicht offen und deutlich die Consequenz aus seinen Vordersätzen für die rechtliche Seite der Frage zieht: ob nemlich, wenn einmal aus ökonomisch-technischen Gründen die Actiengesellschaft nur da und da wirthschaftlich zulässig sei, sie nicht auch rechtlich nur hier gestattet werden solle, was z. B. ein Verbot von Gründungsbanken in Actiengesellschaftsform mit sich bringen könnte. Die Tendenz der Beweisführung Meyer's und Faucher's scheint mir auf die Forderung einer solchen gesetzlichen Schranke hinauszugehen, wie dies auch Faucher's Hinweis auf das frühere englische Recht ergiebt. Klar zum Ausdruck und zur Formulirung, wenn auch nur als These des Referenten, kommt der Gedanke aber nicht und seinem ganzen Standpunkte nach konnte der volkswirthschaftliche Congreß an eine solche „Staatseinmischung" kaum ernstlich denken. Er appellirt, wie immer, nur an die „wachsende wirthschaftliche Einsicht". Wenn Faucher jetzt beklagt (in seiner Beantwortung des Eisenbahnfragebogens), daß das deutsche Gesetz von 1870 zu allgemein gehalten sei, so steht diese Beschaffenheit des Gesetzes wenigstens ganz in Einklang mit den Mainzer Congreßbeschlüssen.

In neuester Zeit knüpft sich die Polemik gegen die Actiengesellschaften vornemlich an den Namen Lasker's und dessen bekannte Reden im preußischen Abgeordnetenhause und deutschen Reichstage an. In seiner scharfen und treffenden Hinstellung der Mißbräuche besonders bei den „Gründungen" geht Lasker indessen doch nicht grundsätzlich dem Actienwesen zu Leibe oder auch nur auf eine wesentliche principielle Einengung desselben aus. Er verlangt nur ein strengeres und zweckmäßigeres Actienrecht. Lasker's Polemik hat aber weithin Anklang gefnnden und nicht wenig zu der neuesten scharfen Reaction gegen alles Actienwesen beigetragen, freilich wesentlich unterstützt durch die Ereignisse: die veränderte Lage des Geldmarkts, die Krise, den Wiener und Berliner „Börsenkrach".

In dieser Reactionsströmung haben sich zwei Stimmen besonders vernehmlich gemacht, weil sie offen das ganze Actienrechtsprincip, die begrenzte Haftbarkeit, und die ganze Organisation der Actiengesellschaften grundsätzlich bekämpfen. Eine dieser Stimmen spricht in dem

Commissionsbericht der Chemnitzer Handelskammer über das Actiengesellschaftswesen (Sept. 1872). Die andere Stimme gehört dem rührigen deutschen Journalisten und Rostocker Handelskammersecretär Perrot an. Die Polemik beider geht meines Erachtens zu weit, die Nachtheile des Actienwesens werden übertrieben, die Vortheile verkannt, es wird sehr einseitig aus Zeiterscheinungen endgiltig abgeurtheilt, die Beweisführung ist großentheils nichts weniger als unparteiisch und läuft namentlich bei Perrot oft auf reine Declamation hinaus, mit einem Wort, das Kind wird mit dem Bade ausgeschüttet. Aber der Chemnitzer Bericht und Perrot's zahlreiche polemische Zeitungsartikel haben doch darin Recht — und darin liegt auch ihre nicht zu unterschätzende Bedeutung —, offen darauf hinzuweisen, wie durch bloße Aenderung des Actienrechts nicht ausreichend den offenkundigen Uebelständen im Actiengesellschaftswesen abgeholfen werden könne, wie vielmehr gewisse Zweige der Unternehmungen, wenn auch nicht nach beider Wunsch alle, der Thätigkeit der Actiengesellschaften zu entziehen seien.

Der Chemnitzer Bericht wirft zwei Fragen auf: 1) fördert das Actiengesellschaftswesen in seiner gegenwärtigen Ausdehnung die Volkswohlfahrt, die Interessen von Handel und Gewerbe? und 2) welche Schritte sind zu thun, um zu einer Aenderung unserer Gesetzgebung und Regierungsmaximen zu kommen?

Die erste Frage wird verneint, aber doch characteristisch zu sehr nur aus dem Gesichtspunkte des Classeninteresses der Privatunternehmer beurtheilt. Namentlich ertönen Klagen über die Concurrenz der Actiengesellschaften auf dem Leihmarkte: ebenso wie noch vor Kurzem der Grundbesitz die Industrie in dieser Hinsicht anklagte. Gleiche Ursachen, gleiche Wirkungen. Das Hauptprincip des Actienrechts, die Haftpflicht blos mit dem Betrage der Einlage im Gegensatz gegen die volle Haftung des Privatunternehmers, der offenen Handelsgesellschaft, wird als Ausnahme vom gemeinen Recht ein ungerechtfertigtes Privileg genannt, dessen Verallgemeinerung durch das Gesetz von 1870 nur noch schlimmer sei, — ein dürftiges Argument, da wirthschaftlich und juristisch das Actienprincip recht wohl haltbar ist. Wenn auch Großunternehmungen an und für sich für die Cultur sehr förderlich seien (sic!), so sei doch der Actiengroßbetrieb von Uebel. Die Ueberspeculation werde durch das Actienwesen sehr begünstigt, — wobei nur vergessen, wie in anderen Speculationszeiten durch andere Geschäfte, z. B. im Waarenhandel, ebenso stark gesündigt worden ist. Als einzelne besonders nachtheilige Folgen in volkswirthschaftlicher Beziehung nennt der Bericht die Zinsfußsteigerung, die dann weiter nachtheilig auf die Vertheilung des nationalen Gütertrags gewirkt habe, eine sehr übertriebene Behauptung, die ganz ungenügend mit ziemlich willkührlichen Zahlenbeispielen bewiesen wird. Ferner eine Mißleitung und eine arge Verschleuderung der Kapitalien, eine vielfach richtige Anklage, auch wenn sie mit den Beispielen aus Sachsen nicht gehörig erhärtet wird. Mit Recht werden aber die Creditbanken (Gründungsbanken) besonders angeklagt und der Staatsbahnbau in Schutz genommen. Endlich wird das notorische

Monopolunwesen betont, statt der Concurrenz trete Fusion ein (Eisenbahnen!) und das Publikum sei schutzlos preisgegeben, die Privatunternehmen würden immer mehr durch die unsolide Concurrenz der Actiengesellschaften gefährdet. Sittliche Uebel, Agiotage, Börsenspiel seien weitre Folgen.

Der Bericht gipfelt schließlich darin, indem er die Vortheile des Actienwesens ganz verneint, in Beantwortung der zweiten von ihm aufgestellten Frage, sich gegen das ganze Actienwesen als solches, also gegen das Princip der begrenzten Haftbarkeit zu wenden — und schießt denn doch damit weit über das Ziel hinaus. Wenigstens ernstlich zur Erwägung gestellt wird die Aufhebung des Actienrechts, der Art. 173—249 H.-G.-B.'s und der Novelle von 1870, und die Unterstellung der Actiengesellschaften unter das Genossenschaftsrecht. Wirklich positiv diese Forderung zu stellen, wagt freilich auch der Bericht noch nicht, aber im Grunde ist er dafür. Statt dieser radicalen Forderung wird aber für jetzt wenigstens eine Einschränkung des Actienwesens und seiner „Privilegien" verlangt. Die Vorschläge sind freilich ziemlich kunterbunt, Richtiges und Unrichtiges, Wichtiges und Nebensächliches durcheinander. So wird eine gesetzliche Contingentirung desjenigen Theils des Nationalkapitals, der überhaupt den Actiengesellschaften zugeführt werden dürfe, beantragt! Leicht verlangt, aber wie sollte das, selbst wenn man einverstanden wäre, ausgeführt werden?!! Nebenbei kommen einige Hiebe auf die Zettelbanken, die beliebten Prügelknaben des volkswirthschaftlichen Dilettantismus, — beiläufig bemerkt, meiner Meinung nach bei uns beinahe noch die einzigen unbedingt soliden Banken. Nichtverkauf der Staatsbahnen, Fortsetzung des Staatsbahnbaus: eine gewiß richtige Forderung, die aber so vereinzelt hingestellt sich auch etwas seltsam ausnimmt. Für jetzt endlich sollen unmittelbar nur die Prioritätsanleihen der Actiengesellschaften abgeschafft oder doch beschränkt werden, um die Concurrenzfähigkeit der Privatunternehmer zu erhalten, wo aber die Leipziger Handelskammer mit Recht einwendete, sie hätten doch fast nur bei Eisenbahnen größre Bedeutung und ich Faucher's Wort unterschreiben würde: ein solches Verbot wäre eine wirthschaftliche Plumpheit, mindestens in unserem heutigen volkswirthschaftlichen System. Außerdem wird die Aufmachung einer Statistik des Actienwesens der letzten 25 Jahre gewünscht, womit man ganz einverstanden sein kann, ohne freilich, in Uebereinstimmung mit der Ansicht der Leipziger Handelskammer, für die Abhülfe practischer Uebelstände große Hilfe davon zu erwarten.

Noch radicaler, freilich auch noch einseitiger geht Perrot vor, der das Actienwesen so ziemlich als den Ausbund alles volkswirthschaftlichen Uebels darstellt und nachzuweisen sucht, daß wegen der inhärenten Mängel und organischen Gebrechen der Actiengesellschaft jeder Versuch einer Reform des Actienrechts von vornherein verfehlt sei. Aber gerade er weist mit muthiger Offenheit und größerer Klarheit als der Chemnitzer Bericht auf ein Hauptmittel hin, das auch mir im Princip richtig erscheint und dessen Anwendbarkeit Perrot nur zu sehr verallgemeinert: viele derjenigen wirthschaftlichen Leistungen nemlich, welche jetzt durch Actiengesellschaften übernommen werden und durch sie allein übernommen werden können, wenn man auf privatwirthschaftliche Unternehmungsformen allein recurrirt, müßten in ganz anderer Weise ausgeführt werden, indem sie dem Staate, der Gemeinde, der Genossenschaft, dem Gegenseitigkeitsverein übertragen würden. So stellt Perrot vor allen Dingen die Frage: Staats- oder Privatbahnen auf und erklärt sich für erstere. So verlangt er den Rückkauf der Privatbahnen und schreckt selbst vor der Consequenz nicht zurück, die Bahnen aus Steuern, nicht aus Anleihen erbauen zu lassen, — wobei freilich über die Ausführbarkeit und Zweckmäßigkeit einer solchen Finanzpolitik eben so viel Zweifel erlaubt sind wie über diejenige der bekannten Tarifreformprojecte Perrot's.

Der Chemnitzer Bericht hat manche Beachtung gefunden, ja einige Sensation erregt. Aehnlich wie die Perrot'schen Artikel hat er es aber durch seine Uebertreibungen und seine Einseitigkeit den Gegnern leicht gemacht, auch Richtiges in dieser Polemik gegen die Actiengesellschaften zu bestreiten.

Unter anderen haben sich die Leipziger Handelskammer und eine Commission des Ausschusses des deutschen Handelstages in Berlin mit dem Berichte beschäftigt. Beide betonen mit Recht die besonderen Zeitverhältnisse, welche in der Speculationsaera 1870—73 obwalteten, und weisen darauf hin, wie das Zusammentreffen des Gesetzes von 1870 mit dem jüngsten Actienschwindel doch ein nur zufälliges sei, was die schon erwähnten ähnlichen Vorgänge in Wien gleichfalls zeigen. Der Schwindel in anderen Formen sei auch weder kleiner noch unbedenklicher. Die Leipziger Handelskammer will nur die Cautelen des Gesetzes von 1870 strenger angewendet wissen und meint sonst nur, daß die Frage der Haftung bis für die vollen 100 Procent ernstlicher zu erwägen sei. Die Commission des Handeltagsausschusses brachte den Chemnitzer Projecten gegenüber nur eventuell einige Verbesserungsvorschläge rechtlicher Natur vor. Auch im Berichte der Aeltesten der Berliner Kaufmannschaft für 1872 wird das Gesetz von 1870 in Schutz genommen: Keine Gesetzgebung könne vor geschäftlicher Unsolidität schützen.

So stehen gegenwärtig die Ansichten bei uns in der Actiengesellschaftsfrage. Recapitulire ich kurz, so zeigte sich, daß die Theorie und Praxis und Gesetzgebung die Actiengesellschaft als Unternehmungsform sehr begünstigt haben. Angesichts der Uebelstände, welche bei der Gründung und beim Betriebe von Actiengesellschaften neuerdings wieder in höchstem Umfange notorisch hervorgetreten sind, wird aber jetzt wieder von der einen Seite eine mehr oder weniger weitgehende Reform des Actienrechts, unter Festhaltung des Actienprincips (begrenzte Haftbarkeit) verlangt, wobei indessen nicht wieder zum Princip der Staatsgenehmigung zurückgekehrt, sondern am System der Normativbedingungen festgehalten werden soll, das nur zweckmäßig zu verbessern wäre. Nachdem das französische Vorbild einigermaßen discreditirt worden, will man z. B. wieder mehr nach dem englischen Muster reformiren. Man verhehlt sich aber dabei kaum irgendwo, daß die vorhandenen Uebelstände durch eine Reform des Actienrechts immer nur theilweise zu beseitigen sein werden. Bei anderen Rechtsnormen werden sich auch wieder andere Listen und Ränke der Umgehung bilden. Die große Mehrzahl der Praktiker im Geschäft und in der Staatsverwaltung, sowie der Juristen vertritt indessen ausschließlich diesen Standpunkt einer bloßen Reform des Actienrechts.

Von einer anderen Seite, deren Vertreter allerdings noch sehr vereinzelt stehen, will man sich dagegen mit einer solchen Reform nicht begnügen, erwartet von derselben Nichts oder nichts Ausreichendes und will selbst das Actienprincip als solches aufgeben.

II. Wie werden wir uns nun, gerade als socialpolitischer Verein und im Unterschied vom Juristentage, zur Actiengesellschaftsfrage zu stellen haben? Ich glaube, wir werden einen vermittelnden Standpunkt zwischen den bloßen Reformen des Actienrechts und den principiellen Gegnern desselben einnehmen müssen. Dies führt mich zur näheren Begründung meiner Thesen und der Anträge, welche ich in Anknüpfung an diese Thesen der geehrten Versammlung als Resolutionen mir vorzuschlagen erlaube. Ich fasse meine Ansichten, welche in diesen Thesen und Anträgen specieller ausgeführt und formulirt sind, zuvor in folgender Weise zusammen:

1) Es gilt einmal nicht bloß eine Reform des Actienrechts, sondern eine Einengung des Gebiets des Actienwesens überhaupt. Soweit stimme ich selbst mit principiellen Gegnern des Actienwesens überein. Für diese Einengung müssen aber möglichst feste Grundsätze aufgestellt werden, die ich in den Declamationen der puren Gegner der Actiengesellschaften vermisse. Es muß namentlich das wirthschaftliche Gebiet, auf welchem die Actiengesellschaft besser durch andere Unternehmungsformen und zwar durch öffentliche Unternehmungen des Staats, der Provinz, des Kreises, der Gemeinde ersetzt wird, näher bezeichnet und die betreffende Grenzziehung genauer begründet werden. Hier scheint mir die Aufgabe gerade unserer Versammlung zu liegen. Die erste Abtheilung meiner Thesen (Nr. 1—7) und mein Antrag I (s. u.) bezieht sich auf diese principielle Einengung des Gebiets des Actienwesens.

2) Es gilt sodann die Actiengesellschaft als solche, mit ihrem Princip der begrenzten Haftbarkeit, festzuhalten, ebenso nicht wieder zum Concessionssystem zurückzukehren, sondern das System der Normativbedingungen zu verbessern: also eine Reform des Actienrechts, für die Fälle berechnet, wo die Actiengesellschaft einen berechtigten Spielraum der Thätigkeit behält. Hier stimme ich mit den Juristen, mit unseren Gutachtern und mit den Freunden unserer modernen Actiengesetzgebung überein. Ich glaube nur, daß nach der verschiedenen Natur der Unternehmungsarten unser zu schablonenmäßiges, so zu sagen die Actiengesellschaft in abstracto behandelndes Actienrecht etwas zu specialisiren ist, wobei man wirthschaftliche Gesichtspunkte berücksichtigen muß. In der zweiten Abtheilung meiner Thesen (8—15) und in dem Antrage II habe ich meine bezüglichen Ansichten formulirt.

3) Die genaue Detaillirung und die juristische Formulirung der Reformvorschläge für unser Actienrecht liegt außerhalb der Competenz dieser Versammlung und ist mehr die Aufgabe eines Juristentags. Wir müssen und können uns hier auf unsere Gutachten, welche, von reinen Juristen herrührend, ausschließlich diese formal-rechtliche Seite behandeln, und auf die Beschlüsse des hannoverschen Juristentags, ferner auf die fremden Rechte (England, Frankreich, Belgien) beziehen und müssen uns begnügen, die principiellen Hauptpunkte herauszugreifen. In der dritten Reihe meiner Thesen (Nr. 16—32) habe ich versucht, das in den genannten Quellen vorfindliche Material zusammen zu stellen, soweit es mir für die Reform passend anwendbar zu sein schien und Punkte betraf, in denen besondere Uebelstände zum Vorschein gekommen sind. Einzelne hier gemachte Vorschläge sind das Resultat meiner eigenen Specialstudien, besonders im Gebiete des Bankwesens. Was für dieses passend ist, läßt sich oft zweckmäßig auf das ganze Actiengesellschaftswesen ausdehnen oder analog anwenden. Mein Antrag III nimmt unmittelbar die Thesen 19—32 auf.

A. Ich wende mich nunmehr zur Begründung meines ersten Antrags und der darauf bezüglichen Thesen.

Ohne Zweifel werden wir suchen müssen, durch eine zweckmäßige Reform unseres Actienrechts die vielfachen im Actienwesen hervorgetretenen Uebelstände zu beseitigen. Auf diese Weise kann auch sicher Einiges gebessert werden. Das Wiener'sche Gutachten z. B. giebt uns für die Reform einige gute Fingerzeige. Aber es ist falsch, hiervon durchgreifende Abhilfe zu erwarten. Man wird eben deshalb vielleicht wieder an die Rückkehr zum Concessionssystem denken. Aber ich weise nur auf die Erfahrungen in Oesterreich hin, die wahrlich nicht einladend sind, diesen Gedanken zu verwirklichen. Auch unsere eigenen Erfahrungen im Eisenbahnwesen, wo wir das Concessionssystem ja haben und nach der Natur dieser Unternehmungen im Privatbahnsystem kaum beseitigen könneu, sind ebenso wenig verlockend. Man hat allerdings an die Veränderung der Concessionsbedingungen im Eisenbahnwesen gedacht. Mag sein, daß hie und da auf diese Weise eine Verbesserung zu erreichen ist. Der Bericht der preußischen Eisenbahn-Untersuchungscommission ist mir noch nicht bekannt geworden. Schwerlich wird sich jedoch viel Wesentliches ändern lassen.

Wir müssen uns meiner Ansicht nach über Eines klar sein. Wollen wir, daß gewisse unentbehrliche Anstalten, welche einen großen Capitalaufwand erheischen, hergestellt werden und stellen wir sie nicht durch öffentliche Unternehmungen des Staats, der Gemeinde u. s. w. her, so bleibt uns in der Regel nur die Actiengesellschaft aus ökonomisch-technischen Gründen dafür übrig. Wollen wir aber Actiengesellschaften, so können wir weder beim Concessionssystem die Concessionsbedingungen, noch bei dem anderen System die Normativbedingungen des Actienrechtes so normiren, daß für den Erwerbsgesichtspunkt oder das speculative Moment, die Seele jeder privatwirthschaftlichen Unternehmung und vollends jeder Actiengesellschaft, kein genügender Spielraum bleibt. Alsdann müssen wir aber auch die Nachtheile dieses Speculationsmoments, bei der Gründung und beim Betriebe der Actiengesellschaften, müssen wir die unvermeidliche Unterordnung wichtiger, bei vielen Unternehmungen und deren Leistungen engagirter öffentlicher Interessen unter den Erwerbsgesichtspunkt jener Gesellschaften mit in den Kauf nehmen: müssen wir also auch bei der Reform der Concessions- und Normativbedingungen, welche doch gerade die üblen Folgen des reinen Waltens des Erwerbsgesichtspunkts beseitigen will, uns von vornherein bescheiden. Darin gebe ich den Praktikern, welche sich über diese Frage äußerten, vollkommen Recht: wenn z. B. die Aeltesten der Berliner Kaufmannschaft im Jahresbericht für 1872 das Gesetz von 1870 in Schutz nehmen und ihr Bedenken äußern, den Unternehmungsgeist zu sehr zu fesseln. Oder wenn das Vorsteheramt der Kaufmannschaft zu Königsberg in seinem Bericht über die Revision der Actiengesetzgebung an den preußischen Handelsminister, allerdings etwas ungeschickt sich ausdrückend, sagt: man hielte eine Erweiterung der im Gesetz von 1870 gegen Umgehungen, Täuschungen und Mißbräuche gegebenen Garantien für wünschenswerth, „aber nur insoweit, daß dadurch der Association des Kapitals und der Errichtung von Handelsunternehmungen und insbesondere industrieller Etablissements keine zu großen Schwierigkeiten in den Weg gelegt würden.“ Mit einem Worte: es ist ein Widerspruch, die Befriedigung wichtiger Bedürfnisse der Bevölkerung vom Speculationsgeist der Gründer und Leiter von Actiengesellschaften zu erwarten und diesen Speculationsgeist doch zugleich in so enge Fesseln zu schlagen, daß das Erwerbsinteresse wesentlich beschränkt wird.

In dieser Hinsicht äußert sich z. B. der Verwaltungsrath der Pommer'schen Centralbahn von seinem speculativen Geschäftsstandpunkte aus, wenn auch etwas cynisch, doch nicht so unrichtig in seiner Vertheidigungsschrift gegen Lasker. Ich will nur einmal ein Beispiel gerade aus dem Gebiete der Eisenbahn-Actiengesellschaften herausgreifen, um zu zeigen, wie unsere Gesetzgebung dem berechtigten Walten des speculativen Moments nicht Rechnung trägt. Ich erinnere nämlich an die Frage der Ausgabe von Actien unter Pari. Das Gesetz verbietet diese bei uns. Der Verkehr verlangt sie und hat sie thatsächlich nöthigenfalls immer noch durchgesetzt. Es ist dies einer der Anklagepunkte gegen viele Privatbahnverwaltungen und notorisch sind bei den Operationen der Actienemission hier auch viele Unlauterkeiten vorgekommen, die nicht beschönigt werden sollen. Aber das gesetzliche Verbot der Actienausgabe unter Pari bleibt nichtsdestoweniger unhaltbar, weil es mit dem berechtigten Speculationsgesichtspunkt in Widerspruch steht. Denn in gewissen, wenig bevölkerten Gegenden mit geringem Verkehr und vielleicht gar mit theuren Bau- und Betriebskosten ist ein Privatbahnbau ohne Ausgabe von Actien unter Pari unmöglich, es müßte denn eine reelle Zinsgarantie geleistet oder die Actien ganz von anderweitigen Interessenten (Adjacenten u. s. w.) übernommen werden, — wo freilich in beiden Fällen im Effect die Unterpariausgabe auch vorläge. Angenommen, ich betheilige mich als Actionär bei einer neu zu bauenden Bahn in der Absicht, nicht Coursgewinne zu machen, sondern für mein Capital eine bleibende Anlage zu finden. Hier entscheidet für die Bedingungen meiner Betheiligung, also meiner Actienzeichnung der Vergleich zwischen sonstigen guten und sicheren Capitalanlagen und der Capitalinvestirung in dem betreffenden Bahnunternehmen. Ist z. B. der Parizinsfuß für beste Sicherheit, etwa für ein gutes Staatspapier 5%, bekomme ich aber von der Bahn für dreijährige Bauzeit nur 5% Bauzinsen p. a., vom vierten Jahre an den Reinertragsantheil, welcher eine unbekannte Größe ist, von dem es jedoch höchst wahrscheinlich, ja so gut wie gewiß ist, daß er weniger als 5% p. a. beträgt, so kann ich für eine solche Eisenbahnactie unmöglich Pari zahlen oder sie al Pari bei der Zeichnung übernehmen. Die nothwendige Folge ist die Ausgabe von Actien unter Pari, — die hier auch, wenn einmal durch Privatspeculation Bahnen gebaut werden sollen, keinen Nachtheil hat, falls sie nur unter Wahrung vollständiger Oeffentlichkeit der Operation stattfindet. Im Uebrigen läßt sich auf eine solche Operation nur verzichten, wenn auf die Actiengesellschaft selbst verzichtet wird.

Wie in diesem flagranten Falle, liegt die Sache aber öfters: eine Reihe wirthschaftlicher Bedürfnisse der modernen Gesellschaft setzt Anstalten voraus, die wegen der Größe des erforderlichen Capitals, wegen des Risico's, der dauernden ununterbrochenen Verwendung des Capitals für denselben Zweck entweder von öffentlichen Unternehmungen des Staats, der Gemeinde u. s. w. oder technisch-ökonomisch allein oder am Besten unter allen privatwirthschaftlichen Unternehmungsformen (einschließlich der Genossenschaften) von Actiengesellschaften ausgeführt werden können. Fehlen die öffentlichen Unternehmungen, so muß man entweder auf die betreffenden Anstalten verzichten, was gewöhnlich nicht angeht, oder die Actiengesellschaften zulassen und im Actienrecht dem diesen Gesellschaften inhärenten Erwerbs- oder Speculationsprincip genügenden Spielraum gewähren.

So unvermeidlich dies aber ist, so hat es doch die größten Nachtheile, weil die betreffenden Einrichtungen und Anstalten alsdann nicht nach dem Interesse der Bevölkerung, sondern nach demjenigen eines Erwerbsunternehmens errichtet und betrieben werden. Man würde sich dabei beruhigen und alle Besserung von einer Reform des Actienrechts erwarten müssen, wenn nicht gerade auf denjenigen Gebieten bisheriger Thätigkeit der Actiengesellschaften, wo die üblen Folgen des Erwerbsgesichtspunkts am schärfsten hervortreten und sich durch die Reform des Rechts am wenigsten beseitigen lassen, die öffentlichen Unternehmungen, theils ausschließlich, theils wenigstens neben Genossenschaften, Actiengesellschaften u. s. w. notorisch sehr wohl ausführbar wären. Dies führt mich auf die wichtige Frage, auf welchen Gebieten der Volkswirthschaft denn die Actiengesellschaft einzuengen und weiter wo sie alsdann gerade durch die öffentliche Unternehmung zu ersetzen ist. Die Actiengesellschaftsfrage geht hier zum Theil in die ältere, wichtigere und allgemeinere nach den Grenzen der Staats- und öffentlichen Thätigkeit einer- und der privatwirthschaftlichen andererseits im Gebiete der wirthschaftlichen Bedürfnißbefriedigung über. Hier ist nun meines

Erachtens die Anwendbarkeit der verschiedenen Arten der privatwirthschaftlichen Unternehmungsformen und der öffentlichen Unternehmung bisher nicht mit der genügenden Unbefangenheit erörtert worden. Namentlich scheinen mir die Untersuchungen, mit Ausnahme derjenigen Schäffle's, welcher letztere jedoch die öffentliche Unternehmung nicht genügend mit zur Vergleichung zieht, an drei Irrthümern zu leiden.

Einmal wird gewöhnlich nur ganz einseitig nach dem technisch-ökonomischen Gesichtspunkte geurtheilt. Die in dieser Beziehung überlegene Geschäftsform gilt ohne Weiteres als die richtige. Beim Vergleich zwischen privaten und öffentlichen Unternehmungen wird zu Ungunsten der letzteren höchstens noch auf die politische Seite der Frage hingewiesen. Allein wichtiger noch ist die socialpolitische Seite: ob eben z. B. durch Actiengesellschaftsbetrieb nicht in dieser Hinsicht Nachtheile entstehen, welche die etwaigen technisch-ökonomischen Vortheile aufwiegen. Ich erinnere an das Eisenbahnwesen. Diese Einseitigkeit der Beurtheilung habe ich vorher schon an den Verhandlungen des volkswirthschaftlichen Congresses nachgewiesen.

Sodann ist es eine ganz falsche Verallgemeinerung ohnehin nicht so unbedingt wahrer Sätze über die ökonomisch-technische Inferiorität der „Staatsindustrie", zu schließen, daß die Privatunternehmung immer der öffentlichen Unternehmung des Staats u. s. w. überlegen sei. Alte cameralistische Lehrsätze werden da auf ein ganz anderes Gebiet angewendet. In den gewöhnlichen Zweigen der materiellen Production, in der Landwirthschaft, im Gewerke, Handel ist allerdings die Privatunternehmung wohl in der Regel überlegen, schon nicht immer unbedingt im Bergbau, zumal nicht in einzelnen Zweigen desselben, z. B. im Kohlenbergbau, und bekanntlich ganz und gar nicht im Forstwesen. Vollends aber in den großen modernen Gebieten des Verkehrs-, d. h. des Communications- und Transportwesens, bei Anstalten für locale Gemeinschaftsbedürfnisse, vielfach auch im Versicherungs- und Bankwesen ist nach zahlreichen Erfahrungen und aus Gründen, welche sich auch deductiv leicht feststellen lassen, die öffentliche Unternehmung des Staats, der Gemeinde durchaus nicht ungünstiger in technisch-ökonomischer Hinsicht zu beurtheilen, als die private. Oft findet das Gegentheil statt.

Endlich werden die verschiedenen Arten der Privatunternehmungen auch ganz mit Unrecht identificirt hinsichtlich ihrer technisch-ökonomischen Leistungsfähigkeit gegenüber der öffentlichen Unternehmung. Namentlich ist es durchaus unrichtig, der Actiengesellschaft die Vorzüge der eigentlichen Privatunternehmung (des reinen Privatgeschäfts des Einzel-Unternehmers, der offenen Handelsgesellschaft, selbst der Genossenschaft) nachzurühmen und damit gegen die öffentliche Unternehmung zu opponiren. Dies geschieht z. B. so oft in der Frage der Staats- und „Privatbahnen", welche letztere ja nur Actiengesellschaftsbahnen sind. Vielmehr haben Actiengesellschaft und öffentliche Unternehmung sehr vielfach gewisse Vorzüge und Mängel gemeinsam gegenüber den anderen Geschäftsformen. Was z. B. an Herrn Alexander Meyers „mathematischer Formel" richtig ist, das gilt im Ganzen ebenso gut für die öffentliche Unternehmung als für die

Actiengesellschaft. Seine wichtigsten Beispiele passen grade so für Gemeinde- und Staatsanstalten: Gaswerke, Verkehrsanstalten u. s. w.

Berichtigt man diese drei Irrthümer, so lassen sich, glaube ich, generell diejenigen Gebiete wirthschaftlicher Thätigkeit grundsätzlich feststellen, wo im allgemeinen passend in unseren modernen Culturstaaten die Actien-Gesellschaft verdrängt und durch die öffentliche Unternehmung des Staats, der Gemeinde u. s. w. ersetzt wird.

Es sind dies solche Gebiete, wo der technisch-ökonomische Gesichtspunct nicht allein, sondern neben oder selbst vor ihm der socialpolitische mit entscheidet: d. h. die Rücksicht auf die weiteren Folgen — hinsichtlich der Vertheilung der Güter, auf die Folgen der Abhängigkeits-, Monopol-, Ausbeutungsverhältnisse —, welche die Uebernahme der bezüglichen Thätigkeiten auf das Gemeinwesen ausübt, und wo die allerdings technisch-ökonomisch allein oder am besten von allen privatwirthschaftlichen Unternehmungen befähigte Actiengesellschaft eben solchen social-politischen Bedenken unterliegt. — Gebiete ferner, wo die fast allein herrschende Actiengesellschaft gar nicht die specifischen Vorzüge der reinen Privatunternehmung besitzt, sondern im Wesentlichen technisch-ökonomisch in derselben Weise eingerichtet, geleitet und verwaltet werden muß, wie die öffentliche Unternehmung; Gebiete daher auch, wo die vulgären Einwände gegen Staatsbetrieb theils überhaupt nicht gelten, theils die sonst allein in Betracht kommende Actiengesellschaft ebenso treffen.

Diese Gebiete fallen nun im Wesentlichen zusammen mit Denjenigen, welche ich Gebiete allgemeiner volkswirthschaftlicher Angelegenheiten der ganzen Bevölkerung oder größerer, namentlich auf räumlicher Interessengemeinschaft, auf Nachbarschaft u. s. w. beruhender Bevölkerungskreise nenne, im Gegensatz zu den Angelegenheiten der einzelnen Productionszweige. Fehlt auf diesen Gebieten der allgemeinen Angelegenheiten die öffentliche Unternehmung, so fallen sie gewöhnlich den Actiengesellschaften ganz allein zu. Dann drohen factisches Monopol und alle die Uebel volkswirthschaftlicher und socialpolitischer Art, welche der reine Erwerbsgesichtspunkt der Actiengesellschaft unvermeidlich mit sich bringt. Namentlich gilt dies in denjenigen Fällen, wo mir die öffentliche Unternehmung besonders passend zu sein scheint: im Verkehrswesen, d. h. bei den Wegen aller Art und bei den zu Verkehrsanstalten fest organisirten regelmäßigen Transportdiensten für Beförderung von Menschen, Gütern, Nachrichten, (Eisenbahnen, locale Verkehrsanstalten, Posten, Telegraphen); im Gebiete der Anstalten für locale wirthschaftliche Gemeinschaftsbedürfnisse (Gas-, Wasserwerke, Markthallen, Viehmärkte u. s. w.); theilweise, wenn auch nicht so ausschließlich, auch im Bank- und Versicherungswesen (These 6).

Es ist nicht nothwendig und nicht erwünscht, daß die öffentliche Unternehmung hier Alles allein übernimmt. Dies gilt m. E. vornehmlich nur für das Verkehrswesen in den genannten Zweigen und für jene localen Anstalten möglichst ausgedehnt. Im Bank- und Versicherungswesen wird sie nur neben Erwerbsgeschäften, einschließlich Actiengesellschaften, und Genossenschaften oft passend Platz greifen. Hier wie auf dem Gebiete der speciellen Zweige der materiellen Produktion muß im Uebrigen die richtige Einengung der Actiengesellschaft durch die anderen privatwirthschaftlichen Formen, besonders durch die Genossenschaften erfolgen, zu welchem Zweck eine einseitige Begünstigung der Actiengesellschaften, z. B. im Steuerrechte (Börsensteuer!) vermieden und für passende Gestaltung des Rechts, z. B. des Genossenschaftsrechts gesorgt werden muß (These 3). Im Verkehrswesen und bei den localen Anstalten, unter Umständen auch im Bank- und Versicherungswesen ist die Alleinherrschaft der Actiengesellschaft nur am Bedenklichsten und hier kann dieselbe durch die Concurrenz der andren Privatunternehmungen, Genossenschaften nur ungenügend gebrochen werden, während die Concurrenz der Actiengesellschaften unter einander ebenfalls nicht ausreicht oder bald durch Vereinbarung oder förmliche Fusion beseitigt wird: deshalb ist hier der Platz der öffentlichen Unternehmung.

Denn die Actiengesellschaft strebt unvermeidlich nach einer höchstmöglichen Rente und muß dies als Erwerbsunternehmen thun. Eine gemeinnützige Einrichtung und Verwaltung ist gegen ihr Wesen und weder zu verlangen noch durchzusetzen. Allerdings hat man gerathen und in der Praxis bei Eisenbahnen, mitunter auch bei anderen Verkehrsanstalten (Omnibuswesen), bei Gas- und Wasserwerken, Markthallen u. s. w. auch versucht, dem rücksichtslosen Erwerbsbetrieb der Actiengesellschaften durch staatliche oder communale Intervention einen Hemmschuh anzulegen. Namentlich pflegt dies in den Concessionsbedingungen zu geschehen. Durch Bestimmungen über die Errichtung und Verwaltung soll den öffentlichen Interessen Rechnung getragen, die betreffende Anstalt mehr gemeinnützig gestaltet werden. Zumal für die Preise ihrer Leistungen wird die Actiengesellschaft in solchen Fällen obrigkeitlich von vornherein und später controlirt und werden Taxen und Tarife dafür festgestellt, die etwa, wie z. B. bei Eisenbahnen nach Erzielung einer gewissen Rente, ermäßigt werden sollen. Ich erinnere insbesondere an das „Pflichtenheft“ in den Concessionsbedingungen der Privatbahnen (Frankreich!) und an die fortlaufende Staatscontrole dieser Anstalten. Jeder, der der Sache näher steht, weiß aber, wie wenig auf diese Weise erzielt worden ist. Und begreiflich genug. Vollends die nachträglichen Einmischungen des Staats im Interesse mehr gemeinnütziger Verwaltung der Actiengesellschaften haben ferner gerade auch große Bedenken, weil eben dadurch das Privateigenthumsprincip alterirt wird, (Octroirung von Nachtzügen bei den Bahnen u. dgl. m.). Durch die öffentliche Controle der Actiengesellschaften kann in der That wenigstens auf den bezeichneten Gebieten den nachtheiligen Folgen des faktischen Monopols nicht genügend abgeholfen werden (These 5).

Allerdings wird nun gegen meinen Vorschlag eingewendet: hat es nicht große politische Bedenken, so wichtige wirthschaftliche Thätigkeiten in Menge dem Staate und den kleineren politischen Körpern zu übertragen, selbst wenn sie technisch-ökonomisch dieser Aufgabe gewachsen sind? Wird dadurch nicht die Patronage des Staats immer größer?

Droht den Parlamenten dann nicht noch leichter die Corruption? Diese Bedenken haben ihre Richtigkeit. Aber man wird erwägen müssen, welches Uebel größer ist: die eben genannte Gefahr oder die durch das Actienwesen, zumal auf den bezeichneten Gebieten drohende Corruption und Ausbeutung des Publicums. Ich möchte im Großen und Ganzen das erstere Uebel, dem leichter vorzubeugen ist, für das kleinere halten.

Man hat ferner auf die finanzpolitische Seite der Frage hingewiesen. Theils ist die Fähigkeit des Staats und der anderen Organe bezweifelt worden, die erforderlichen Capitalien aufzubringen; theils hat man, wenn es geschieht, darin Gefahren für die Finanzen gesehen; theils wird die fiscalische Tendenz öffentlicher Unternehmungen befürchtet. Ich halte alle diese Befürchtungen, wenn auch nicht immer für ganz unbegründet, doch nicht für durchschlagende Gegengründe, wenigstens in unseren heutigen deutschen Staaten.

Freilich können nicht alle Staaten z. B. Staatsbahnen haben oder vollends ausschließlich am Staatsbahnsystem festhalten. Oesterreich, Italien haben vergebliche Versuche gemacht, aber das Staatsbahnwesen war selbst in solchen Staaten nicht an sich finanziell unhaltbar. Man hat auch in den beiden genannten Ländern Staatsbahnen gehabt. Nur die schwierige politische Lage schuf schwierige Finanzen. Nach Erschöpfung des staatlichen Personalcredits mußte man zum Realcredit greifen und die Bahnen veräußern oder verpfänden. In Staaten mit geordneten Finanzen, wie Gottlob den unsrigen, ist die Uebernahme der Eisenbahnen durch den Staat finanziell ausführbar und bei richtiger Verwaltung auch finanziell ohne große Gefahr. Die kleineren autonomen Körper, besonders die kleineren Gemeinden, Kreise haben allerdings bei der Contrahirung von Anleihen für die genannten Zwecke leichter finanzielle Schwierigkeiten. Namentlich fallen sie dabei leicht wieder den Banquiers und Actienbanken in ihrer Vereinzelung zur Ausbeutung in die Hände. Doch kann und sollte auch selbst dieser Gefahr dadurch vorgebeugt werden, daß die bezüglichen Creditoperationen kleiner politischer Körper concentrirt werden, nach demselben Princip wie in den sogen. Landschaften, der „Centrallandschaft" und bei Centralbodencreditanstalten. Außerdem bietet die gute Gestaltung des Selfgovernment, die richtige Decentralisation der Verwaltung auch die erforderliche finanzielle Garantie und zugleich Voraussetzung für die hier von mir empfohlene Politik (These 7). Die öffentliche Unternehmung läßt sich, wie die Erfahrungen mit Bahnen, Posten, Telegraphen, Gaswerken u. s. w. beweisen, in der That so durchführen, daß die gemeinnützige Seite der Anstalten gewahrt und doch keine durchschlagenden finanziellen Bedenken geboten werden.

Der finanzielle Gesichtspunkt kann allerdings auch bei öffentlichen Unternehmungen ein einseitig fiscalischer sein, wo ebenfalls in erster Linie nach einer hohen Rente gestrebt wird. Beispiele bietet die Erfahrung. Aber einmal ist selbst diese Tendenz hier nicht so verwerflich als bei Actiengesellschaften, hat unter Umständen selbst ihr Gutes, und sodann haben es Regierungen und Volksvertretungen ja in Staat, Kreis, Gemeinde u. s. w. in Händen, das leitende Finanzprincip für ihre öffentlichen Unternehmungen zu bestimmen. Die Maximalrente, die Folge eines fiscalisch ausgenutzten, rechtlichen oder factischen Monopols und einer Quasibesteuerung der die öffentliche Anstalt benutzenden Personen kommt doch immer wenigstens der Gesammtheit wieder zu Gute. Die Erzielung einer solchen oder doch annähernd einer solchen Rente kann ferner mitunter bei öffentlichen Unternehmungen eine größere extensive und intensive Entwicklung der bezüglichen Anstalten ermöglichen: das richtige, allerdings etwas „communistische", aber sehr gesunde und jedem tüchtigen modernen Staate eigene Princip der Uebertragung der Ueberschüsse der Activanstalten auf die Passivanstalten mit Deficits läßt sich hier anwenden. Dies ist noch ein besonders wichtiger Punkt, welcher für die Uebertragung der Verkehrsanstalten, wie Bahnen, Posten, Telegraphen, Omnibuslinien am Staat und Gemeinde spricht: Die Activcourse helfen die Passivcourse mit tragen. Hier zeigt sich im Eisenbahnwesen auch ein Vorzug vor dem „gemischten System", auf das man in Preußen oft lobend hinweist und das gerade hier, allerdings in Folge einer ungewöhnlich ungeschickten Eisenbahnpolitik (wie ähnlich in Frankreich), darauf hinauslief, die fetten Linien den Gesellschaften zu überlassen, die mageren durch den Staat zu übernehmen oder mit Zinsgarantien zu versehen (Pommer'sche Bahnen der Berlines-Stettiner Gesellschaft!)!! Die Berliner Omnibus-Actiengesellschaft hat für 1872 bereits 14 % Dividende gezahlt, nach starker Dotation des Reservefonds. Aber schon jetzt erheben sich Schwierigkeiten, wenn die Stadt für weniger frequente Linien einen Curs verlangt.

Ich glaube aber weder, noch wünsche ich, daß die öffentliche Unternehmung allgemein stets fiscalisch oder privatwirthschaftlich verwaltet werde. Vielmehr liegt darin gerade wieder ein großer principieller Vorzug derselben vor der Actiengesellschaft und jeder Erwerbsunternehmung, daß das Finanzprincip je nach den Umständen gewählt werden kann, während die Actiengesellschaft unvermeidlich an das Princip höchst möglicher Rente gebunden ist und die bürgerliche Gesellschaft dann nur etwa durch Steuern ihren Antheil erlangt (preuß. Eisenbahnsteuer). Die öffentliche Unternehmung des Staats und der Gemeinde werden neben andre seit Alters diesen Organen und dem Kreise u. s. w. übertragene Aufgaben aus der Sphäre der Culturförderung und des Rechtschutzes treten (Münzwesen, Straßen, Posten, Schulen u. s. w.; Gerichte), bei denen von Fall zu Fall und im Laufe der Zeit oft verschieden bestimmt wird, ob die Ausgaben dafür ganz aus den allgemeinen Einnahmen (Steuern) gedeckt, die Benutzung frei (Straßen, Volksschulen bereits mitunter) — „Finanzprincip der reinen Staatsausgabe", wie ich es in meiner Neubearbeitung von Rau's Finanzwerk genannt habe —; ob das sogen. Gebührenprincip obwalten soll, wo im Allgemeinen nur die laufenden Kosten (mitunter incl. der Zinsen und Amortisation des stehenden Capitals oder der zur Einrichtung aufgenommenen Schulden, wie nothwendig bei Eisenbahnen bis zur Amortisation des Baukapitals) gedeckt, aber kein reiner Ueberschuß erzielt wird (wie jetzt im Ganzen bei den Posten). Dem Gebührenprincip wird wohl und kann auch die Zukunft bei den öffentlichen

Unternehmungen gehören, ein Hauptgrund, der für letztre statt der Actiengesellschaften spricht, deren Natur dieses Princip zuwiderläuft.

Das, meine Herren, sind die Gesichtspunkte, die mich bestimmt haben, meine erste Reihe von Thesen Ihnen vorzulegen und Ihnen meinen Antrag I „die Einengung des Actiengesellschaftswesens betreffend" zur Annahme zu empfehlen, wonach also namentlich in den vorhin bezeichneten, in dem Antrage kurz hervorgehobenen Gebieten die öffentliche Unternehmung an Stelle der Actiengesellschaft treten soll. Dadurch werden Unternehmungen, wie die Eisenbahnen, bei deren Gründung und Betrieb mit am meisten Mißstände hervorgetreten und doch auf andre Weise nicht genügend zu beseitigen sind, den Actiengesellschaften möglichst entzogen. Außerdem bietet sich aber auch für andre Actiengesellschaften, wie z. B. für Gründungsbanken weniger Gelegenheit zu unlauteren Geschäften, eine weitere günstige Folge der von mir empfohlenen Einengung.

B. Ich wende mich nunmehr zur zweiten Abtheilung meiner Thesen und zur Begründung meines Antrags II.

Nach der eben vorgeschlagenen principiellen Einengung des Gebiets der Actiengesellschaften bleiben für diese außer dem Bank- und Versicherungswesen, wo ich sie nicht principiell ausschließen würde, vornehmlich die Gebiete der einzelnen materiellen Productionszweige. Hier wird, wenigstens für jetzt, die öffentliche Unternehmung, z. B. die Uebernahme durch den Staat, nur ausnahmsweise am Platze sein, wie im Forstwesen. Denn die technisch-ökonomischen Gründe sprechen. in der Regel gegen sie, socialpolitische Gründe bedingen nicht den Ausschluß der Erwerbsunternehmung, deren eigentliches Gebiet hier ist. Es handelt sich daher hier um die Stellung der Actiengesellschaft unter den privatwirthschaftlichen Unternehmungsformen einschließlich der Genossenschaften. Dabei fragt es sich zunächst, ob die Actiengesellschaft, d. h. also ob das Actienrechtsprincip der begrenzten Haftbarkeit überhaupt und unbedingt für alle Arten Unternehmungen zugelassen werden soll.

Angesichts der heutigen Stellung und Verbreitung der Actiengesellschaften kann diese Frage müssig erscheinen. Erinnern wir uns aber an den langen Streit in England über das Princip der begrenzten und unbegrenzten Haftbarkeit, an das Zögern der dortigen Gesetzgebung, die letztere unbedingt zuzulassen: denken wir an unser Genossenschaftsrecht und an den Chemnitzer Handelskammerbericht und Perrot's Agitation, so wird meines Erachtens eine deutliche Antwort auf die genannte Frage durchaus nicht überflüssig sein. Deswegen habe ich in den Thesen 8—11 eine solche Antwort gegeben und schlage Ihnen in meinem Antrag II vor, ein Gleiches zu thun.

Ich erkläre mich, nachdem ich die Einengung des Gebiets der Actiengesellschaften befürwortet habe, für die wirthschaftliche Berechtigung und Unentbehrlichkeit des Actienrechtsprincips und für die Zulassung der Actiengesellschaft für alle Arten Unternehmungen, nur eine Ausnahme zur Erwägung stellend, ohne auch sie unbedingt zu befürworten: die sog. Gründungsbanken (Credits-mobiliers).

Die Entwicklung des neueren Gesellschaftsrechts der moderen Staaten hat überall zu eigentlichen Actiengesellschaften geführt. Bei uns sind sie einmal geschichtlich eingebürgert, was für ihre Existenzberechtigung spricht. In England waren die Erfahrungen mit der unbegrenzten Haftbarkeit durchaus nicht derartig, um vollends in einem anderen Lande, welches das Actienrechtsprincip seit lange besitzt, die Annahme des Princips der unbegrenzten Haftbarkeit räthlich erscheinen zu lassen. Ich schließe mich hier den Beweisführungen Schäffle's durchaus an, auf welche ich für die Rechfertigung der Actiengesellschaften im Einzelnen verweise. Ebenso billige ich ganz die bezüglichen Thesen A. Meyer's. Die wirthschaftliche Anwendbarkeit der Actiengesellschaften habe ich in der 10. These formulirt. Die Actiengesellschaft hat in den hier angegebenen Fällen einen natürlichen Vorzug vor anderen privatwirthschaftlichen Unternehmungsformen; kann namentlich auch durch die Genossenschaft nicht allgemein ersetzt werden. In unseren heutigen Verhältnissen, wo der Großbetrieb immer wichtiger wird, wo die Fortschritte der Arbeitstheilung große nicht unternehmende Sparclassen in der Bevölkerung schaffen, ferner bei unserem Erbrechtssystem mit den gleichen Theilungen unter den Geschwistern tritt die Actiengesellschaft oft passend an die Stelle des Privatunternehmens, z. B. im Falle der Fabriken.

Ich erlaube mir nur eine Ausnahme zur Erwägung zu stellen: diejenige der Gründungs- oder Emissionsbanken. Beobachtet man den eminent schädlichen Einfluß dieser Actiengesellschaften auf die Speculation, welche sie zumeist, und ihrem inneren Wesen nach fast mit Nothwendigkeit, zur Ueberspeculation anfachen; bedenkt man, wie sie jedem gesunden Bankprincip widersprechen, wenn sie, nach Wesen und Zweck einer Bank, Creditvermittler zu sein, Geld aufnehmen, etwa wie in Wien den kleinen Leuten mittelst Kassenscheinen das Geld aus der Tasche ziehen und es in schlechten Effecten festlegen oder gar verlieren, oder im activen Contocorrentgeschäft dem Speculanten gegen die ungenügendste Deckung ausliefern und zu immer wilderer Speculation dadurch verleiten, den ersten Grundsatz jeder Bank verletzend, keinen anderen Credit zu geben, als welchen man erhalten hat; erwägt man, wie die Gründungsbanken nur dadurch vorübergehend eine exorbitante Rente erzielen, daß sie die speculative Stimmung des Geldmarkts benutzend nach der Pereire'schen „Befruchtungsidee" immer neue und neue Papiere emittiren und mit hohem Agio realisiren, unbekümmert um den reellen Werth und die Zukunft der Unternehmungen, die sie ins Leben rufen, wie z. B. eine Berliner Gesellschaft 24% Dividende für 1872 vertheilt hat, deren Actien freilich gegenwärtig nur noch 48 stehen —

Geh. Rath Engel (Berlin): Quistorp steht 19.

Referent. Ich meine eine andere Gesellschaft, deren Namen ich nicht zu nennen brauche. — Berücksichtigt man, wie das von vorneherein meist übergroße, um des Agiogewinns bald wieder erhöhte Capital dieser Banken eben nur durch „Gründungen" und immer neue Emissionen fruchtbar gemacht werden kann, beim Umschwung auf dem Geldmarkte jedoch im gewöhnlichen Bankgeschäft keine genügende Rente mehr findet und brach liegt, soweit es nicht in schlechten Effecten und unrealisirbaren Contocorentforderungen schließlich doch feststecken bleibt oder verloren geht — erwägt man diese schreienden Uebelstände und so manche andere, so wird die Frage wohl aufzuwerfen sein, ob nicht wenigstens bei diesen Banken das Actienrechtsprincip unzulässig sein soll.

Wenn ich diese Frage gleichwohl für meinen Theil verneine, so werde ich dazu allerdings nur durch einen Gesichtspunkt veranlaßt, den ich für richtig zu halten wage, obgleich er den Gründern des Pariser Credit mobilier, den Brüdern Pereire, selbst entnommen worden ist. Diese Männer verfolgten den Gedanken, durch die Capitalassociation den großen internationalen Privat-Bankhäusern, welche factisch das Monopol der großen Geldgeschäfte besaßen, entgegen zu treten und dadurch die Welt vom Einfluß dieser Bankfirmen zu emancipiren. Man kann nicht läugnen, daß dieses Bestreben ein berechtigtes war und ist. Immer noch besser, jene Operationen von großen Actienbanken als blos von Privaten, wie den Rothschild, Baring und Consorten ganz allein ausführen lassen. Auch wenn letztere in jenen Banken selbst wieder eine gewichtige Stimme führen, haben sie doch nicht die Entscheidung ganz allein in Händen. Von diesem Standpunkte aus nehme ich Anstand mich für die Unzulässigkeit des Actienrechtsprincips selbst für Gründungsbanken zu erklären. Nur wird eben mit Rücksicht auf die volkswirthschaftlichen, socialpolitischen und sittlichen Gefahren derselben um so mehr eine Einengung des ganzen Actiengesellschaftsgebiets stattfinden müssen, auch um die Gelegenheit zu einer Menge bedenklicher sich überstürzender Geschäfte jenen Banken zu entziehen. Um ferner soviel als möglich unlauteren Practiken und der Tendenz der Gründungsbanken, in Speculationszeiten die Ueberspeculation anzufachen, entgegenzutreten, wird nicht nur das allgemeine Actienrecht passend zu reformiren, sondern durch Specialbestimmungen auch den besonderen Verhältnissen der Gründungsbank Rechnung zu tragen sein, ein Punkt, auf den ich gleich zurückkomme.

Giebt man somit das Actienrechtsprincip allgemein zu, so fragt sich alsdann noch, ob zu dem System des Concessionszwangs bei der Errichtung und dem System fortlaufender materieller oder sachlich eingreifender Staatscontrole beim Betriebe der Actiengesellschaften zurückgekehrt werden soll. Ich habe mich in These 9 und Antrag II. dagegen erklärt, weil die früheren Erfahrungen in Deutschland und in anderen Staaten, sowie noch die neuesten in Oesterreich, weil ferner die Erfahrungen mit dem Concessionssystem im Eisenbahnwesen nicht so beschaffen sind, um diesen Rückschritt wünschenswerth oder gar nothwendig erscheinen zu lassen. Es soll also die Actiengesellschaft als Gegenstand des gemeinen Rechts, unter dem System der Normativbedingungen bestehen bleiben. Man wird es nicht allgemein für nöthig finden, daß wir dies noch besonders aussprechen, doch halte ich angesichts der neueren Bewegung in diesem Gebiete die Aufnahme eines bezüglichen Passus in unsere Resolution für passend und beantrage sie daher.

Das System der Normativbedingungen involvirt aber nicht, daß das Actienrecht für alle Arten von Unternehmungen ganz dieselben Bestimmungen aufstelle. Vielmehr muß gerade in diesem System berücksichtigt werden — womit ich freilich eine bei den Juristen herrschende Ansicht zu bekämpfen wage —, daß das Actienprincip in verschiedenem Grade nach der Art der einzelnen Unternehmungen wirthschaftlich anwendbar ist, auch wenn es allgemein zugelassen wird, und daß in Folge dessen auch das Actienrecht specialisiren muß. Man hat es ja niemals mit der „Actiengesellschaft an sich", in abstracto zu thun, sondern mit der Actiengesellschaft für diesen oder jenen Specialzweck. In Fällen z. B., wo das Actienprincip zweifelhafter wirthschaftlich berechtigt ist, können stringentere Normativbestimmungen als die sonst ausreichenden allgemeinen am Platze sein. Namentlich sind es einige Verhältnisse des Actienwesens, das Princip der Oeffentlichkeit, die Erfordernisse der Constituirung, die Bilanzaufstellung, die nach der Art der einzelnen Unternehmungen durch Specialbestimmungen rechtlich normirt werden sollten. Dies geschieht thatsächlich im geltenden Rechte mitunter schon, denn z. B. die Vorschriften über die Normen bei der Errichtung einer Actiengesellschaft, welche eine nicht in Geld bestehende Einlage annimmt (Apports des französ. Rechts) beziehen sich in Wirklichkeit vornehmlich auf den Fall der Actienfabriken. Ich halte es für nothwendig, es als allgemeinen Grundsatz für die Gesetzgebung hinzustellen, daß die wirthschaftliche Verschiedenartigkeit der Unternehmungen im Actienrecht durch Specialbestimmungen berücksichtigt werde (s. These 12 und Antrag II.).

Besonders wichtig halte ich solche Specialnormen, nach neueren Erfahrungen, im Falle der Actienfabriken und der schon erwähnten Gründungsbanken.

Die Anlage von Actienfabriken und die Hinüberführung von Privatfabriken in Actiengesellschaften läßt sich oft billigen. Aber große Mißstände sind namentlich bei der letzteren Maßregel hervorgetreten. Es ist nicht sowohl ein rein werthloses Object übernommen, als ein vielleicht ganz gutes Etablissement ganz übermäßig bezahlt worden. Dritte Personen, die Gründer, haben ferner große Gewinne bei der Operation gemacht, welche ungetrennt im Uebernahmspreise mit enthalten waren. Die Folge war, daß das Unternehmen der Actiengesellschaft übermäßig theuer aufgehängt worden ist und die Actiengesellschaft von vornherein mit einem viel zu großen Capital arbeitete, für welches selbst ein gutes Geschäft keine genügende Rente mehr abwerfen konnte. Dies läßt sich durch eine andere verwerfliche Practik allerdings eine Zeitlang verbergen. Es soll öfters vorgekommen sein, daß bei der Uebernahme eines Privatgeschäfts ein unverhältnißmäßig niedriger Betrag des Kaufpreises auf die vorräthigen Materialien und fertigen Producte gerechnet wurde, während der Werth der festen Anlagen um so höher angesetzt ward. Die Gesellschaft kann dann eine Zeit lang leicht hohe Dividenden vertheilen, ohne mit der Gesetzgebung in Widerspruch zu kommen. Aber die Dividende ist dennoch fictiv, denn sie ist nicht das Resultat hoher Einnahmen, sondern fictiv niedriger, mit den wirklichen Productionskosten in Widerspruch befindlicher

Kosten der Artikel. Diesen verschiedenen Mißständen gilt es durch Normen vorzubeugen, wie sie in These 14 vorgeschlagen sind. Mißlich ist, nebenbei bemerkt, auch ein anderer Punkt bei der Ueberführung von Privat- in Actienfabriken. Ein bedeutender Theil des Kaufpreises bleibt mitunter als Hypothek eine Zeit lang stehen. Diese Verschuldung drückt in einigen Jahren das Geschäft sehr. Wir werden es vielleicht in den nächsten Jahren nicht selten erleben, daß die früheren Besitzer so die Fabrik bei Subhastationen um die Hypothekenforderung zurückerwerben, wie dies ja bei Häusern, die in Haussezeiten verkauft sind, in der späteren Baissezeit nicht selten ist.

Gründungsbanken unterscheiden sich so wesentlich von den gewöhnlichen Handelsbanken, welche sich auf das Zettel- und Depositengeschäft als Passiv- und das Disconto-, Lombard- und allenfalls ein solides Contocorrentgeschäft als Activgeschäfte beschränken, daß es mir vor allem wichtig zu sein scheint, auf ihre besondere Natur das Publikum, das Actionär oder Gläubiger werden will, durch ein deutliches Zeichen aufmerksam zu machen. Zu diesem Zwecke halte ich es für passend, eine obligatorische Beifügung zur Firma, z. B. „Gründungsbank" oder dergl. gesetzlich vorzuschreiben. Ein Analogon hierzu, wobei man von einem ganz ähnlichen Bestreben, besonders aufmerksam zu machen, ja zu warnen ausging, ist die englische Vorschrift über die Beifügung des Limited liability bei allen Gesellschaften mit beschränkter Haftbarkeit.

Für vollständig unzulässig muß die Betreibung von Zettel- und Depositengeschäften Seitens der Gründungsbanken gelten, wie in Deutschland z. B. bei der Meininger Creditbank, wenn auch mit formell getrennter Notenausgabe. Die Geschäfte der Wiener Emissionsbanken mit Kassenscheinen, also eben mit Depositen, sind noch in aller Munde. Die Pereire'sche Idee der Emission langterminlicher Obligationen gegen eine beständig im Werthe schwankende Effectendeckung wagte selbst die napoleonische Regierung nicht in der durch die Statuten des Pariser Credit-Mobilier gestatteten Weise zu erlauben.

Besondere Mißstände der Gründungsbanken in der jüngsten Speculationsära waren die folgenden. Von vorneherein wurden diese Banken mit einem sehr hohen Capital versehen, das nur eine Zeit lang im Gründungsgeschäft zu brauchen war, dann brach lag oder verloren ging. Schon die erste Capitalemission erfolgte dabei oft weit über Pari, ohne irgend sichere Anhaltspunkte für die Rentabilität. Dagegen läßt sich schwerlich durch das Gesetz etwas thun. Eher ist das gegenüber anderen Mißständen möglich. Das zuerst emittirte Capital wird regelmäßig sehr rasch vermehrt, um dabei Agiotage treiben zu können. Sehr erleichtert wird diese nachtheilige, die Ueberspeculation begünstigende Bestimmung durch die Entlassung der Actionäre aus der Haftung nach Einzahlung von 40%, — eine für Gründungsbanken vollends bedenkliche Erlaubniß unseres Gesetzes. Ferner erweisen sich die häufig vorkommenden Vorrechte der Gründer oder ersten Zeichner auf die Uebernahme neuer Emissionen al Pari — oft für die Hälfte der neuen Actien diesen Personen zugestanden — höchst bedenklich, zumal diese Leute meistens den Aufsichtsrath besetzen. Die Tantièmesucht der Mitglieder der Direction und des Aufsichtsraths treibt weiter zur voreiligen Capitalvermehrung an, da letztere bei hochgehender Speculation und Hausse die Tantième ins Riesige steigen läßt. Die Actionäre sehen die neue Emission endlich auch gern, wenn sie ihnen al Pari überlassen wird und ein Agio eingestrichen werden kann. Diesen Tendenzen zu übermäßig rascher Capitalvermehrung in Haussezeiten läßt sich wenigstens einigermaßen durch die in These 15 vorgeschlagenen Specialbestimmungen entgegentreten. Horn hat in einem Punkte einen ähnlichen, nur nicht ganz so weit gehenden Vorschlag gemacht. Im übrigen beziehe ich mich für Gründungsbanken auf die Reform des allgemeinen Actienrechts, zu der ich nunmehr in Begründung meines Antrags III und der darauf bezüglichen Schlußabtheilung meiner Thesen übergehe.

C. Die Frage der Reform unseres Actienrechts bejahe ich. Die Detailpunkte entziehen sich aber, wie gesagt, unsrer Competenz. Ich verweise deshalb nochmals auf unsere Gutachten, die hier zu reproduciren ich nicht für meine Aufgabe halte, ferner auf die Beschlüsse des jüngsten Juristentags.

Der nicht nur juristisch, sondern auch wirthschaftlich wichtigste Gesichtspunkt ist der in These 20 aufgestellte: es muß die Oeffentlichkeit im Actiengesellschaftswesen noch weiter gehen und für stärkere Garantien derselben gesorgt werden. In dieser Beziehung ist ein erster Punkt, daß eine möglichst vollständige Offenlegung aller Verhältnisse der Gründung gegeben wird. Ich schließe mich hier ganz den Ansichten des Herrn Justizrath Wiener und dessen Gutachten an und billige insbesondere seinen Vorschlag eines obligatorischen Prospects und der Abänderung des Art. 209 b des H.=G.=B. Auch der Juristentag hat diesen Prospect gut geheißen. Die Verantwortlichkeit der Gründer für den Prospect wird nur etwas genauer als in dem Beschluß des Juristentags zu präcisiren sein. Ich verweise auf These 21.

Um die Oeffentlichkeit in den Gesellschaftsverhältnissen zu größerer praktischer Bedeutung zu bringen, habe ich in den Thesen 22—26 einige Vorschläge formulirt. Die Statuten und Prospecte sollen in einem amtlichen Blatt vollständig zum Abdruck kommen (als Beilagen); auf den Actiendocumenten wichtige Statuten= und Prospectpuncte abgedruckt werden, bezügliche Aushänge sind im Geschäftslocal zu machen. Es sollen ferner zu den Prospecten, Bilanzen (sowohl den speciellen Bilanzen beim Geschäftsabschluß der Periode als zu den in der Zwischenzeit zu gebenden kürzeren Ausweisen) und zu sonstigen Rechnungsausweisen amtliche Schemata gebraucht werden, ein Punct, auf den ich besonderes Gewicht lege. Diese Schemata lassen sich nicht gleichmäßig für alle Unternehmungen aufstellen, sondern nur verschieden nach der Art der einzelnen. Ich denke sie mir auch nicht durch das Gesetz, sondern zunächst durch eine Verwaltungsbehörde aufgestellt, doch muß der Richter oder das Controlamt erforderlichen Falles Aenderungen daran machen dürfen. Ohne solche Schemata wollen die üblichen Ausweise oft wenig besagen. Wer sich z. B. mit der Statistik des Bankwesens beschäftigt hat, der weiß, daß unsere Ausweise oft gar nicht brauchbar sind. Es kommt bei Emis=

sionsbanken leicht vor, daß bei 10 Mill. Thlr. Activen und Passiven vielleicht 2 Mill. in einer Menge einzelner Activposten aufgeführt sind, der Rest von 8 Millionen in Einem Posten „Effecten". Ja, was heißt Effecten! Die Specialisirung der Effectenbestände, wie ich sie in These 25 verlange, ist für alle Actiengesellschaften geboten, — eine nothwendige Ergänzung der Vorschrift des Art. 239a Nr. 1 des H.=G.=B., welcher die Effecten in der Bilanz nur nach dem Courswerth einzusetzen erlaubt. Ein ähnliches Verlangen wäre für die lombardirten oder als Deckung für Contocorrentforderungen hinterlegten fremden Effecten zu stellen. — Eine kurze Periodicität der summarischen Ausweise über den Geschäftsstand (die auch Bilanzen genannt werden können) ist bei manchen Gesellschaften auch unumgänglich, sehr wohl ausführbar und schon vielfach üblich; bei größeren Zettelbanken ist ja die wöchentliche Periode schon erreicht. Aber bei anderen Gesellschaften kann man nicht so weit gehen, bei vielen wird man sich mit jährlichen Ausweisen, den wirklichen Abschlußbilanzen, begnügen müssen. Hier können dann vom Termin eines Ausweises bis zum andern bedeutende Veränderungen in der Lage eines Instituts eintreten, über welche man auf andere Art muß Aufschluß erlangen können. Deshalb empfiehlt sich das in These 26 aufgestellte Verlangen, wonach auch bei uns wie im Auslande (England, Belgien) eine kleine Anzahl Actionäre an das Gericht (oder an ein Controlamt) sich wenden kann, auf daß dieses die Mittheilung einer Bilanz und andere Aufschlüsse mehr einfordere. Ich gehe hierbei noch einen Schritt weiter, als Andere: das Gericht soll eine Untersuchung der Geschäftsführung durch unabhängige Sachverständige vornehmen lassen dürfen, weil die Richter selbst nicht genügend vertraut mit der Sache sein können.

Absichtlich habe ich dagegen eine Forderung weggelassen, welche u. A. der Juristentag aufgestellt hat. Er wünschte nemlich, daß dem einzelnen Actionär, soweit es sein Interesse erheische, ein Klagerecht auf Innehaltung der gesetzlichen und statutarischen Vorschriften gewährt werde. Ich habe mich gefragt, ob dies allgemein wünschenswerth sei und Bedenken in der Forderung gefunden. Nehmen Sie einen Fall, wie er der Praxis entspricht und dem Vernehmen nach neuerdings ähnlich beim Norddeutschen Lloyd vorgekommen und zu einem Proceß eines Actionärs gegen die Verwaltung Anlaß gegeben hat. Sagen wir, das Gesetz bestimmt, wie bei uns (anders in Frankreich, Belgien), gar nichts über den Reservefonds, die Statuten setzen ein Maximum desselben von 10 % des Kapitals fest, von verschiedenen Arten der Reservefonds, — oft ein zweckmäßiger Ausweg aus allen Schwierigkeiten, — ist nicht die Rede. Eine solide Gesellschaft will aber einmal in einem guten Jahre oder mit Rücksicht auf besondere Umstände größere Summen reserviren und bringt den Fonds auf 12 oder 15 % des Kapitals, wodurch natürlich die Dividende verringert, also das momentane Interesse des einzelnen Actionärs verletzt wird. Soll nun hier der Actionär das Recht haben, dem dauernden wahren Interesse der Gesellschaft entgegen, eine solche stärkere Reservirung zu verbieten? Nach der Resolution des Juristentages doch wohl. Eben deswegen habe ich mich nicht dazu entschließen können, sie anzunehmen. Mindestens müßte sie näher specialisirt werden, denn in anderen Fällen ist allerdings ein solches Klagerecht oft erwünscht. —

Was sodann die Organisation der Verwaltung der Actiengesellschaften betrifft, so habe ich hier im Anschluß an das französische und belgische Recht und an die Vorschläge der Herren Wiener und Behrend die Einführung einer neuen obligatorischen Revisionsbehörde befürwortet (These 27). Wir würden eine solche in unserem Aufsichtsrathe haben, wenn derselbe seinem Namen entspräche, aber er ist ja meistens ganz Verwaltungsrath und also nicht geeignet, seine eigene Verwaltung, auch nicht immer ausreichend, diejenige der ganz von ihm abhängigen Direction sachlich zu revidiren. Es wird vor Allem darauf ankommen zu bestimmen, daß ohne Bericht der zu wählenden Revisoren keine Dividende vertheilt und keine Decharge ertheilt werden darf. Die Revision soll nicht nur eine formelle rechnungsmäßige, sondern eine materielle sachlich beurtheilende sein.

Unter den weiteren Puncten der Reform des Actiengesellschaftswesens habe ich nur solche ausgewählt, bei welchen mir in der Neuzeit specielle Uebelstände hervorgetreten zu sein scheinen.

So müßte jeder Actionär, der auch nur eine Actie besitzt, jedenfalls eine Stimme in der Generalversammlung haben. Unsere Statuten knüpfen oft selbst das Recht einer Stimme an einen größeren Actienbesitz. Darüber hinaus können die Statuten den Umfang des Stimmrechts nach der Höhe des Actienbesitzes bestimmen. Doch wird vom Gesetz ein Maximum der Stimmen festzusetzen sein, damit nicht einzelne Personen einen zu großen Einfluß in der Versammlung ausüben können (These 28). Ferner möchte ich beantragen, daß entsprechend der französischen Gesetzgebung eine Strafe darauf gesetzt wird, wenn das Stimmrecht in der Generalversammlung durch Ueberlassung von Actien Seitens der Eigenthümer zu diesem Zweck gefälscht wird. Die Betrugsstrafe ist hier nicht zu scharf. Von den Aufsichtsräthen selbst sollen hier oftmals sehr unlautere Manoeuvres vorgenommen werden, um ihren Anträgen die Majorität zu verschaffen (These 29).

In der 30. These habe ich einen Punkt behandelt, welcher im Actienrecht ein Novum ist. Die erste Bestimmung, daß Niemand Mitglied einer Actiengesellschaftsbehörde sein soll, der einer anderen Actiengesellschaft derselben Gattung in einer anderen Eigenschaft denn als Actionär angehört, findet sich indessen schon in deutschen Statuten, z. B. in denjenigen der Frankfurter Bank, in deren Behörden Niemand sein kann, der bei einer anderen „Bank“ ähnlich betheiligt ist (leider neuerdings modificirt, mit Genehmigung der preußischen Regierung in „bei einer anderen Notenbank“; die gleiche Vorschrift besteht bei der Badischen Bank). Die Bestimmung ist ganz richtig, denn es soll doch für ordentliche Concurrenz unter den Gesellschaften und für Unabhängigkeit derselben von einander gesorgt werden. Neuere Erfahrungen, auch in Berlin, wo mitunter für mehrere Gesellschaften fast dasselbe Verwaltungspersonal fungirt, zeigen die nachtheiligen Folgen. Für den zweiten Vorschlag der These 30 beziehe ich mich hauptsächlich auf einen Punkt der Lasker'schen Rede über Actien=

gesellschaften, wo mit Recht Klage über die übermäßige Aemtercumulation geführt wird. Dadurch müssen diese zu bloßen Sinekuren werden, große Einkommen werden ohne Verdienst bezogen und von wirksamer Controle ist keine Rede mehr. Lasker spricht von einem Falle, wo Jemand, ich glaube 50 Aufsichtsrathstellen haben solle! Die beantragte Beschränkung auf vier möchte passend sein. Ebenso scheint mir der letzte Vorschlag der These 30, die Unfähigkeitserklärung eines Bestraften zu den Actiengesellschaftsämtern, durchaus am Platze.

Von den Punkten, welche die These 31 behandelt, ist der erste neuerdings Gegenstand vieler Erörterungen gewesen. Der Juristentag ist für die Aufhebung der Bestimmung, Praktiker des Geschäftslebens, Handelskammergutachten auch öfters. Unter unseren Gutachtern ist nur Wiener eher dagegen. Auch in Oesterreich hat man die Frage ventilirt und vorgeschlagen, die Haftung wenigstens auf 60% unbedingt auszudehnen. Mir scheint es besser, die Clausel ganz zu streichen und 100-procentige Haftung zu verlangen. In Verbindung mit dieser Bestimmung steht die andere, wonach zu verbieten wäre, daß Actiengesellschaften, mit bestimmten Ausnahmen, vor erfolgter Vollzahlung der alten Actien keine neue Actienemission vornehmen dürften. Meine Ausnahme bezieht sich auf solche Banken und Versicherungsanstalten, deren eigenes Capital vorherrschend Garantiefonds, nicht Geschäftsfond wie bei anderen Gesellschaften, ist. Bei jenen kann eine Erhöhung des Capitals ohne Vollzahlung der alten Actien sehr wohl räthlich sein. Die Unterscheidung von Garantie- und Geschäftsfonds ist für manche Verhältnisse des Actiengesellschaftswesens überhaupt von Bedeutung. — Die neue Emission des Capitals nicht nur von den Beschlüssen des Aufsichtsraths, sondern der Generalversammlung selbst abhängig zu machen, ist neuerdings oft empfohlen worden; desgleichen die Gründer- und ersten Zeichner-Vorrechte bei neuen Emissionen zu verbieten. Dadurch wird der Tendenz übermäßig rascher Capitalvermehrung, einem schreienden Uebelstande unserer letzten Speculationsära, welcher an der Ueberspeculation recht mit Schuld ist, wenigstens etwas entgegen gewirkt.

Die erwähnten Punkte scheinen mir für eine Reform unseres Actienrechts die wichtigsten. Andere, welche ich nicht besonders erwähnt habe, halte ich theils überhaupt nicht, theils nicht unmittelbar einer Veränderung bedürftig. Hierüber sind noch längere Erfahrungen zu sammeln.

Zum Schluß aber habe ich mir in These 32 erlaubt, doch noch einen besonderen staatlichen Controlapparat zu fordern, von dem man sagen könnte, er stehe in Widerspruch mit dem System der Normativbedingungen. Ich möchte aber meinen Vorschlag nicht mißverstanden wissen. Die Controlämter, welche ich im Auge habe, sollen nur das ausüben, was ich formelle Controle nenne im Unterschied von materieller, sachlich eingreifender Controle. Sie sollen vornehmlich constatiren, wie etwas ist, nicht vorschreiben, nicht inhibiren, sondern Wächter und Garanten des Princips der Oeffentlichkeit sein. Im englischen Bankwesen, bei den nordamerikanischen Zettelbanken bestehen ähnliche Einrichtungen, wenn auch im letzteren Falle ein mit weiterreichenden Bedürfnissen ausgestattetes Controlamt. Wegen der großen ökonomisch-technischen Verschiedenheit der Actiengesellschaften kann aber nicht ein einziges Controlamt für alle zusammen fungiren, sondern die Gesellschaften müssen in Gruppen gebracht und dann jede Gruppe einem Amte oder einer Abtheilung eines solchen unterstellt werden. Wenn wir in dieser Weise vorgehen und den Controlämtern die in These 32 genannten Functionen übertragen, dürfen wir in der That erst hoffen, die Controle der Oeffentlichkeit wirksam durchgeführt zu haben.

Ich bin am Schlusse, meine Herren. Um meine Ansichten und Vorschläge noch einmal kurz zu recapituliren: Die Reform des Actienrechts ist mir nicht der Hauptpunkt. Es handelt sich vielmehr zunächst darum, auf gewissen Gebieten, die ich näher bezeichnete, öffentliche Unternehmungen an die Stelle der Actiengesellschaften treten zu lassen. Zu weit geht mir dagegen die Forderung, das Kernprincip des Actienrechts ganz zu beseitigen. In den Fällen, wo das Actienrecht gerechtfertigt ist, soll am System der Normativbedingungen festgehalten werden. Nach den Gesichtspunkten, welche ich angab, wäre dann das Actiengesellschaftsrecht zu reformiren.

An Einwendungen, namentlich gegen meine Hauptforderung, die Einengung des Gebiets der Actiengesellschaften und die theilweise Ersetzung der letzteren durch öffentliche Unternehmungen, wird es nicht fehlen. Gegen einen Vorwurf möchte ich mich aber von vornherein verwahren: daß wir nämlich mit meiner Forderung direct in den „socialistischen Volksstaat" hineinsteuern. Schon höre ich Männer, wie Herrn Faucher, wieder ausrufen: „Noch leben wir in einer freien Monarchie, noch nicht in der rothen Republik!" wie besagter Herr auf eine ziemlich unschuldige Frage des ministeriellen Eisenbahnfragebogens antwortete! Meine Herren, das ist ein verwerfliches Polemisiren mit Schlagworten, die gar nichts beweisen. Wer darf sagen, ein solcher Vorschlag ist „socialistisch", oder, wenn er ihn so nennt, wer darf diesen Socialismus verdammen! Nein, wenn wir in dieser Weise reformiren, so knüpfen wir an unseren bestehenden Staat an, der ja viele der Gebiete, auf denen ich mehr oder weniger ausschließlich die öffentliche Unternehmung verlange, schon lange in Händen hat: das Postwesen, Telegraphenwesen, Münzwesen u. s. w. Ist deshalb das Verlangen nach Staatseisenbahnen so exorbitant! Aehnlich geht es in den anderen Fällen! Das Pensionswesen für Staatsbeamte, was ist es anders, als ein Zweig des Versicherungswesens?

Ich bleibe also dabei: nicht allein Actienrechtsreform ist geboten, sondern auch principielle Einengung des Gebiets des Actiengesellschaftswesens und Staat, Provinz, Kreis, Gemeinde haben hier ihre wichtigen Functionen zu übernehmen![1]) (Lebhafter Beifall.)

---

[1]) In dem freigesprochenen Vortrag des Referenten hatten einige Abschnitte mit Rücksicht auf die Zeit und auf die Gelegenheit, darauf in der Specialdebatte zurück zu kommen, etwas gekürzt werden müssen. Für den Druck sind diese Abschnitte nach dem ursprünglichen Plan des Referenten wieder erweitert worden, besonders in dem mittleren und im Schlußtheil des Referats. Anm. d. Ref.

Die Anträge des Referenten lauten:

I. Die Einengung des Actiengesellschaftswesens betreffend:

Zur Steuer der Mißstände im Actiengesellschaftswesen bedarf es außer der Reform des Actienrechts einer Einengung des Gebiets der Actiengesellschaften, indem an Stelle der letzteren öffentliche Unternehmungen des Staats, der Provinz, des Bezirks, des Kreises, der Gemeinde treten. Dies ist geboten auf dem Gebiete allgemeiner volkswirthschaftlicher Angelegenheiten, namentlich im Verkehrswesen und bei den Anstalten für locale wirthschaftliche Gemeinschaftsbedürfnisse, wo die öffentliche Unternehmung möglichst ausschließlich statt jeder privatwirthschaftlichen anzuwenden ist. Außerdem findet dieselbe auch im Bank- und Versicherungswesen neben Erwerbsgeschäften und Genossenschaften oft eine passende Thätigkeit.

II. Die Anwendung des Actiengesellschaftswesens betreffend:

Die Actiengesellschaft ist sonst eine berechtigte und der modernen Volkswirthschaft vielfach unentbehrliche privatwirthschaftliche Unternehmungsform auf dem Gebiete der einzelnen Productionszweige. Sie soll deshalb ein Gegenstand des gemeinen Rechts und ihre Errichtung nicht von besonderer Staatsgenehmigung, sondern blos von der Erfüllung von Normativbedingungen abhängig sein. Obgleich die Actiengesellschaft nur für gewisse Unternehmungen wirthschaftlich zweckmäßig zu sein pflegt, so soll doch im Allgemeinen ihre Anwendung überall rechtlich zulässig sein, wo nicht bestimmte Gebiete der öffentlichen Unternehmung vorbehalten bleiben. Eine Ausnahme von dieser Regel ist am Ersten bei Gründungsbanken am Platze. Die wirthschaftliche Verschiedenartigkeit der Unternehmungen ist jedoch auch im Actienrecht durch Specialbestimmungen zu berücksichtigen, so namentlich im Fall der Actienfabriken und eventuell der Gründungsbanken.

III. Die Reform des Actiengesellschaftsrechts betreffend:

Diese Reform ist geboten und kann im Allgemeinen dafür den Vorschlägen Wiener's und Behrend's und den Beschlüssen des Juristentags beigestimmt werden. Die Thesen 19 bis 32 des Referenten enthalten die Grundsätze, welche für wichtigere Punkte dieser Reform im Einzelnen maßgebend sein sollen.

Zweite Sitzung.

Sonntag, den 12. October.

Der Vorsitzende Prof. Dr. Gneist eröffnet um 7 Uhr Abends die zweite Sitzung.

Nach einer kurzen Einleitung gibt derselbe das Wort dem Correferenten über das „Actiengesellschaftswesen“, Justizrath Wiener (Berlin).

Correferat

des Justizrath Wiener (Berlin) über das

Actiengesellschaftswesen.

Meine Herren! Ich weiche insofern von dem geehrten Herrn Referenten ab, als ich der Meinung bin, daß in der Sache selbst weniger geleistet werden kann, als der Herr Referent annimmt, und ich in Folge dessen auch weniger beanspruche.

Sie werden von mir nicht verlangen, daß ich die wirthschaftliche Seite der Sache noch einmal erörtere. Ich habe nicht angenommen, daß, indem Sie von einem practischen Juristen ein Gutachten erforderten, Sie eine andere Betrachtung der Sachlage, als die eminent juristische erwartet haben, und ich bin allerdings dabei von dem Gesichtspunkt ausgegangen, daß die bejahende Beantwortung der Frage, ob die Unternehmungsform der Actiengesellschaften beizubehalten ist, als vollständig außerhalb des Streites liegend zu erachten ist. — Der Herr Referent hat die Berechtigung und Unentbehrlichkeit der Actiengesellschaften vom rein wirthschaftlichen Standpunkte aus anerkannt. — Ich möchte hinzufügen, daß gegen die Berechtigung auch vom rechtssystematischen Standpunkte aus irgend ein Gesichtspunkt mit Wirkung nicht geltend gemacht werden kann. Es wird von manchen Sachverständigen vom juristischen Standpunkte aus geltend gemacht, daß die Association von Kapitalien unter der Form einer durch sie gebildeten juristischen Person eine so ganz besondere und exceptionelle Art der juristischen Configuration sei, daß der Staat die Berechtigung haben müsse, die Verleihung auf die Fälle zu beschränken, in denen das in's Leben zu rufende Unternehmen seine Existenzberechtigung durch besondere Vortheile für das Gemeinwesen nachweist. Ich vermag dieser Auffassung nicht beizutreten. — Einer Erklärung des Einzelnen, daß er für die Folgen eines Rechtsgeschäfts nur mit ganz bestimmten Objecten seines Vermögens vinculirt sein wolle, wird, wenn der Gegencontrahent darein willigt, schon nach allgemeinem bürgerlichen Recht die Wirksamkeit nicht abzusprechen sein. Dasselbe wird bei der Vereinigung Mehrerer mit Kapitalien unter dem ausgesprochenen Willen beschränkter Haftung construirbar sein. — Von hier aus ist bis zur Verleihung der juristischen Persönlichkeit für die vereinigten Kapitalien nur ein geringer Schritt, welchen die Jurisprudenz zu machen schon aus dem Gesichtspunkte sich nicht scheuen darf, daß auch bei der offenen Handelsgesellschaft eine ganze Reihe unentbehrlicher Bestimmungen nur von der Annahme einer durch das Gesellschaftsvermögen getragenen juristischen Person erklärt werden können. Ich habe gemeint, daß für diesen Gesichtspunkt auch erheblich ist, daß man, soviel ich weiß, bereits seit der Zeit des 12. und 13. Jahrhunderts den Actiengesellschaften sehr verwandte Configurationen kennt, welche mehr oder minder deutlich sich als Vereinigungen von Capitalien unter selbstständiger Persönlichkeit darstellen und denen diese Anerkennung im Rechtsleben nicht versagt worden ist. Ich meine insbesondere die Gewerkschaften, die für Toulouse nachgewiesenen Mühlenbetriebsvereinigungen und die Anfang des 15. Jahrhunderts durch Genueser Bankiers begründeten Vereinigungen der Genueser Staatsgläubiger zum Zwecke des Bezugs und der Vertheilung der ihnen überlassenen Staatseinkünfte.

Vom wirthschaftlichen Standpunkte möchte ich mir gestatten, noch zwei Gesichtspunkte hervorzuheben, welche für die Zweckmäßigkeit dieser Unternehmungsform von entscheidendem Gewicht sind. — Einmal ist die Möglichkeit dieser Association das einzig wirksame Mittel des Schutzes und der Geltungsfähigkeit gegenüber der Alleinherrschaft des in der Hand einzelner Individuen vereinigten Großkapitals. — Sodann ist es diejenige Unternehmungsform, bei welcher die Thätigkeit, der Scharfsinn und die Kenntnisse Einzelner befruchtend und nutzbringend auf eine große Reihe kleiner Kapitalien wirken, auf Kapitalien, deren Inhaber für sich — sei es wegen der Kleinheit des Kapitals, sei es wegen Mangels an Kenntnissen oder Zeit, — die Kapitalien nicht entfernt in gleicher Weise nutzbringend anzulegen vermöchten. Erkennt man dies an, so wird man auch der aus den Mißbräuchen der letzten Zeit entstammenden Neigung, die Rechte des Einzelactionärs zu sehr auszudehnen, bis zu einem gewissen Grade entgegentreten müssen.

Wer nicht mitschafft und verwaltet, sondern lediglich aus der Thätigkeit Anderer Früchte resp. möglichst hohe Dividende ziehen will, wessen Scharfsinn sich lediglich in der Wahl des Unternehmens, bei dem er sein Kapital anlegen will, erschöpft — und daß auch von diesem Scharfsinn nur ein sehr bescheidener Gebrauch gemacht wird, beweisen die Erfahrungen der letzten Jahre — der wird sich auch gefallen lassen müssen, daß ihm nur eine bescheidene Einwirkung auf die Verwaltung des Unternehmens eingeräumt wird. Für mich ist es also unzweifelhaft, daß die Unternehmungsform der Actiengesellschaften vom historischen, wirthschaftlichen und juristischen Gesichtspunkte aus eine vollkommen berechtigte ist, und daß wir nicht befugt sind, sans façon auf Grund einer Erfahrung von drei Jahren diese Unternehmungsform aus unserem Wirthschafts- und Rechtsleben zu streichen. Ich habe nichts dagegen, wenn von Seiten des Herrn Referenten eine Provocation an die Staatsbehörde gerichtet wird, den Actiengesellschaften Concurrenz zu machen, aber doch wohl nur auf den Gebieten, auf welchen allgemeine öffentliche Interessen zu vertreten sind, resp. sogenannte Staatshoheitsrechte concurriren und ich muß auch hier gestehen, daß wenn ich eine rationell und loyal verwaltete Actiengesellschaft als vorhanden voraussetze, ich nicht weiß, ob der Staat oder gar eine Stadtgemeinde im Stande ist, billiger zu verwalten als diese aus Privatmitteln gestaltete Association. Ich möchte überhaupt davor warnen, daß wir die Sache anders als einigermaßen sub specie aeterni betrachten. Von diesem Standpunkte aus glaube ich kein falscher Prophet zu sein, wenn ich es für möglich halte, daß man in einem Zeitraume von zehn Jahren gegenüber der heute anscheinend unbestrittenen Forderung, daß der Staat allein Eisenbahnen baue, bei Erfüllung der Forderung über Staatsdespotismus klagen wird (Sehr richtig!) und daß, wenn heute das Aufgeben der Unternehmungsform der Actiengesellschaft beschlossen wird, man nach Ablauf dieses Zeitraumes gebieterisch ihre Wiederherstellung fordern wird. Es ist meines Erachtens durchaus nothwendig, daß man an die Sache mit einer gewissen Resignation tritt. Von diesem Standpunkte der Resignation aus enthalten mir die Thesen des Herrn Referenten, in denen er die von dem Gesetzgeber bei der Reform des Actiengesellschaftswesens zu erfüllenden Postulate aufstellt zuviel, deshalb zuviel, weil, wenn der Gesetzgeber in alle diese Details eintritt, und sie im Sinne des Herrn Referenten normirt, er damit dem Publikum gegenüber die Verantwortlichkeit dafür übernimmt, daß darauf hin das Publikum mit Vertrauen sich der Unternehmungsform ohne Selbstprüfung des einzelnen Falles zuwenden kann. Andererseits erachte ich es aber allerdings für die Aufgabe des Gesetzgebers, solide und loyale Constructionsprinzipien für die Actiengesellschaften zu schaffen, und vermag den Standpunkt derjenigen nicht zu verstehen, die, anerkennend, daß diese Voraussetzungen nicht vorhanden sind, doch die Regelung der Sache durch die Gesetzgebung wegen der geringen bisher gesammelten Erfahrungen noch vertagen wollen. Solche dilatorischen Einwendungen darf man nicht im Namen des Gesetzgebers erheben. Entweder ist der Einwand nur eine hübsche Umschreibung des: „Laßt mich zufrieden", eine Art exceptio spolii, oder er muthet dem Gesetzgeber zu, zu sagen: „Es sind zwar schon viele Leute in Folge meines Gesetzes gefangen worden, ich will aber doch abwarten, ob und auf welchem Wege bei meinem Gesetze noch mehr Leute gefangen werden, um das geeignete Material für die Gesetzesänderung zu haben." Nach dieser Richtung erachte ich eine Aenderung der Gesetzgebung für dringend geboten. Wir werden auf dem Wege dieser

Gesetzgebungsänderung nicht dazu kommen, daß das Actiengesellschaftsgebiet ein Territorium wird, auf welchem man nicht betrügen könne; — meines Erachtens giebt es überhaupt kein Gebiet, auf dem das nicht möglich wäre. Aber wir werden bewirken können — und es zu bewirken, ist ein juristisches und moralisches Postulat — daß die Gesellschaftskreise, welche zwar Geld erwerben, aber guten Ruf nicht einbüßen wollen und welche vermöge einer durch die Unklarheit des Gesetzes begründeten oder doch genährten Trübung und Verwilderung ihres Urtheilsvermögens den Causalnexus zwischen den ihrem Egoismus dienenden Privatstipulationen und der Beschädigung des Publikums, sowie jede Verantwortlichkeit ihrerseits leugnen, veranlaßt werden, sich auf sich selbst zu besinnen und sich klar zu machen, daß die Thätigkeit der Gründung einer Actiengesellschaft eine Thätigkeit ist, die, wie jede Handlung, welche in die äußere Erscheinung tritt, und bestimmend und gestaltend auf einen vorhandenen Stoff wirkt, eine Verantwortlichkeit erzeugt. Es ist bei der Behandlung dieser Materie soviel von Normativ-Bestimmungen die Rede. Anscheinend herrscht aber kein Einverständniß über das, was man hierunter begreift. Man kann sehr wohl als Grundsatz aufstellen, daß der Gesetzgeber in die Pactirfreiheit der Individuen in Betreff des functionellen Lebenslaufes der Actiengesellschaft und der Firirung gewisser jura singulorum, nicht soll eingreifen dürfen und daher das Normativstatut und die Forderung des Verbots der Gründervorrechte und der Liberirung nach Einzahlung von 40% verwerfen, und doch für nothwendig erachten, daß die Gesetzgebung sich zur Aufstellung bestimmter Fundamentalsätze, welche eine klare und rechtssystematisch durchsichtige Construction des Entstehungsprozesses der Actiengesellschaft ermöglichen und bestimmter obligatorischer Organe, welche geeignet sind, das Functionsleben der Gesellschaft zu fördern, entschließt. Uebernimmt die Jurisprudenz die Aufgabe, die vom wirthschaftlichen Standpunkte jedenfalls nicht zu reprobirende Unternehmungsform der Actiengesellschaft rechtlich zu gestalten, so muß ihre Fürsorge zunächst darauf gerichtet sein, daß sie die Entstehung der Gesellschaft in den Rahmen eines klaren, gegenseitige Rechte und Pflichten gegeneinander klar bestimmenden Contractsverhältnisses bringt und nicht daraus eine Mausefalle macht. Zur Zeit der Entstehung unseres Handelsgesetzbuches ging man davon aus, daß eine Actiengesellschaft nur auf dem langathmigen Wege des sogenannten „Projects", wie Professor Behrend in seinem Gutachten es im Gegensatz zur „Gründung" bezeichnet, geschaffen würde. Man versteht unter Project diejenige Art der Erzeugung der Gesellschaft, bei welcher sich einige Projectanten mit ihrem Project an das Publikum wenden, dieses zur Subscription auffordern und die Gesellschaft erst mit dem Hinzutritt des Publikums im Wege der Subscription perfect wird, während bei der sogenannten „Gründung" die Projectanten selbst das ganze Actiencapital zeichnen und die Gesellschaft zur Perfection bringen.

Von dem Entstehungsprozesse aus, den das deutsche Handelsgesetzbuch für die Actiengesellschaften hiernach voraussetzte, war das Verhältniß rechtlich so zu construiren, daß sich jeder Subscribent dem Actienverein durch das Medium des Projectanten, welcher für den Actienverein acceptirte, verpflichtete und daß, wenn die Projectanten in dem Project Qualitäten des Unternehmens angegeben hatten, denen der Actienverein nach seinem wahren Vermögensstande nicht entsprach, sie den Subscribenten je nach der Art ihrer Projectsmittheilung insbesondere ex dolo oder ex fraudulento consilio haftbar waren. Von diesem Gesichtspunkte aus war es völlig correct, daß die Nürnberger Conferenz den von einer Seite bereits gestellten Antrag, die Verantwortlichkeit der Gründer genau zu normiren, mit dem Hinweise ablehnte, daß sich für diese Haftbarkeit ein allgemeines Princip nicht aufstellen lasse, daß die civilrechtliche Stellung der Projectanten zu den Subscribenten in den einzelnen Fällen eine wesentlich verschiedene sein könne und je nach der Varietät des vorliegenden civilrechtlichen Verhältnisses im einzelnen Falle die Verantwortlichkeit zu normiren wäre. Immer hatte man dabei als Grundlage zwei miteinander contrahirende, verschiedene Interessen vertretende Theile: Projectanten und Subscribenten im Auge. Die Sache hat sich aber in der Praxis anders entwickelt.

In unserer raschlebigen Zeit konnte man die von dem Zustandekommen einer Actiengesellschaft abhängigen Rechtsverhältnisse nicht so lange in suspenso lassen, bis die letzte Actie im Wege der Subscription aus dem Publikum gezeichnet war. Auch will der Subscribent aus dem Publikum etwas Fertiges vor sich haben, ehe er sich zur Vinculirung seines Kapitalsantheils entschließt. — So kam man von dem Wege der Erzeugung der Gesellschaft mittelst des Projects auf den der Errichtung mittelst der Gründung.

Wesentlich begünstigt wurde dieser Weg durch das Gesetz vom 11. Juni 1870, welches bestimmte, daß vor Erlangung der Rechte einer juristischen Person das gesammte Kapital der Actiengesellschaft gezeichnet sein müsse. Dadurch ist es naturgemäß geworden, daß die Projectanten das Gesammtkapital gezeichnet haben, daß sie also rechtlich die ersten Actionäre, das ist, Projectanten und Subscribenten in einer Person sind und sich nur nach besonderen Abreden in diese Rolle theilen.

Sobald man hierzu gelangt war, konnte es natürlich nicht mehr genügen, Bestimmungen über die Verantwortlichkeit der Gründer unter Hinweis auf das gemeine Recht abzulehnen, da es ja an jeder Basis der Anwendung desselben, nämlich an einer Personenzweiheit, die als mit einander contrahirend zu denken war, fehlte.

Diese Verantwortlichkeit der Gründer wird als unabweislich von jedem rechtlichen Standpunkte aus anerkannt werden müssen. Die Actiengesellschaft entsteht nicht von selbst, sondern sie wird geschaffen.

Selbst wenn man sich auf den rein naturalistischen Standpunkt einer Zeugung der Gesellschaft durch die Gründer stellen will, so müßte man immer annehmen, daß die Actiengesellschaft, welche nach der Erklärung der Erzeuger dotirt sein soll mit einem bestimmten Kapital, zu welchem bestimmte Summen gezeichnet sind, oder mit einem bestimmten Objecte, für welches sie einen bestimmten Kaufwerth entrichten soll, die Erzeuger auf das Vorhandensein dieser Dotation in Anspruch muß nehmen können.

Wenn man sich aber nicht auf diesen naturalistischen Standpunkt stellt, sondern als Basis der Verantwortlichkeit ein Vertragsverhältniß voraussetzt, so ist es klar, daß, wenn auf Grund der wirthschaftlichen Richtung der Zeit und der neueren gesetzlichen Bestimmungen sich die Entstehung der Actiengesellschaft dadurch vollzieht, daß die Gründer die ersten Zeichner sind, es verfehlt sein muß, wenn man das angebliche Vertragsverhältniß zwischen den Gründern und ersten Zeichnern zur Basis der Entstehung der Actiengesellschaft macht und dadurch eine Schlinge für die Actiengesellschaft dreht, welche sie nie los wird. Vielmehr muß man, um bei den veränderten Entstehungsverhältnissen diejenige Beziehung zu treffen, welche früher zwischen Projectanten und Subscribenten bestand, das Verhältniß, durch welches sich der Besitzwechsel zwischen den ursprünglichen mit den Projectanten identischen Zeichnern und dem von diesen die Actien nehmenden Publikum vollzieht, als dasjenige ansehen, welches in den Rahmen eines Contractsverhältnisses zu bringen ist. Für die Herstellung dieses Verhältnisses ergeben sich zwei Möglichkeiten. Man kann einmal sagen: man giebt das Postulat der Zeichnung des gesammten Actiencapitals auf, man verpflichtet die Projectanten nur einen Theil zu zeichnen, und man überläßt es, nachdem die Gesellschaft auf Grund dieser Zeichnung eines Theils des Capitals mit den Privilegien der juristischen Person eingetragen ist, dem Publikum, den Rest zu zeichnen, so daß sich dadurch ein Contract der Restzeichner mit den ursprünglichen Zeichnern vollzieht. Dies ist der Standpunkt des englischen Gesetzes. Dieses stellt nur die Bedingungen auf, daß 7 Personen 7 Actien der Gesellschaft zeichnen. Hierauf erfolgt die Eintragung der Actiengesellschaft, d. h. rechtlich ausgedrückt, es wird schon den Offerenten einer Gesellschaftsbetheiligung nach Erfüllung bestimmter Cautionsvorschriften, die in der Uebernahme eigener Betheiligungen bestehen, für die noch nicht perfecte Gesellschaft das Privilegium der juristischen Person gegeben. Ich nehme an, daß diese Construction des Verhältnisses von Herrn Prof. Behrend, der das Englische System im Ganzen lebhaft empfiehlt, vorgeschlagen wird.

Ich habe gegen diesen Vorschlag zwei Einwände. Einmal bin ich der Meinung, daß in der Nothwendigkeit der Zeichnung des Gesammtkapitals vor der Eintragung der Gesellschaft eine Sicherheit liegt, die man nicht aufgeben soll.

Der einzelne Actienerwerber hat doch, sofern nicht flagrante Betrugsfälle vorliegen, die Garantie, daß das Grundkapital vorhanden ist.

Wird die imperfecte Gesellschaft eingetragen und nun weiter subscribirt, so weiß der einzelne Subscribent nicht, wie weit zur Zeit seiner Subscription die Gesammtsubscriptionen auf das Grund-Kapital fortgeschritten sind und er bleibt vollständig im Ungewissen, ob es überhaupt zur Vollzeichnung kommen wird. Hier ist also die Lage des Einzelactionärs eine sehr ungewisse und er von den Angaben der Eingeweihten abhängig und Täuschungen ausgesetzt. Es ist deshalb bei Berathung des Gesetzes von 1870 von dem Bundesbevollmächtigten als ein Postulat der öffentlichen Sicherheit aufgestellt worden, daß erst nach Vollzeichnung des Gesammt-Kapitals die Eintragung erfolgen dürfe.

Sodann aber soll doch hauptsächlich vermieden werden, daß die Genesis des Actienvereins durch ein Scheincontraktsverhältniß der Genossen der Gründungsgemeinschaft untereinander, die auf der einen Seite sich als Projectanten hinstellen und auf der andern Seite in der Lage sind, sich als Zeichner hinzustellen, begründet wird, da in diesem Falle selbst bei dolus der Gründer der Actionär ein Recht nicht geltend machen kann, wenn diejenigen Gründungsgenossen, welche als erste Zeichner die ersten Rechtsvorgänger der späteren Actienerwerber waren, am dolus betheiligt waren, resp. denselben kannten. Wenn nun dieselben Gründungsgenossen, die jetzt das ganze Grundkapital vor der Eintragung zeichnen, bei einer hernach veränderten Gesetzgebung zu einem Theil den behufs der Eintragung erforderlichen Theil des Actienkapitals vor der Eintragung und zum anderen Theil den Rest nach der Eintragung zeichnen, so steht man vor derselben Mausefalle. Dann hat der eine Theil der Gründungsgenossen nachträglich die Offerte derjenigen Genossen, die schon vorher gezeichnet haben, acceptirt und an diesem Vertrage krankt der Actienverein. Dieser Fall wird aber fast immer eintreten, weil, auch wenn das gesetzliche Erforderniß wegfällt, doch die Gründer für die baldige Vollzeichnung sorgen müssen, um dem Publikum die Actien einer perfect gewordenen Gesellschaft bieten zu können. Deshalb meine ich, daß der Gesetzgeber die zweite Alternative einschlagen soll, nach welcher als Grundsatz aufzustellen ist: Alle diejenigen Personen, welche die zur Errichtung der Actiengesellschaft und ihrer Eintragung erforderlichen Handlungen vornehmen, sind Gründer oder Projectanten im rechtlichen Sinne. Zu diesen Handlungen gehört die Zeichnung des gesammten Grundkapitals derart, daß dieselben durch diese Zeichnung nicht etwa Subscribenten im Gegensatze zu den Projectanten werden, sondern derart, daß sie diese Zeichnung als erste Cautionsbedingung für die Erlangung des Rechts der juristischen Persönlichkeit zu leisten haben. Indem sie die Actien dem Publikum ablassen, sind sie also dann nicht die Primitivzeichner, die ihm Actien verkaufen, so daß die Käufer sich nur an sie persönlich als ihre Verkäufer zu halten hätten, der Actienverein aber, so lange er existirt, mit den Vitien behaftet bliebe, die bei seiner Zeugung begangen, resp. die aus dem scheinbaren Vertragsverhältnisse der colludirenden Gründungsgenossen herstammen. Vielmehr vollzieht sich nach dieser Auffassung erst durch die Ueberlassung der Actien an das Publikum das für den Actienverein entscheidende Vertragsverhältniß. Jeder die Rechte aus den Zeichnungen übertragende resp. Actien überlassende Gründer handelt nominē des Gründervereins. Die Gesammtheit der Erwerber acceptirt Namens des Actienvereins. Da sich nicht fixiren läßt, mit welchem Zeitpunkt der Besitzwechsel vollzogen ist und die Actien aus dem Besitz der Gründer in den der Actionäre gelangt sind, muß man einen präsumtiv hierzu erforderlichen Zeitraum fixiren, mit dessen Ablauf erst der Actienverein den Gründern Decharge wegen dieses Rechtsverhältnisses ertheilen kann. Darüber kann man ja zweifelhaft sein, welcher Zeitpunkt hierfür am Besten anzunehmen wäre. In meinem Gutachten ist dafür ein Zeitraum von fünf Jahren vorgeschlagen. Für diese Versammlung kann es sich nur darum handeln, principiell festzustellen: daß diese Decharge erst nach einem gewissen Zeitraum ertheilt werden kann und daß bis zum Ablauf dieses Zeitraums die Gründer verantwortlich bleiben. — Wenn es sich nun frägt, wofür die Gründer verantwortlich sind, so kann hierfür selbstverständlich nicht entscheidend sein, was der einzelne Gründer dem einzelnen Actienerwerber gesagt hat.

Vielmehr bedarf es der öffentlichen Mittheilung der für das prospicirte Unternehmen entscheidenden Voraussetzungen. Diese stellen die dicta promissa dar, für welche die Gründer haften. In Betreff der Art dieser Aufstellung ist von anderer Seite proponirt worden, zu diesen Mittheilungen das Handelsregister zu benutzen und den Gründern die Pflicht aufzuerlegen, zu demselben anzuzeigen, welche Verträge geschlossen sind resp., daß andere, als die angegebenen, nicht geschlossen sind. Ich neige mich nicht zu dieser Annahme. Einmal erscheint es mir nicht correct, die Handelsregister-Eintragung als das Mittheilungsorgan der Contractsbedingungen zwischen den Prospectanten und dem Actienverein zu benutzen. Die Publication im Handelsregister vermittelt die Beziehungen zwischen dem Actienverein und denjenigen Dritten, die mit ihm in Beziehung treten und der Verein haftet Dritten für das, was er publicirt hat. Mit den internen Beziehungen zwischen dem Actienverein und den Prospectanten hat diese Publication aber nichts zu thun. Sodann werden die Handelsregister-Eintragungen doch nur summarisch das zum Handelsregister Angemeldete wiedergeben können und nur durch genaue Durchlesung der zum Handelsregister mitgetheilten Verträge für den Kundigen verständlich sein. Gegenüber diesem für das größere Publikum unzulänglichen Orientirungsmittel haben die Prospectanten ganz andere, schneller und entscheidender wirkende Anpreisungsmittel.

Ich entscheide mich daher für Aufstellung dieser dicta promissa in besonderen, durch die Gesellschaftsblätter zu veröffentlichenden, von den Gründern zu unterschreibenden Prospecten.

Man erkennt im Allgemeinen den Satz: „Die Gründer sollen verantwortlich sein", als richtig an. Aber mit diesem allgemeinen Satz ist für die Gesellschaft noch nichts gewonnen! Wir müssen fragen: „Wem sollen sie verantwortlich sein?" Und da kann nach der ganzen Tendenz meiner Ausführungen nicht zweifelhaft sein, daß ich das entscheidende Gewicht darauf lege, daß sie dem Actien*verein* verantwortlich sein sollen. Ich will nicht bestreiten, daß subsidiarisch auch die einzelnen Actionäre das Recht haben sollen, diese Verantwortlichkeit geltend zu machen, aber nur dann, wenn der Actienverein die Geltendmachung dieser Verantwortlichkeit abgelehnt hat. Andernfalls werden Sie nur neue Wege der Corruption schaffen, auf denen der Gründer die Wissenschaft des einzelnen Actionärs privatim abfindet und der Actienverein an seinen Gebrechen fortkrankt.

Eminent practisch wird die Sache hauptsächlich für die sogenannten Einbringegesellschaften. Was geschieht denn heute? Man emittirt ein Actiencapital auf Grund eines Preises, den die Gründer anscheinend als Kaufpreis für ein eingebrachtes Etablissement bewilligen und der sich in Wahrheit aus dem wirklichen Kaufwerth desselben zuzüglich der aus dem Actienerlös dem emittirenden Bankhause und den Gründern und draußenstehenden Gründungsgenossen zu bewilligenden Summen zusammenstellt. — Wenn man nun einen Prospect für nothwendig erachtet, wenn man gesetzlich den Unterschied zwischen einem Kauf oder einer Einbringung zu dem wirklichen Erwerbspreise und demjenigen Gesellschafts-Abkommen, durch welches besondere Vortheile für Gründer und Gründungsgenossen unter dem Schein eines Kauf- resp. Erwerbsvertrages verborgen werden, präcisirt, wenn man den Actienverein für berechtigt erklärt, die unter dieser Maske verhüllten und ihm aufgebürdeten Summen von den Gründern und denjenigen, die sich mit diesen verbunden haben, zurückzufordern, so wird man meines Erachtens ein klares Verantwortlichkeitsprincip aufgestellt haben, welches auch widerstandsfähig bleibt, wenn selbst der erfinderische Geist Einzelner andere Betrugsformen aufsuchen sollte als die bisher angewendeten. Hand in Hand damit wird allerdings gehen müssen, daß man behufs Ermittlung der Hergänge den Grundsatz freier Beweiswürdigung aufstellt. Dieser Grundsatz ist für eine gesunde Handhabe des Rechts nicht mehr zu entbehren, am allerwenigsten da, wo der Schutz gegen Simulationen in Frage kömmt.

Die Zeit wo ein bestimmter Vertragswillen sich nur in einer bestimmten Rechtsform ausdrücken konnte und jede andere Rechtsform nur einen anders gearteten Rechtswillen zur Grundlage haben konnte, ist längst vorüber. Den wahren Willen unter dem pallium einer täuschenden Vertragsform aufzufinden, ist eine Aufgabe, welche unsere Richter zur Zeit der Wucherverbote gelöst haben und noch heute im Concursprocesse lösen.

Von dem vorgeschlagenen Prospect verspreche ich mir auch in praktischer Beziehung gute Erfolge. Er wird einmal das Gefühl der Verantwortlichkeit unter unseren Geschäftsleuten verschärfen. Dieselben werden es sich sehr überlegen, ehe sie ihren Namen für Jeden und für alle Zeit kenntlich mit unreifen oder gar zu flagrantem Schiffbruch verurtheilten Unternehmungen verknüpfen.

Zum Theil haben sie sich bisher vor der Mitwirkung nicht gescheut, weil es für sie möglich war, vollständig im Hintergrund zu bleiben. Man köderte wohl mit ihren Namen, aber ihre Betheiligung und moralische Verantwortlichkeit war nicht greifbar und sie wurde häufig geläugnet, ohne daß ein Beweis möglich war.

Wir wollen doch das Kind nicht mit dem Bade ausschütten. Es handelt sich um eine Gesellschaftsklasse, die als solche wie jede andere Ehrgefühl und das Verlangen äußeren Ansehens hat. Es gilt nun als Ehre des Bankiers, daß dem Publikum nichts offen unter seinem Namen offerirt wird, womit dasselbe Schaden leidet.

Wenn man entgegnet, daß man nichtssagende Namen als Gründer vorschieben werde, so wird ein Unternehmen in Betreff seiner Unsicherheit genügend charakterisirt, wenn Personen von Belang die Verantwortlichkeit scheuen und sich nur sieben Unbekannte dazu bereit finden. Sodann wird der obligatorische Prospect den anonymen verdrängen. Die Prospectanten werden sich darüber schlüssig zu machen haben, ob sie außer den gesetzlich nothwendigen Angaben des Prospects noch besondere zur besonderen Förderung des Unternehmens machen wollen und werden, falls sie solche machen, auch für deren Richtigkeit haften müssen. Scheuen sie sich hiervor, so werden sie auf eine wirksame Pronunciation dieser besonderen Lockungsmittel verzichten müssen, da gegenüber einem unterschriebenen Prospecte, der in dieser Beziehung schweigt, ein nachträglicher anonymer doch kaum von Wirkung sein und nur Verdacht erwecken könnte. — Ich habe in meinem Gutachten die Consequenz dieser Grundsätze nur insbesondere für die sogenannten „Actienfabriken“ — um mich in der Terminologie des Herrn Referenten auszudrücken — gezogen. Es liegt aber gar kein Hinderniß vor, dieses Constructionsverhältniß derartig zu generalisiren, daß es auch für die reinen Finanzgesellschaften gilt, daß die Projectanten dafür haften, daß das Kapital voll gezeichnet ist und die angegebenen Einzahlungen zur Gesellschaftskasse wirklich geleistet sind.

Wenn das hier aufgestellte Erforderniß der Verantwortlichkeit seitens derjenigen Kreise, aus denen sich die Gründer zu ressortiren pflegten, als zu weitgehend gefunden worden ist, wenn insbesondere auch sehr achtungswerthe Leute behauptet haben, daß dann keine respectable Firma mehr gründen könne, so beweist dies nur, daß auf diesem Gebiete in Folge der Lücken des Gesetzes sehr befremdliche Anschauungen eingerissen sind. Als wenn es ein Vorrecht gerade der respektablen Leute wäre, für ihre Handlungen nicht verantwortlich zu sein! — Man stellt sich die Sache als eine Zusammenkunft dar, bei welcher man in einem möglichst geräumigen Saale eine möglichst gute Cigarre raucht, und der ganze Kreis der Thätigkeiten mit der Annahme einer möglichst großen Provision abgeschlossen wird. — Niemand hat daran gezweifelt, daß die Projectanten den Subscribenten für ihre Angaben hafteten, wenn, wie früher, die Actiengesellschaften im Wege des Projects und der Subscription zu Stande kam. — Und es soll nun etwas Unerhörtes sein, wenn man darauf bedacht ist, daß bei der veränderten Entstehungsart der Gesellschaft die Projectantenverantwortlichkeit gewahrt bleibt? —

Es ist von dem Herrn Referenten angeregt worden, ob es nicht zweckmäßig sei, je nach der wirthschaftlichen Art der einzelnen Unternehmungen für die einzelnen Kategorien der Actiengesellschaften Special-Bestimmungen zu erlassen. So plausibel dies auch erscheinen mag, so muß ich doch gestehen, daß ich es für den Gesetzgeber für unausführbar halte. Das Prinzip ist schon wiederholt aufgestellt worden, aber von praktischen Vorschlägen ist es bisher noch nicht begleitet worden. Was die fundamentalen Constructions- und Functionirungsbedingungen anlangt, so sehe ich zu einer Individualisirung keinen Anlaß. Will der Gesetzgeber darüber hinaus individualisiren, so führt dies auf eine Reihe von Normalstatuten und zur Reglementirerei. Auch besitzen wir kein Mittel, die Gesellschaften derartig zur Individualisirung ihrer Zwecke an- und von der Verbindung mehrerer Zwecke abzuhalten, daß durch die Unterstellung unter eine gesetzliche Specialität wirklich die Einhaltung des für den thatsächlich verfolgten Gesellschaftszweck Angemessenen garantirt werden kann.

Gegenüber dieser meiner Auffassung glaube ich nicht inconsequent zu sein, wenn ich verschiedene Normen für die Construction der Entstehung der Gesellschaft angewendet wissen will, je nachdem es sich um reine Finanzgesellschaften oder um Einbringegesellschaften handelt. Hier handelt es sich nicht um Varietäten der Gesellschaftszwecke, sondern um Varietäten der Gründungsverträge. — In Betreff der Erfordernisse eines Organs, welches die Geschäftsführung revidirt und der Sicherung von Individualrechten der Actionäre befinden sich Herr Prof. Behrend und ich im Wesentlichen in Uebereinstimmung. Es kann darüber ein Bedenken obwalten, ob man expreß aussprechen muß, daß der Revisor für Säumniß in seinen Pflichten haftbar ist. Meines Erachtens haftet er schon nach allgemeinen juristischen Grundsätzen zum Mindesten für diligentia quam suis.

Ich würde es aussprechen, schon um zu dem Ziele zu gelangen, daß, wenn Private die Uebernahme des Amtes weigern sollten, der Staat auf Anrufen die Revisoren bestellt, wobei es sich doch der Prüfung lohnen dürfte, ob dem Staate nicht in den gerichtlichen Bücherrevisoren und Concursverwaltern ein bildungsfähiges Material für die Uebernahme der gedachten Geschäfte zur Verfügung steht.

Was das Individualrecht betrifft, so schrecke ich nicht davor zurück, daß jeder Actionär die ihm statutarisch eingeräumten Rechte, die jura singulorum, selbstständig auch gegen den Willen der Majorität und auch in Fällen, in denen der Majoritätsbeschluß für den Gesellschaftszweck entsprechend ist, geltend machen kann. Er muß also den ihm statutarisch zugesicherten vollen Dividendenbetrag fordern können, selbst wenn die Majorität die Zurückbehaltung eines Theils als Dividendenreserve beschließt. Hier muß man den principiellen Gesichtspunkt festhalten. — In noch höherem Grade muß dieses Individualrecht da gelten, wo es sich um Herbeiführung durch das Gesetz gebotener Maßnahmen resp. um die Beseitigung vom Gesetz verbotener Maßnahmen handelt. — Im Uebrigen hat, wer Actionär ist, sich in ein Verhältniß eingelassen, bei welchem er nur als Factor bei der Majoritätenbildung in Betracht kommt. — Ist seine Stimme durch die Ma orität absorbirt, so kann er sich nach dieser Richtung hin nicht beklagen. Ihm ist sein Recht widerfahren. Wesentlich im Zusammenhange steht hiermit das Postulat des Verbotes und der Strafe für Verfälschung dieses Majoritätsverhältnisses. Diese Bestimmung existirt im französischen Gesetz seit 1867. Ich bemerke übrigens, daß mir kein Fall bekannt geworden, in welchem von dieser Strafvorschrift Anwendung gemacht wäre. Ich erwähne dies, um zu beweisen, daß man sich von dem, was eine Reform der Gesetzgebung leisten kann, nicht zu viel versprechen und ihr daher nicht zuviel zumuthen soll. Wenn aber, soweit nicht wider das Gesetz gehandelt ist oder statutenmäßige Rechte der Einzelactionäre verletzt werden, im Princip die Majoritätsherrschaft gilt, so wird hierdurch das Recht der Minoritäten, eine Untersuchung zur Aufdeckung von Mißbräuchen, Gesetz- und Statutenwidrigkeiten zu verlangen, nicht ausgeschlossen. Daß dieses Recht etablirt werden muß, darüber herrscht allseitiges Einverständniß. Ich erachte den Richter, der den individuellen Verhältnissen näher steht und die Mittel eidlicher Vernehmung in Händen hat, für diese Untersuchung, der doch wohl ein kurzes contradictorisches Verfahren vorausgehen muß, für geeigneter als staatliche Controllämter.

Der Staat wird die darin liegende Wiederaufbürdung einer Staatsaufsicht in nur unvollkommener, weil der Continuität entbehrender, Art als eine Last empfinden.

Da hier gerade vom Richter die Rede ist, so will ich noch mit einigen Worten auf den Vorschlag des Referenten zurückkommen, wonach der Register-Richter die in den Prospecten anzugebenden erheblichen Thatsachen je nach der Art des Unternehmens im einzelnen Falle bestimmen soll. Die große Verlegenheit der Gesetzgebung, bestimmte Contenta aufzustellen, hat häufig dazu geführt, dem freien individuellen Ermessen des Richters einen gar zu großen Spielraum einzuräumen. Das ist doch dann nur eine Art Versteckenspielen. Wenn man Jemandem Facultäten auf Gebieten einräumt, auf welchen er nach seiner Stellung nicht Herr des Materials sein kann — es handelt sich nicht um eine Prozeßentscheidungsthätigkeit, bei welcher die Initiative jeder der Parteien Material bringt und zugleich das Correctiv des Materials der Gegenpartei enthält — so übt er einfach die Facultäten nicht aus. Deshalb bin ich auch principiell gegen jedes freie Ermessen des Registerrichters, nach welchem er trotz Erfüllung aller Formalien die Eintragung versagen kann. Mit diesen principiellen Vorschlägen erschöpft sich das, was ich als Aufgabe der Gesetzgebung erachte.

Es erhebt sich hier die fernere Streitfrage, ob es nach Ordnung dieser Fundamentalgrundsätze für Construction und functionellen Kreislauf der Actiengesellschaften noch Sache des Gesetzgebers sein soll, besondere Eingriffe in die Pactirfreiheit auszuüben, ob es insbesondere zweckmäßig ist, zu verordnen: „Es kann die Gesellschaft den Einzelnen nicht nach Einzahlung von 40% entlassen und Interimsscheine auf den Inhaber ausgeben; es kann keine neue Emission von Actien eintreten, ehe nicht die erste Emission voll eingezahlt ist; es kann Niemand Verwaltungsrath einer Gesellschaft sein, wenn er es noch in so und so vielen anderen Gesellschaften ist; es kann Jemand unfähig erklärt werden, Aufsichtsrath zu werden ꝛc." Ich verneine diese Frage. Die Gesetzgebung kann, abgesehen davon, daß sie gesunde Constructionsbedingungen schafft, auch mit dem besten Willen für Verhütung unsolider Gesellschaften nicht entfernt so viel wirken, als das Entstehen resp. die Vermehrung wirklich loyaler und anständiger Actiengesellschaften wirkt.

Hier scheint es mir gewagt, aus den Resültaten von zwei oder drei Jahren ein Restrictivsystem zu schaffen und zu sagen: „Die Quellen der Uebelstände sind gestopft."

Durch solche Cautelen behaftet man nur die Unternehmungen constant mit dem Makel der Verdächtigkeit und schreckt anständige Leute von der Initiative zurück. Ich warne davor, daß man sich auf den Standpunkt stellt: „das Actiengesellschaftengründen muß als nothwendiges Uebel geduldet werden, aber es ist und bleibt ein despectirliches Geschäft"; und ein System schafft, welches im Anklang an einen bekannten Strafgesetzparagraphen mit den Worten anfängt: „Wer den polizeilichen Vorschriften zuwider gewerbsmäßig — Actiengesellschaften gründet oder verwaltet." Ich finde keinen Rechstitel, auf den hin man dem Mitgliede eines Organs, welches für die Gesellschaft die wirkende Kraft ist und auf welchem bei sorgfältiger Führung der Geschäfte eine ganz erhebliche Thätigkeit lastet, ein angemessenes Aequivalent seiner Thätigkeit Jahre hinaus nach These 15 versagen will. Der Gesetzgeber würde sich in einen eigenthümlichen Widerspruch verwickeln, wenn er Bestimmungen erläßt, welche eigentlich sagen: „Ihr seid alle Spitzbuben und in Folge dessen muß ich Eurer habsüchtigen Neigung wenigstens für die ersten drei Jahre der Gesellschaft einen Riegel vorschieben", und doch bemüht sein will, redliche und gewissenhafte Leute für diese Mitgliedschaft heranzuziehen resp. die Leute zu dieser Redlichkeit und Gewissenhaftigkeit zu erziehen.

Die Forderungen des Verbots der Gründervorrechte bei neuen Emissionen und der Liberirung der Zeichner nach Einzahlung von 40 Procent, das ist: der Negotiabilität der Actie vor ihrer Vollzahlung, entstammen der Hoffnung, damit der verderblichen Agiotage zu steuern. — Nach meiner Auffassung muß sich der Gesetzgeber bei der Reform des Gesetzes von der Rücksicht auf dieses Uebel so viel als möglich frei machen. Dasselbe kann nur vom pathologischen Standpunkt aus Gegenstand einer fruchtbringenden Beurtheilung sein.

In jedem Menschen liegt ein Stück Einbildungskraft, meist im gewöhnlichen Tagesverkehr unbethätigt, das unter günstigen Umständen bis zu einem gewissen Grade erhitzt werden kann, und je weniger hoch die Gesichtspunkte des Einzelnen sind, desto leichter und stärker geschieht diese Erhitzung zum Zwecke der Ausmalung eignen Vortheils. In gewöhnlichen Zeiten werden Ausschreitungen dieser Einbildungskraft und insbesondere Einwirkungen derselben auf das Gebiet des Handelns durch die Intelligenz niedergehalten.

Unter besonders dazu geeigneten Umständen treten aber diese Einbildungskrankheiten intensiver und mit contagiöser Wirkung auch auf an sich widerstandsfähigere Intelligenzen auf. Dagegen helfen keine gesetzgeberischen Präservativmittelchen. Glauben Sie doch nicht, daß in solchen Zeiten es eine Barriere ist, wenn der Zeichner Vollzahlung leisten muß, ehe er das negociable Papier erhält, wenn Vollzahlung der alten Actien der Ausgabe junger vorausgehen muß. Das Geld ist sofort da, und sie veranlassen nur, daß die Gesellschaftskasse mit Fonds gefüllt ist, die sie zum Betriebe noch gar nicht braucht und für die sie Dividende geben muß. Im Augenblicke wird wegen des eingezahlten Betrags, ob 40, ob 100%, den ersten Einlegern von den Erwerbsgierigen der Ersatz geleistet.

In den flagrantesten Fällen der jetzt hinter uns liegenden Gründungs-Periode war das ganze Actiencapital bereits von den Gründern auf die sogenannten Consortialen, welche einen Verkauf mit Gewinn hofften, abgewälzt, noch ehe es überhaupt gezeichnet, resp. die Actiengesellschaft gegründet war.

Zur Zeit des sogenannten Südseeschwindels in England forderte eine Gesellschaft zu Betheiligungen auf ein Unternehmen, welches große Vortheile brächte, von welchem aber Niemand wissen dürfe, was es sei, auf. Jeder Subscribent, der 2 Pfund pro Actie deponirte, sollte zu 100 Pfd. berechtigt sein. In 5 Stunden waren 2000 Pfund deponirt. — Gegen solche Dinge kann, um es drastisch auszudrücken, nur der Irrenarzt helfen.

Bei den sogenannten Einbringegesellschaften hat das Verbot der Negociabilität der Actien vor Vollzahlung gar keinen Zweck. Hier sind die Actien immer vollgezahlt, oder, was hier dasselbe sagen will, gar nicht baar bezahlt.

Der Inserent inserirt meist für einen dem Actiencapital gleichkommenden Preis und ist verpflichtet, statt Geld Actien zu nehmen. Die Gesellschaft überweist ihm die Rechte aus den Zeichnungen an Zahlungsstatt und hat damit die Kaufgeldforderung befriedigt. Sie übergibt ihm, da durch diese Quittung über den Kaufpreis das ganze Actiencapital belegt ist, die ausgefertigten Vollactien und er und die ersten Zeichner verkaufen dieselben je nach der Art des unter ihnen getroffenen Abkommens für gemeinschaftliche Rechnung an das Publikum.

Will man die Agiotage verhindern, so müßte man die Inhaberpapiere überhaupt aufheben und würde schließlich bis zur Consequenz der Schließung der Börsen kommen müssen.

Nicht gerade die Actie, sondern jedes von Hand zu Hand übertragbare Papier dient der Spiellust. Viel wichtiger als ein derartiges vergebliches Experimentiren ist es, daß der Gesetzgeber bei der Regelung der Materie einen festen principiellen Standpunkt einnimmt. Begeht er einmal Eingriffe in die individuelle Pactirfreiheit, so wird er noch unzählige anscheinend für den Augenblick zweckmäßige Einschränkungen anordnen können. Ich will dem Staat das Recht nicht verschränken, wenn eine derartige Agiotagekrankheit sich bis zu einer das öffentliche Wohl aufs Aeußerste gefährdenden Weise steigert, ebenso wie er die Entwickelungsstätten von Miasmen abbrechen lassen kann, gewisse Geschäfte zeitweise zu verbieten, resp. die geschlossenen mit Nichtigkeit zu behaften.

Den Rechtsanspruch hierauf soll er aber nicht durch gesetzgeberische Präservativversuche verzetteln. Hier giebt es nur den einen Trost, daß nach den gemachten Erfahrungen derartige Krisen im Laufe der Jahrhunderte allmählich immer an Heftigkeit abgenommen haben.

Man hat das Verbot der Entlassung der Zeichner nach Zahlung von 40% noch damit begründet, daß nur durch die Vollhaftung der ersten Zeichner den Actiengesellschaften das zur Durchführung des Unternehmens erforderliche Grundkapital gesichert werde und daß doch eine juristische Anomalie darin läge, die Vollzeichnung des Capitals behufs Begründung der Gesellschaft als Erforderniß aufzustellen und sodann doch wieder eine Entlassung davon zuzulassen.

Die Frage ist und bleibt aber doch die, ob man den Gründern eine solche Verpflichtung, selbst für das Vorhandensein des ganzen zur Durchführung des Unternehmens in seiner vollständigsten Entwickelung vorausgesetzten Kapitals zu haften, also sich für diese ganze Zeit persönlich an das Unternehmen zu binden, auferlegen will. Ausgegangen sind wir davon, daß, was die Gründer in dieser Beziehung thun, sie cautionis modo thun. Eine richtige Vertheilung von Lasten und beneficium unter die beiden Contrahenten wird doch auch hier billig sein.

Ein tieferes Eingehen in diese Details dürfte kaum im Interesse dieser Versammlung liegen.

Wenn Sie sich über die wirthschaftliche Seite der Sache schlüssig gemacht haben, so werden Sie bezüglich der juristischen, sofern Sie den Reformvorschlägen in Betreff der Constructionsart der Gesellschaft, ihrer obligatorischen Organe und der Individualrechte der Einzelactionäre beistimmen, sich nur noch die Frage vorzulegen haben, ob der Gesetzgeber darüber hinaus Eingriffe in die Pactirfreiheit vorzunehmen hat. Bejahen Sie diese Frage im Prinzip, so möchte ich, da alles Uebrige tief in das juristische Detail eingeht, anheimgeben, blos auszusprechen, daß sich diejenigen Mißstände gezeigt haben, deren Hebung die Thesen 15, 28, 30, 31 des Herrn Referenten bezwecken und daß die in denselben aufgestellten Reformanträge bei einer Aenderung des Gesetzes in Erwägung zu ziehen sind. (Lebhafter Beifall.)

Generaldebatte.

Banquier A. Samter (Königsberg i. Pr.): Meine Herren! Sicherlich ist bei Begründung der Actiengesellschaften viel gesündigt worden, aber ich warne Sie, von einem Extrem in das andere zu fallen und die Actiengesellschaften jetzt, nachdem man bei ihnen alle Zügel hat schießen lassen, so einzuengen, daß Niemand mehr wird Actiengesellschaften bilden können oder bilden wollen. Ich bitte zu beachten: die ganze Frage in Bezug auf Actiengesellschaften ist eine mehr theoretische. Sobald werden sich keine Actiengesellschaften bilden, und wenn wir die Bildung von Actiengesellschaften zu sehr beschränken würden, kann es sich sehr leicht ereignen, daß wir den Wunsch haben, daß sich Actiengesellschaften bilden möchten, und es werden sich keine Actiengesellschaften bilden, weil die Gesetzgebung ihrer Entstehung hinderlich ist.

Etwas Anderes ist es, wenn wir uns principiell damit beschäftigen wollen, speciell ob es wünschenswerth ist, die Bildung von Actiengesellschaften für Verkehrsanstalten zu begünstigen, oder ob man letztere von den Actiengesellschaften ausschließen soll. Ich bin ein enragirter Freund von Staatsbahnen, und habe diese Ansicht selbst vertreten zu einer Zeit, wo es eigentlich verpönt war, dem Staate zu viele Macht zugesprochen zu sehen. Aber, meine Herren, wenn der Staat nun einmal nicht Bahnen bauen kann und will, oder wenn für eine Commune die Nothwendigkeit eintritt, eine Wasserleitung zu haben, und wenn sie diese Wasserleitung weder bauen kann noch will, — soll es dann einer Actiengesellschaft verwehrt werden, diesen Bau in die Hand zu nehmen? Das wird auch der Herr Referent nicht wollen!

Die Sache stellt sich vollständig so: wenn der Staat Eisenbahnen bauen will, so mag er sie doch bauen, denn dann verbietet sich ja das Bauen durch Privatgesellschaften von selbst. Wenn heute eine Stadt eine Wasserleitung bauen will, so lassen Sie sie doch einrichten, dann wird sich die Bildung einer Actiengesellschaft von selbst verbieten. Wir können also wohl den Wunsch aussprechen, daß die Städte, Kreise und Provinzen die lokalen Unternehmungen selbst in Angriff nehmen, aber wir können uns nicht zu dem Extrem versteigen und sagen wollen, daß Actiengesellschaften dergleichen Unternehmungen nicht in die Hand nehmen sollten, wenn die Städte sie auszuführen nicht im Stande sind. Es ist daher erforderlich, daß die Gesetzgebung in dieser Beziehung auf dem bisherigen Wege verharre.

In Bezug auf die vorgefallenen Mißbräuche bin ich fest überzeugt, daß es zwei Hülfsmittel giebt, die zu einer soliden Grundlage des Actiengesellschaftswesens ausreichend sind, das ist die Oeffentlichkeit und die Verantwortlichkeit! Führen Sie überall da, wo es nöthig und angebracht ist, Oeffentlichkeit ein; führen Sie vollständige Verantwortlichkeit ein, und Sie werden das gethan haben, was der Gesetzgeber zu thun im Stande ist! — Vor einem dritten, von dem Herrn Referenten vorgeschlagenen Mittel, vor Staats- und Verwaltungseinmischung, möchte ich warnen. Der Herr Referent hat selbst gesagt, daß in Oesterreich von den Actiengesellschaften wo sie concessionirt sind eher noch mehr gesündigt ist, als hier in Deutschland wo sie freigegeben waren. Wir wissen Alle, daß die Einmischung von Seiten der Verwaltung so viel wie gar nichts nützt, im Gegentheil: der Staat hat eine große Verantwortlichkeit auf sich zu nehmen, die er auszuführen nicht im Stande ist. Ich werde mit wenigen Worten nachweisen, daß die Oeffentlichkeit und Verantwortlichleit vollständig ausreichend sind, das zu erfüllen, was der Gesetzgeber zu thun hat.

Der Hauptübelstand bei der Gründung von Actiengesellschaften war der Umstand, daß Gründer, Aufsichtsrath und Generalversammlung alles dieselben und nur wenige Personen waren. Fünf Personen traten zusammen und machten eine Einlage, sagten: „Wir sind die ersten Actionäre und wählen uns einen Aufsichtsrath!“ und damit war die Sache gemacht. Das ist, meine Herren, eine Farce, zu der sich die Gesetzgebung nicht hergeben lassen kann. Es wird die erste Erforderlichkeit sein, daß eine bestimmte Zahl von Personen festgestellt wird, welche eine Actiengesellschaft bilden und einen Aufsichtsrath wählen können. Sich selbst zu wählen ist ein vollständiger nonsens. Ich würde vorschlagen, daß mindestens zwanzig Personen erforderlich sind, um eine Actiengesellschaft bilden zu können. Sie werden sagen: „Das hilft nichts.“ Ja; umgangen kann Alles werden! Aber ich weiß aus Erfahrung, wie schwer es oft ist, 7 Aufsichtsräthe zusammenzubringen; wenn es sich darum handelt, 20 Personen zusammenzubringen, so wird die Sache sehr erschwert; 5 Personen mögen leicht etwas unter sich ausmachen, wenn es aber 20 sind, dann ist es schon sehr schwer, ein Geheimniß als solches zu bewahren. Werden, wie es erforderlich ist, die Namen veröffentlicht, dann wird man auch erkennen können, ob es nur Strohpuppen waren, die bei der ersten Generalversammlung tagten.

Ferner ist die Verantwortlichkeit nothwendig! Was über den Prospect vom Herrn Correferenten gesagt ist, ist durchaus zutreffend. Ein Uebelstand ist, daß die Direktoren gar nichts von dem wissen, was bei der Gründung vorgegangen ist.

Machen Sie die Direktoren und die Aufsichtsräthe verantwortlich, und Sie können sicher sein, daß den bisher vorgekommenen Mißbräuchen schon ein bedeutender Hemmschuh vorgelegt ist. Auch daß es schon genügt, wenn 3 Personen im Aufsichtsrathe sind, auch das halte ich für vollständig falsch. Actiengesellschaften, die über Millionen gebieten, können nicht durch 3 oder 5 Personen geleitet werden. Es ist erforderlich, die Personenzahl mit der Größe des Capitals ins Einvernehmen zu setzen. Ebenso ist es nöthig, daß die Aufsichtsräthe an dem Actiencapital mit einer angemessenen Quote betheiligt sind. Meine Herren! Ich kenne Actiengesellschaften, die 700 — 800 Tausend Thaler Actiencapital haben, und die Aufsichtsräthe haben je Tausend Thaler in Actien. Ja, dann wundern Sie sich auch nicht, wenn die Aufsichtsräthe sehr légère über die Verwaltung hinwegsehen! —

Der letzte Punkt ist der Schutz der Actionäre:

Von einer Beaufsichtigung seitens der Verwaltung verspreche ich mir herzlich wenig. Die Minorität kann besser geschützt werden, wenn eine Bestimmung aufgestellt wird, nach welcher eine gewisse Quote des Actiencapitals an der Revision theilzunehmen das Recht hat. Die Gründer, die Actionäre und die Aufsichtsräthe sind oft alles dieselben Personen und wählen auch die Revisoren. Dieselben gewähren also wenig Schutz.

Wenn Sie heute der Minorität das Recht einräumen — der Herr Referent hat von 5 % des Actiencapitals gesprochen — wenn Sie der Minorität das Recht einräumen, bei der Revision, die vier Wochen vor der Generalversammlung stattzufinden hat, gegenwärtig zu sein, dann weiß die Minorität, was passirt und kann ihr Recht wahrnehmen. Erst dann bekommt das Klagerecht der Actionäre, das zu statuiren ist, seinen praktischen Werth.

Correferent Justizrath Wiener (Berlin) (zur Geschäftsordnung): Ich möchte der geehrten Versammlung anheimgeben, ob die Generaldebatte nicht nach einigen prinzipiellen Gesichtspunkten geführt werden kann. Der Herr Vorredner hat schon sehr viel in's Detail eingegriffen. Es handelt sich doch um drei Fragen prinzipieller Natur:

1) Will die Versammlung vom wirthschaftlichen Standpunkte aus es für erforderlich erklären, daß in Betreff der öffentlichen Unternehmung durch Initiative des Staats und der Gemeinden eine Einengung der Unternehmungsform der Actiengesellschaft erfolgt?
2) Will sie die Unternehmungsform der Actiengesellschaft für bestimmte Kategorien von Unternehmungen, insbesondere für sogenannte Gründungsbanken, für unanwendbar erklären?
3) Welche Hauptgrundsätze will sie bei der Reform des Actiengesellschaftsrechts zur Anwendung gebracht wissen?

Vorsitzender Prof. Dr. Gneist: Ich glaube, bei einer solchen zusammengesetzten Frage ist die Generaldebatte unerläßlich. Wir müssen dafür Jedem möglichst weiten Spielraum lassen.

Dr. Eras, Secretär der Handelskammer Breslau: Meine Herren! Die Aufforderung Ihres Ausschusses zur Gründung eines Vereins für Social-Politik ist auch an die Handelskammer zu Breslau gelangt, ungefähr zu derselben Zeit, wo durch den Buchhandel Ihre Gutachten auch uns zugänglich gemacht wurden. Die Breslauer Handelskammer hat aus diesen Gutachten wichtige Fingerzeige für die Beantwortung des Ministerialerlasses vom 28. Mai d. J. geschöpft, welcher sich mit einer Reform des Actienwesens beschäftigt. Ich glaube aussprechen zu dürfen, daß ebenso andere Handelsvorstände den lebhaftesten Dank für diese Unterstützung in ihren Arbeiten empfunden haben werden und knüpfe daran nun die Mittheilung, daß die Handelskammer es für nothwendig erachtet hat, dem Vereine beizutreten, um hier, indem sie sich vertreten läßt, von dem bei den Debatten zu Tage geförderten Material zu profitiren, andererseits aber auch, weil sie wünscht, in einem Vereine, der in so ausgezeichneter Weise es verstanden hat, seine Interessen zur Geltung zu bringen, ihre practischen Ansichten über die debattirten Fragen nicht ganz unvertreten zu lassen. Gestatten Sie mir also, Ihnen mitzutheilen, welche Stellung die Kammer zu den Fragen einnimmt, um die es sich bei den Thesen des Herrn Referenten handelt. Was zunächst den ersten Abschnitt der Thesen betrifft, so kann ich nicht umhin, eine ganz kurze theoretische Auseinandersetzung voranzuschicken. Ich möchte Ihnen mittheilen, daß die Handelskammer zu Breslau, die von Anfang an Mitglied des volkswirthschaftlichen Congresses gewesen ist und von der man deshalb vielleicht glauben könnte, daß sie auf dem Standpunkte des sogenannten Manchesterthums stehe, sich doch keineswegs zu dem Principe des reinen laissez faire, laissez aller bekennt. Man kann das nicht, sobald man sich überhaupt auf eine Gesetzgebung einläßt. Wenn man z. B. die Gewerbeordnung nicht einfach abgeschafft, sondern reformirt wissen will, so negirt man schon diesen Standpunkt! (Bravo!) Die Ansicht der Kammer ist immer dahin gegangen, daß man keinenfalls vom Freihandelsstandpunkt aus die Intervention des Staates abzulehnen habe, sondern daß man in jedem speciellen Falle untersuchen müsse, ob die Intervention des Staates mit Erfolg zur Erreichung des Zieles angestrebt werden kann! Das ist der Standpunkt der Handelskammer zu Breslau, und ich darf Ihnen wohl gleichzeitig mittheilen, es ist auch mein persönlicher Standpunkt, wenn ich auch vielleicht nach einigen literarischen Jugendsünden! (Großer Beifall!) eine etwas andere Richtung habe vermuthen lassen.

Nun kann ich mich aber gerade von diesem Gesichtspunkte aus nicht zu der These 1 des Herrn Referenten bekennen. Ich halte es zunächst nicht für wünschenswerth, daß man über eine so wichtige Frage, wie die Intervention des Staates, hier bei Gelegenheit der Debatte über das Actienrecht so en passant, Beschlüsse faßt. Ich glaube nicht, daß die Frage hinlänglich vorbereitet ist und ich halte ihre Erledigung heute nicht für nothwendig. Mit einer Ausdehnung der öffentlichen Unternehmung, die vielleicht aus anderen Gründen hier und da angezeigt wäre, würde eine Einengung der beim Actienbetriebe beobachteten Mißstände nicht erreicht werden. Man hat in letzter Zeit wohl über keine Eisenbahnunternehmung so viel debattirt, als über die Bahn Breslau-Warschau, und diese Gründung fällt nicht unter das Gesetz vom 11. Juni 1870. Thatsächlich sind auch die meisten Gründungen, bei welchen Excesse vorkamen, weder Gründungen von Gasanstalten noch von Transportanstalten und ähnlichen Unternehmungen. Ich glaube also, es liegt kein rechter Grund vor, hier an dieser Stelle auszusprechen: die öffentliche Unternehmung muß mehr als bisher ausgedehnt werden. Es fehlt die eigentliche Unterlage aus den gewonnenen Erfahrungen für die aufgestellte These. Principiell würde meine Auftraggeberin nicht gegen eine weitere Ausdehnung der Staatsunternehmung sein, wo dieselbe unentbehrlich erscheint. Wir haben noch neulich erklärt, möglicher Weise werde der Staat den Privatversicherungsgesellschaften Concurrenz machen und eine Versicherungskasse gründen müssen für Arbeiter mit Theileinzahlungen. Aber die Frage: wie weit soll die Staatsunternehmung ausgedehnt werden und wo ist sie am Platze? scheint mir doch ein Gebiet für sich zu bilden. So wie man heute morgen gesagt hat: wir dürfen die Frage der Arbeiterhülfskassen nicht zusammenwerfen mit der Enquête über die Fabrikgesetzgebung, so würde ich auch jetzt wünschen, daß die Debatte über die öffentliche Unternehmung von der Debatte über das Actienwesen getrennt werde.

Was die wirthschaftliche Anwendbarkeit des Actiengesellschaftsbetriebes überhaupt anlangt, — These 10 — so hat die Breslauer Handelskammer sich der Ansicht des Herrn Alexander Meyer angeschlossen. Sie hat früher erklärt, es sei nothwendig, daß man eine einengende Zweckbestimmung hinsichtlich der Errichtung von Actienunternehmungen treffe. Aber nachdem sich keine passende Formel für die Aufnahme einer solchen Clausel in das Gesetz hat finden lassen, so dürfte die Zurückführung der Gründung von Actiengesellschaften auf das zulässige Maß und auf die richtigen Branchen lediglich von der wachsenden practischen Einsicht zu erwarten sein.

Wir haben auch in unserm neuesten Gutachten uns dafür ausgesprochen, daß verschiedene Generalbestimmungen über einzelne Arten von Actiengesellschaften z. B. in Betreff der Zulässigkeit einer Einzahlung von nur 40% zu erlassen seien; wir sind aber nicht so weit gegangen, daß die Controlvorschriften für industrielle Unternehmungen andere sein müßten, als für andere Actiengesellschaften. Am meisten Werth legte die Kammer auf die in der These 14 am Schluß berührten Forderungen. Ebenso wie der Juristentag, die Kammer zu Köln und die Königsberger Aeltesten, so sind auch wir der Ansicht gewesen, daß vor allen Dingen für eine größere Publicität gesorgt werden müsse hinsichtlich der Vorgänge bei der Gründung, und man hat die Ansicht getheilt, daß, wenn man es dahin bringt, einen detaillirten Gründungsbericht zu erzwingen, ferner, falsche Angaben nicht bloß mit crimineller, sondern auch mit civilrechtlicher Verantwortlichkeit zu belegen, daß damit auch die hauptsächlichste Quelle des Unfugs, welcher mit der Actiengesellschaftsgründung verbunden gewesen, verstopft würde. Wir sind aber bei dieser Gelegenheit — der Punkt ist hier noch nicht berührt worden — auch zu der Frage gekommen, ob es wünschenswerth sei, daß in den Gründungsprospecten nicht blos die Preisangaben aus den letzten Verkäufen, wenn Illationen stattfinden, aufgenommen werden, sondern auch die aus früheren Bilanzen ersichtlichen Buchwerthe. Was dies betrifft, so hat die Handelskammer zu Breslau geglaubt, daß es sich nicht empfiehlt, den Buchwerthen nachzuspüren, welche der Privatbesitzer meist zu niedrig anzunehmen pflegt, aus

Familienrücksichten oder ähnlichen Interessen. Wollte man auf diese Zahlen zurückgreifen, so würde die Umwandlung mancher Etablissements sehr erschwert, welche sich vielleicht zu einer wirklich soliden Gründung qualificiren. Es ist dann davon die Rede, daß man im Gesetze fordern müsse, bei Industriegesellschaften alle Jahre, bei anderen alle Vierteljahre eine specificirte Bilanz vorzulegen, und andererseits sollen eine gewisse Anzahl Actionäre, wenn sie 5% des Actiencapitals repräsentiren, eine Bilanz zu fordern das Recht haben. Ich bin damit einverstanden, daß ihnen Klagerecht eingeräumt werde, jederzeit bei Verdachtsgründen die Darlegung der Geschäftslage vor dem Richter zu fordern; aber ich möchte nicht, daß einfach gesagt würde, die Repräsentanten von 5% des Actiencapitals können jederzeit die Aufmachung der Bilanz fordern.

Die Aufstellung einer Bilanz — das dürfte den Männern der Wissenschaft weniger bekannt sein — macht bei einem industriellen Etablissement große Schwierigkeiten. Um eine Bilanz aufzustellen, muß man Inventur machen und dazu bedarf es einer Stillstellung des Etablissements auf mehrere Tage und einer Anspannung des Comptoirpersonals auf mehrere Wochen. Es ist unzulässig, daß, sobald eine kleine Anzahl von Actionären es wünscht, das Etablissement in seiner Thätigkeit innehalten und zur Förderung der privaten Interessen Einzelner eine Bilanz machen muß!

Die Thesen 28 und 29 stehen im innigsten Zusammenhange. Ich glaube der Herr Referent ist mit der darin aufgestellten Forderung, daß Niemand mehr als eine gewisse Maximalzahl Stimmen haben und Niemand seine Actien während der Generalversammlung an Andere verleihen dürfe, zu weit gegangen. Ich erinnere hierbei an eine Anekdote aus Amerika, wo in den 50er Jahren ein eingewanderter sächsischer Pastor, der ein sehr bedeutender Redner, aber durch ein Brustleiden am längeren Sprechen gehindert war, sich associirte mit einem Schneider, der ein gutes Organ hatte. Er pflegte seine Predigten auszuarbeiten und der Schneider las sie dann vor. Ich sehe nicht ein, warum ein Actionär, dem die Gabe der öffentlichen Rede versagt ist, nicht das Recht haben soll, einem redegewandten Manne zu sagen: Hier hast Du die Actien, komm mit in die Generalversammlung und nimm mein Interesse wahr! — Die Thesen 28 und 29 scheinen mir daher nicht annehmbar. Ebenso weiß ich nicht, ob wir genug gute Verwaltungsrathscandidaten haben, um zu sagen: es soll Niemand mehr als 4 Verwaltungsrathsstellen zugleich bekleiden!

Die These 31 würde wieder vollständig harmoniren mit dem, was die Handelskammer zu Breslau dem Herrn Handelsminister vorzuschlagen gehabt hat. Auch wir waren der Ansicht, daß nur bei den Versicherungsgesellschaften von der Forderung der Volleinzahlung abgegangen werden kann. Es handelt sich hier um eine Specialisirung, wie denn überhaupt die wirthschaftlichen Gesetzesbestimmungen immer nur innerhalb eines bestimmten Bereiches richtige sind, den man genau abgrenzen muß. Ich erinnere in dieser Beziehung an ein Wort des Herrn Dr. Engel, was mir immer besonders zutreffend erschienen ist, und was derselbe vor einigen Jahren in Essen aussprach: „Es geht mit der Wirthschaftsgesetzgebung wie mit der Aufstellung von Integralformeln, die immer nur innerhalb gewisser

Grenzen (a/b) Anwendung finden können." Ich hege die Hoffnung, daß der Verein stets in einer dieser Erkenntniß entsprechenden Weise vorwärts gehen wird! (Beifall.)

Dr. G. Embden, Secretär der Handelskammer Hamburg: Ich möchte mich zunächst über die Gesichtspunkte, welche in Betreff des ersten Vorschlages vom Herrn Referenten geltend gemacht worden sind, aussprechen, da durch die Diskussion der Resolution I, wie der Herr Correferent mit Recht betont hat, der Zweck der General-Debatte: die wesentlichen Gesichtspunkte festzustellen, welche bei der heutigen Lage des Actienwesens die Staatsgewalt gegenüber demselben einzunehmen hat, am Angemessensten sich erreichen läßt. Unter Nr. 1 wird uns vorgeschlagen: es solle die Staatsgewalt, welche ja, wie ich nicht bezweifle, zu gewerblichen Unternehmungen verschiedener Art vollkommen berechtigt und befähigt ist, verschiedenartige gewerbliche Unternehmungen machen gerade zu dem Zwecke, um die Errichtung von Actiengesellschaften zu erschweren und ihr Gebiet einzuengen. Diesen Vorschlag kann ich deshalb nicht annehmen, weil ich niemals zugeben kann, daß es eine richtige Politik oder auch nur eine berechtigte Politik von Seiten des Staates ist, so bald er erst einmal überhaupt die Actiengesellschaften im Allgemeinen als berechtigte Bildungen des wirthschaftlichen Verkehrs ansieht, selbst gewerbliche Unternehmungen zu machen, lediglich um das Gebiet dieser anerkannten Gesellschaften einzuengen. Ist es die Aufgabe des Staates, das Gebiet der Actiengesellschaften einzuengen, wie Nr. I sagt, so setzt er sich in Widerspruch mit sich selbst, wenn er, wie Resolution II will, ihre Bildung durchaus der Zahl und dem Gegenstande nach freigiebt. Wer da meint, daß Eisenbahnen immer besser vom Staat, Gasanstalten oder dgl. immer besser durch die Commune gemacht werden, der muß dem Staate und der Commune das Monopol darauf geben. Inconsequent und widerspruchsvoll aber ist es, zu sagen, es entspricht der Aufgabe des Staates die Actiengesellschaftsthätigkeit auf all' diesen Gebieten völlig frei zu geben, gleichzeitig aber ist es Pflicht des Staates die Wirkung dieser Actiengesellschaftsthätigkeit möglichst einzuengen. Das heißt: für die Gewährung einer Freiheit sein, und ihren Gebrauch hindern. Denken Sie sich, dieses Princip der gleichzeitigen Freiheit von Rechtswegen, und der Behinderung aus politischen Rücksichten von einem Minister ausgesprochen, und fragen Sie sich, ob in dem Lande dieses Ministers noch solche Actiencapitale, deren Rentabilität auf den Einengungsetat gestellt ist, sich finden werden? Offenbar nicht! denn Niemand macht Unternehmungen, welche der Staat nicht aufkommen lassen zu wollen erklärt. Aber ich leugne weiter, daß durch vermehrte Staatsindustrie auf einigen Gebieten die Actiengesellschaften als Ganzes überhaupt eingeengt werden. Denn, meine Herren, was sie vielleicht erreichen können, besteht nur darin, daß, wenn der Staat durch seine Politik einige Arten dieser Gesellschaften z. B. Eisenbahngesellschaften einengt, freilich keine Eisenbahnactie mehr gezeichnet werden wird, aber mit Nothwendigkeit wird gleichzeitig, wenn Zeit und Umstände günstig sind, die Agiotage in anderen Sorten von

Actien desto üppiger werden. Nehmen Sie, um ganz concrete Beispiele zu nennen, dem deutschen Bürger die Rente der gesunden localen Actienunternehmungen, seine eigenen Gas- und Wasserleitungsanstalten von Posemuckel und Krähwinkel; desto leichter wird er sich verleiten lassen, sein Geld in viel zweifelhafteren Dingen anzulegen. Auch deßhalb bin ich dafür, statt zu sagen: nur um die Actiengesellschaften einzuschränken, fangen wir eine neue Wirthschaftspolitik im Staate an, vielmehr so zu schließen: Nachdem der Staat aus Rücksichten der Wirthschaftspolitik einmal die volle Freiheit der Bildung von Actiengesellschaften anerkannt hat, besteht die Consequenz dieser gegebenen Politik des Staates darin, den Actiengesellschaften gegenüber sich möglichst der Einmischung zu enthalten, sich um sie nur von Standpunkten des bürgerlichen Rechtes zu kümmern. Jede administrative Einmischung bringt Mitverantwortlichkeit des Staates mit sich. Daher keine Controlämter für bestehende Actiengesellschaften! denn eine controlirte Bilanz einer schwindelhaften, Actiengesellschaft was wird sie anders sein, als eine Empfehlungskarte für diese Gesellschaft?! (Sehr wahr!) Darum um Gotteswillen keine obrigkeitlichen Taxen und Controlen der Gründungscapitale bei Einbringungen, in keiner Weise in keiner Form, unter keiner Bedingung! Denn wodurch ist in Einem Staate so eine peinliche Solidarität zwischen dem Eisenbahnactienschwindel und einem gewissen Ministerium entstanden? Doch einzig und allein dadurch, daß dieser Staat Taxen über den Herstellungswerth von Eisenbahnen obrigkeitlich hat passiren lassen, die zu hoch gestellt waren. Wirthschaftspolitisch ist jede obrigkeitlich revidirte Bilanz der erste Schritt dazu, dem Staat eine Solidarität mit der so beaufsichtigten Gesellschaft aufzunöthigen Die consequente und darum die beste Politik des Staates gegenüber der freien Actiengesellschaft ist diese: Manum de tabula!

Was nun die civilrechtliche Gestaltung der Actiengesellschaft betrifft, so giebt es für die Stellung des Gesetzgebers meiner Meinung nach zwei entscheidende Gesichtspunkte. Der Staat, indem er die Actiengesellschaft zuläßt, sei es, daß er sie durch ein specielles Privilegium oder durch eine Concession oder auf Grund von Normativbestimmungen entstehen läßt, schafft künstlich ein Rechtssubject, und deshalb hat die bürgerliche Gesetzgebung die vornehmste Pflicht, dafür zu sorgen, daß die Bürger des Staates mit diesem künstlichen Rechtssubjecte mit Sicherheit und Ruhe contrahiren können. Es sind scharfe Maßregeln erforderlich zum Schutze der Gläubiger von Actiengesellschaften. In dieser Beziehung läßt unser Gesetz nichts zu wünschen übrig. Die Garantien desselben für die Gläubiger sind stark. Diese Garantien vorausgesetzt aber, kann eine Gesetzgebung, welche darauf beruht, daß Hintz und Kuntz eine Actiengesellschaft nach ihrem Belieben machen können, es diesen freien Rechtssubjecten überlassen, wie sie das Verhältniß im Innern der Actiengesellschaft regeln wollen.

Wollen sie dasselbe auf größtmögliche Oeffentlichkeit gründen, so ist das gut, aber, — und nun komme ich zu dem Standpunkte des Herrn Correferenten — das Maß von Wahrhaftigkeit, welches in den innern Angelegenheiten der Actiengesellschaften sich herstellen läßt ist durch eine wirthschaftliche Interessen-Combination beschränkt. Denn die Gründer,

der Aufsichtsrath, der Vorstand und die Actionäre — und das lassen Sie mich gleich sagen — die großen und die kleinen Actionäre, sie sind alle miteinander wirthschaftlich zusammengehalten durch ein directes, ein wirthschaftliches und ein sehr starkes Band, nämlich durch das gemeinschaftliche Interesse an einem möglichst hohen Preise der Actie. Ich glaube nicht, daß Publicität und Wahrhaftigkeit über die Interna von Actiengesellschaften je im Widerspruch mit diesem lebendigen Interesse sich erzwingen läßt. Es ist ein Traum, daß volle Wahrheit in die Actiengesellschaften und deren Gründer so wie etwa in eine gute Staatsverwaltung hineinzubringen sein wird. Das beweist der bisherige Verlauf der Dinge. Der § 249 des bestehenden Gesetzes sub 3 macht die Aufsichtsräthe und die Vorstände in der strengsten Weise verantwortlich für alle Verschleierungen. Nun, werden denn die Aufsichtsräthe für Verschleierungen jemals, außer in ganz seltnen Fällen, auch wirklich verantwortlich gemacht? Außer im Concurse wohl niemals! ist darauf die Antwort. Die Auflösung des Räthsels, weßhalb diese Verantwortlichkeit des Aufsichtsrathes für volle Wahrhaftigkeit, lediglich auf dem Papiere steht, ist einfach diese — sie würde jedem Actionär Geld kosten. Daher, meine Herren, vertrauen Sie auch nicht zu sehr, daß sich die moralischen Anforderungen auf vollste Wahrhaftigkeit den Gründern gegenüber durch ein Gesetz so einfach erzwingen lassen. Wenn die wirthschaftliche Structur einmal so ist, daß Verschleierungen der Schäden einer Actiengesellschaft sehr häufig im gemeinsamen Interesse aller Betheiligten liegen, so werden sie so sicher fortdauern, wie das Wasser immer richtig bergab fließt, auch wenn man ihm gesetzlich die besten Hülfen giebt, daß es auch einmal bergauf fließen möge. Ich kann nicht einmal mit dem Herrn Correferenten darin übereinstimmen, daß die Gründungen im Interesse bessern Schutzes der Wahrhaftigkeit eine andere juristische Construction verlangen, und zwar deshalb nicht, weil das Verhältniß, um welches es sich dabei handelt, schon längst genügend juristisch construirt ist. Es ist das Verhältniß des Verkaufslustigen, der seine Waare anpreist, häufig schwindelhaft und unwahrerweise anpreist, und das Recht ist klar darüber, was die Folge ist, wenn Käufer solchen Anpreisungen glauben und die Waare nehmen, wie dies nicht blos bei der Waare: Actien, sondern bei vielen andern Waaren oft der Fall ist. Wo liegt hier nun Anlaß für den Staat vor, das Interesse des Käufers gerade von Actien mit besonderen Schutzmaßregeln zu umgeben? Werden Sie mit solchen Schutzmaßregeln nicht die Neigung zur Agiotage noch mehr wecken, indem Sie die Meinung wecken, Actienkäufer seien besonders geschützt gegen Uebervortheilung? Darum ist, nach meiner Meinung, gar nichts Besonderes und Neues zu statuiren, in Bezug auf Alles, was die Verhältnisse der ersten und der zukünftigen, der vergangenen und der heutigen Actionäre zu einander betrifft. Klar ist, daß Schutzmaßregeln zu Gunsten der Actionäre gegen die ersten Zeichner nicht allein den Guten unter den Actionären helfen werden, sondern wie die liebe Sonne über Gute und Böse, ihre Wohlthaten gleichmäßig ausgießen, während die Actionäre, falls man die Gesellschaften dem inneren Gesetze ihrer Existenz und ihrem eigenen Schicksale überläßt, sehr bald vorsichtig werden.

Prof. Dr. Schmoller (Straßburg): Meine Herren! Gestatten Sie, daß ich zunächst meine Ueberraschung ausspreche über die freundlichen Worte, die wir von Herrn Dr. Eras gehört haben. Wir waren sie so nicht immer von ihm gewöhnt. Alsdann erlauben Sie mir die Entgegnung, daß die Worte des Herrn Dr. Embden viel zu viel beweisen und darum vielleicht gar nichts. Mit dem Troste: Laßt nur so und so viel Leute ertrinken, es kommen andere, die wieder schwimmen lernen! ist nichts gethan; das ist eine der Vertröstungen der Schule, die eben nicht überall am Platze sind, die wir, die die Gegenwart sehr vielfach bekämpft!

Alsdann erlauben Sie mir ein allgemeines Wort, hauptsächlich über die erste These, und das Bekenntniß, daß ich die Grundanschauungen des Herrn Prof. Wagner theile, wenn ich sie auch zur Zeit nicht so streng und ausschließend formuliren möchte.

Mehr Staatseisenbahnen als bisher, den Besitz der politisch und militärisch wichtigsten Linien für den Staat, verlangt man jetzt allerwärts, mögen wir darüber heute beschließen was wir wollen: das geschieht von selbst. Fassen wir die These des Herrn Prof. Wagner etwas milder, fordern wir mehr Staatsbahnen als bisher statt lauter Staatsbahnen, so fordern wir nur, was die Regierungen verlangen und was die öffentliche Meinung allgemein wünscht.

Ob man später einmal für ausschließliche Staatsbahnen plädiren muß, das halte ich für möglich. Zur Zeit allerdings halte ich es für verfrüht.

Meine Herren, die große Probe in Bezug auf die Privatbahnen ist zur Zeit wenigstens bei uns noch nicht gemacht. Wir haben eben erst ein Reichseisenbahnamt geschaffen, wir haben noch keine systematische Reichseisenbahngesetzgebung. Wir haben abzuwarten, was eine solche leisten kann, ob sie das, was wir jetzt an den Privatbahnen aussetzen, die mangelnde Einheit, den mangelnden Schutz des Publikums u. s. w. uns bringen wird. Eine Generalversammlung des deutschen Eisenbahnverbands ist so schlimm als ein polnischer Reichstag. Sollte da nicht durch die Gesetzgebung z. B. ein Zwang gegen Minoritäten sich einführen lassen? Aber im Ganzen bin ich, wie gesagt, nicht sicher, wie dieser Versuch ablaufe. Ich fürchte — und zwar giebt mir zu dieser Befürchtung hauptsächlich das Beispiel Englands Veranlassung, — ich fürchte, die großen Privateisenbahnen sind auch bei uns schon so mächtig geworden, ihr Einfluß reicht so weit, daß wir nicht leicht zu Gesetzen kommen, die ihnen irgendwie unbequem sind. Das scheint mir ist der Charakter der englischen Eisenbahngesetzgebung. Aber wie gesagt, bei uns ist die Probe noch nicht gemacht, und wir haben daher erst abzuwarten, wie weit wir hiermit kommen. Erreichen wir hiermit unser Ziel, werden die Mißstände des Privateisenbahnwesens hierdurch beseitigt, dann sehe ich nicht ein, warum man nicht auch Privatbahnen, besonders für die Seitenlinien, zulassen sollte. Denn ihre Vorzüge haben auch die Privatbahnen und ein allzugroßes, ausschließliches Staatsbahnnetz hat ja natürlich auch seine Schattenseiten.

Noch mehr als in Bezug auf die Eisenbahnen theile ich Wagners Ansichten in Bezug auf die Communalanstalten. Natürlich giebt es einzelne Krähwinkelstädte, die durch eine Actiengesellschaft früher Gas oder Wasser bekommen haben, als sie es durch ihren Magistrat und ihre Stadtverordneten bekommen hätten; natürlich giebt es vereinzelte große Communen, wo eine Concurrenz von zwei Wasser- oder Gasanstalten auch einmal günstig gewirkt hat. Aber für die Mehrzahl der Städte trifft das nicht zu. Für die Mehrzahl der Städte sind doppelte und dreifache derartige Anstalten eine wirthschaftliche Kapitalverschwendung, und sind einheitliche Anstalten im Privatbesitz einer Actiengesellschaft ein lästiges Monopol, das einerseits zur Ausbeutung der Bürger und andererseits zu fortwährenden ärgerlichen Händeln und Reibungen zwischen der Actiengesellschaft und den Organen und Interessen der Commune führt. Nach den Erfahrungen, die ich ganz speciell auf diesem Gebiete reichlich zu machen Gelegenheit hatte, verdient in der Regel die Commune den Vorzug vor der Actiengesellschaft bei allen d e n Anstalten, weche die Gesammtheit der Bürger berühren und überall mit öffentlichen Interessen zusammenhängen. Das trifft nicht ganz zu bei dem Umbau eines einzelnen Stadttheils, bei Omnibuslinien und Aehnlichem; es trifft aber unbedingt zu bei Wasserleitungen, bei Gasanstalten, beim Abfuhrwesen; auch bei Markthallen, Schlachthäusern und Aehnlichem kann man zweifeln; doch bin ich geneigt, anch sie möglichst den Gemeinden zu vindiciren. Schon die erste Anlage solcher Anstalten scheint mir gefährlich in Privathänden, wenn nicht sehr streng controllirt wird. Unsolide Ausführungen schädigen nicht blos die Actiengesellschaft, sondern Leben und Gesundheit der ganzen Stadt. Und daß solider und reeller durch die Commune, als durch die Actiengesellschaft in der Regel gebaut wird, ist wohl kaum zu leugnen. Daß die Commune nothwendig schlechtere Techniker auswähle, wie mir privatim von einer Seite entgegnet wurde, dafür kenne ich keine Gründe; ich glaube, eine statistische Erhebung und Classificirung der Techniker würde eher das Gegentheil ergeben. Eine Commune kann ferner bei einer solchen Anstalt mit einem Zwang auftreten, den man der Actiengesellschaft nicht gern überläßt. So haben wir seiner Zeit zum Beitritt zu dem Hallischen Wasserwerk die ganze Stadt gezwungen, dadurch, daß wir statt directer Bezahlung des Wassers eine Häusersteuer erheben, die Jeder zu zahlen hatte, ob er das Wasser nahm oder nicht. In einem Jahre hatte die ganze Stadt das bessere Wasser, und in diesem Jahr hat Halle — sonst die schlimmste Cholerastadt — keinen einzigen Fall dieser Krankheit zu constatiren gehabt, während alle Dörfer in der Umgegend aufs Heftigste davon heimgesucht waren. Ich möchte Sie ferner daran erinnern, daß gerade die Mitglieder des volkswirthschaftlichen Congresses für den Satz stets gekämpft haben, die Gemeinde sei eine wirthschaftliche Genossenschaft, habe wirthschaftliche Functionen zu übernehmen. Ich frage Sie, welche soll sie denn übernehmen, wenn nicht diese? Und — vergessen wir doch Eines nicht —, die Actiengesellschaft ist wie die Wirthschaft der Commune und des Staats eine Wirthschaft durch Beamte, die controllirt sein wollen, die nicht das Privatinteresse haben, wie der Privatmann in seinem Geschäft. Die Frage ist also zuletzt die, sind Privatbeamte oder Beamte der Commune und des Staats besser? Der Communal- und Staatsbeamte ist gehoben durch die Ehre, durch das Standesgefühl des öffentlichen Dienstes; die Auswahl der Beamten geschieht, glaube ich, vielfach doch noch besser bei den öffentlichen Anstalten als bei den Actiengesellschaften. Schlimme Cliquenwirthschaft, eine Sorte von Patronage, welche die unfähigen Söhne, Neffen u. s. w. der Gründer, Directoren und Verwaltungsräthe, sowie ihres ganzen Anhanges unterbringen will, ist bei sehr vielen Actiengesellschaften notorisch. Ueberreiche Bezahlung der höheren Stellen, schlechte der unteren ist ein weiterer Vorwurf, von dem die Actiengesellschaften nicht freizusprechen sind. Und das Alles kommt doppelt in Betracht bei Anstalten dieser Art, die ihrer Natur nach eben den Charakter halböffentlicher Anstalten haben, selbst in der Hand der Actiengesellschaft. Dieser öffentliche Charakter ist ja nicht zu leugnen; der Bau der Leitungen geschieht auf der öffentlichen Straße, der Verkauf der Waare, oder der Leistungen geschieht unter einer gewissen öffentlichen Controlle nach feststehenden Tarifen. Das sind keine Geschäfte, die dem Verkauf von Butter und Käse, von Cigarren und Tabak parallel stehen. Es sind öffentliche Anstalten, und öffentliche Anstalten sind Sache der Commune!

Nun noch Eins! Man erinnert an das Risiko, an die Schuldenlast die sich die Commune dadurch auflege. Ich gebe zu, daß einzelnen armen Gemeinden der Credit fehlen kann, daß einzelne einmal durch mißlungene Bauten viel verlieren können. Ich wünsche auch nur, daß die Commune in der Regel und mehr wie bisher selbst eintrete. Jedenfalls aber muß diesem Risiko der mögliche und wahrscheinliche Gewinn gegenübergehalten werden. Der Privatunternehmer oder die Actiengesellschaft will und wird bei einem großen städtischen Wasserwerk Hunderttausende gewinnen, sie wird es um so mehr, je mehr sie verstanden hat, bei dem ursprünglichen Vertrag die Gemeinde über die Ohren zu hauen. Diese Gewinne, diese Hunderttausende möchte ich der Gemeinde erhalten; und sie werden ihr erhalten, wenn sie die Sache richtig in die Hand nimmt. Große Ueberschüsse aus solchen Anstalten sind für die gegenwärtigen Verhältnisse nicht hoch genug anzuschlagen in den Budgets unserer größern Städte. Fragen Sie da nach, wo man solche vereinnahmt, wie man über die Alternative Actiengesellschaft oder Communalanstalt denkt.

In gewissem Sinne ist die Actiengesellschaft die theuerste Methode für das Publikum, seine Bedürfnisse zu befriedigen. Ohne enorme Gewinne für eine gewisse Klasse von Personen sind sie nicht zu beschaffen. Diese muß das Publikum in irgend welcher Weise bezahlen und es bezahlt sie im Ganzen hier so leicht, wie ich glaube, weil es durch die Actiengesellschaften und ihre systematisch organisirte Reklame leichter getäuscht wird, als durch andere Privatgeschäfte, von denen selbst die größten heute nicht mehr an den Einfluß der Actiengesellschaften heranreichen. Dieser Vertheuerung der Leistungen der Actiengesellschaften stehen theilweise vollendete technische Leistungen gegenüber. Aber die vollendete technische Leistung ist kein ausschließliches Vorrecht der Actiengesellschaft. —

Lassen Sie mich, meine Herren, mit einer Anekdote schließen, die das illustrirt. Als ich neulich in Württemberg war, und wir da einmal auf die ausgezeichneten württembergischen Staatsbahnen zu sprechen kamen, sagte mir Jemand der die Dinge dort genau kennt: Sehen Sie diesen Direktor Dillenius, der das Alles gemacht hat; er hat jetzt 4000 fl. Gehalt und ist damit zufrieden; er leistet technisch was sonst die Gründer, Verwaltungsräthe, Ingenieure leisten. Hätten wir Privatbahnen, so striche er als Direktor oder Verwaltungsrath jetzt auch jährlich 80,000—100,000 fl. und noch mehr ein; die Börse, die Gründer ꝛc. hätten an den ganzen Bahnen 10, 20 oder 30 Millionen verdient; die hat der Dillenius dem württembergischen Staate, resp. der Gesellschaft erspart.

An diesen revers de la medaille muß man wenigstens auch denken, meine Herren, wenn man die Vorzüge der Actiengesellschaften anpreist!

(Ein von mehreren Seiten gestellter Antrag auf Schluß der Debatte wird abgelehnt.)

Dr. Hecht, Director der Rhein. Hypothekenbank (Mannheim): Meine Herren! Ich gehe aus von statistischen Zahlen, soweit sie mir bekannt geworden sind. Vom Jahre 1790 bis Juni 1870 sind in Preußen ca. 276 Actiengesellschaften, vom Juni 1870 sind in den darauf folgenden 21 Monaten 726 Actiengesellschaften entstanden! Im Königreich Sachsen sind bis zum April d. J. ca. 250 Actiengesellschaften ins Leben getreten, und von da an in wenigen Monaten noch ungefähr 50. — Die Zahl der an der Berliner Börse eingeführten Effecten ist 1100, die von 110 vereideten Maklern gehandelt werden. Nach einem Berliner Börsenblatt ist bei 30 Banken, wenn man die Course per 1. Januar und 1. Juli d. J. vergleicht, eine Entwerthung eingetreten von ungefähr 90 Millionen Thaler. Im Einzelnen bemerke ich hier: 1) Bei einer so rapiden Veränderung in der Verwaltung des Privatcapitals müssen natürlich Mißstände zu Tage treten; diese sind auf verschiedene Umstände zurückzuführen: es sind einerseits Entwicklungskrankheiten, ferner solche, die hervorgegangen sind aus einem Verschulden oder Mitverschulden der Gesetzgebung, und diese Mißstände sind heilbar; die Ursache der Mißstände kann aber auch sein die krankhafte Sucht, schnell reich zu werden, welche in verschiedenen Formen bei den Menschen stets wiederkehrt, und vielleicht nicht anders heilbar ist, als durch die allmählich sich vollziehende geistige und sittliche Heranbildung des Volkes.

Die beiden ersten Ursachen der vorhandenen Mißstände sind es, die uns hauptsächlich in Anspruch nehmen müssen, und die bei der künftigen Gesetzgebung in Betracht zu ziehen sind. Dabei ist zunächst zu erwägen, daß die Zeit der Gründungen vorüber ist; wir haben die vollständige Möglichkeit in Ruhe darüber nachzudenken, nach welchen Richtungen wir eine allgemeine Revision des Actiengesellschaftswesens vornehmen müssen. Ich glaube, daß vollständig das Material gegeben ist, um eine allgemeine Revision eintreten zu lassen. Für dieselbe wird freilich Manches in Be=

tracht zu ziehen sein, was in der Literatur keine genügende Beachtung gefunden hat. Hierzu gehört vor Allem eine Vergleichung der räumlich nebeneinander stehenden und der zeitlich aufeinander folgenden Gesetzgebungen: also insbesondere die Erforschung der geschichtlichen Entwicklung des Actiengesellschaftswesens.

Gerade die Geschichte selbst liefert uns ein wichtiges Material. Ich selbst habe meinerseits eine kleine Enquête angestellt. Ich habe an unparteiische und sachkundige Männer in Belgien und Holland geschrieben und ich kann nicht sagen, daß sie uns rathen, hier in Deutschland ihre eigenen Grundsätze anzunehmen. 2) Ich huldige vollständig dem Systeme der Normativbestimmungen, allein ich verstehe unter Normativbestimmungen ganz andere Bestimmungen als diejenigen sind, welche in das Gelegenheitsgesetz vom 11. Juni 1870 Aufnahme gefunden haben. Ich denke mir die Sache so: man muß einmal die Grundsätze aufstellen, welche aus dem Wesen der Actiengesellschaften folgen. Diese sind zusammenzufassen in ein Normal-Statut, und man sollte zweitens folgende Gesichtspunkte im Auge haben:

Für jedes Geschäft gibt es eine Reihe von wirthschaftlichen Grundsätzen, welche aus dem Wesen des betreffenden Geschäfts folgen; diese können für die einzelnen Privaten, die diese Geschäfte betreiben, nicht als gesetzliche Normen hingestellt werden. Allein anders stellt es sich für die Actiengesellschaften, wo ein größeres Capital fremden Händen anvertraut werden soll. In diesem Falle sind die einzelnen Bestimmungen, welche sich aus dem Wesen der betreffenden Geschäfte, der Bauunternehmungen u. s. w. ergeben, als Normativbestimmungen hinzustellen, und meines Erachtens ist es möglich, Normativbestimmungen in diesem Sinne eintreten zu lassen. Dann glaube ich, daß wir den Grundsatz der Oeffentlichkeit vor Allem annehmen müssen. Es wird den Gesellschaften zum größten Heile gereichen, wenn sie die Scheu überwinden in die Oeffentlichkeit zu treten. Ich habe selbst bei der Rheinischen Hypothekenbank das Prinzip der Oeffentlichkeit in weitestem Sinne von Anfang an zur Anwendung gebracht.

Die Veröffentlichung der Statuten ist etwas Selbstverständliches. Aber abgesehen von den Statuten müssen meines Erachtens auch die Reglements veröffentlicht werden. Ich lege gerade auf diese einen Hauptwerth. Ich selbst habe es in der Form gethan, daß ich in einer besonderen Schrift die Grundsätze niedergelegt habe, nach welchen die Rheinische Hypotheken-Bank geleitet wird und diese Schrift wird auf Verlangen jedem Actionär von Seiten der Bank zugesendet. Ihr sind die sämmtlichen Reglements als Beilagen beigegeben. In dieser Form ist z. B. das Princip der Oeffentlichkeit anzunehmen. Es ist nicht immer gerade nothwendig, daß die Zeitungen für die Veröffentlichung der die Gesellschaften betreffenden relevanten Thatsachen verwendet werden, sondern nothwendig ist nur, daß in irgend einer Weise der Kreis der Interessenten jederzeit von den Gegenständen Kenntniß erhält, um die es sich handelt. Aber auch nach verschiedenen anderen Gesichtspunkten scheint mir das Princip der Oeffentlichkeit besser als seither vorgeschlagen, verwendet werden zu können. Die Kürze der Zeit verbietet jedoch hierauf einzugehen.

Auch das Princip der Verantwortlichkeit ist in seinen Consequenzen schärfer zu verfolgen: Ich gehe von dem Grundsatze aus, daß jedes Organ für die von ihm übernommenen Befugnisse verantwortlich ist. Nun aber entsteht die Frage: welche Organe sind für die Actiengesellschaften nothwendig? und hier muß ich sagen, daß bei der Besprechung der Organisation ein Fehler eintritt, der in der menschlichen Natur liegt. Organisationsfragen sind Zweckmäßigkeitsfragen und doch haften wir leicht an dem was vorhanden ist und glauben daß dies zweckmäßig sei. Sie legen z. B. den Schwerpunkt der Organisation in die Generalversammlung, aber Sie werden nimmer durchsetzen, daß die ordentliche Generalversammlung ein bedeutsamer Factor der Actiengesellschaften ist; sie ist derzeit immer eine Comödie, bei der es sich nur darum handeln kann, ob sie einige Acte mehr oder weniger haben soll. Die Bedeutung der Generalversammlung wird vernichtet, indem die Generalversammlung zu selten veranstaltet wird. Berufen Sie die Generalversammlung, wenn ein innerer Grund dafür vorhanden ist; verlegen Sie den Schwerpunkt in die außerordentliche Generalversammlung ausgesprochenermaßen, und veranstalten Sie keine Generalversammlung lediglich der Formalität wegen!

An der weiteren Ausführung dieses Punktes hindert die Kürze der zur Verfügung stehenden Zeit.

Die Herren Prof. Rößler (Berlin) und Jul. Schulze (Mainz) verzichten auf das Wort. — Der Schluß der Generaldebatte wird von Herrn Assessor Dr. Fischer beantragt und angenommen, und demnächst auf weiteren Antrag aus der Versammlung die Sitzung auf Montag Früh $9\frac{1}{4}$ Uhr vertagt.

(Schluß 10 Uhr.)

Dritte Sitzung.

Montag den 13. October, früh 9¼ Uhr.

Vors. Prof. Dr. Gneist (Berlin): Meine Herren! Ich habe die Ehre, die dritte Vereinssitzung hiermit zu eröffnen und Ihnen nachrichtlich mitzutheilen, daß die Gutachten und Denkschriften über die Reformfrage des deutschen Apothekervereins dem Vereine vorgelegt sind.

Sodann ist eine Mehrheit von Exemplaren des Prospectes der Actiengesellschaft Stahlhausen zu Bochum eingetroffen. Auch der Centralverein für das Wohl der arbeitenden Classen hat Kenntniß genommen von diesem Unternehmen, welches bedeutungsvoll ist für die Stellung der Arbeiter und namentlich für ihre feste Ansiedelung.

Das Nächste würde die Besprechung über das Statut sein.

Die geehrte Versammlung hat den Vorschlag genehmigt, daß alle Amendements schriftlich formulirt bis gestern Abend eingebracht werden sollten. Es ist das in einer sehr kleinen Zahl geschehen und der Ausschuß acceptirt alle Aenderungen die beantragt worden sind. Es bedarf also keiner Begründung wenn kein Widerspruch erfolgt. — Die Anträge sind gestellt von unserem Schriftführer Herrn Gerichts-Assessor Dr. Fischer nach Verabredung im Kreise der Versammlung. Sie beschränken sich auf drei:

Es wird beantragt den § 2 vor § 11 als § 10 einzuschalten. Es ist dies nur eine logische Verbesserung der Reihenfolge. Der Ausschuß hat kein Bedenken dagegen und acceptirt diesen Vorschlag. Wenn kein Widerspruch erhoben wird — und ich constatire dies — so tritt dieser § an die vorgeschlagene Stelle. Eine weitere Folge dieser Abänderung ist, daß auch die Bezugnahme auf die §§-Zahlen verändert wird.

Alsdann kommt eine Aenderung, die der Ausschuß selbst proponirt, nämlich den § 7 zu ändern. Er lautet jetzt: „Der Ausschuß hat seinen Sitz vorläufig in Berlin.“ Man hat erwogen, daß man nicht vorhersehen kann, ob gerade die geeigneten Personen in Berlin sein werden, und daß man auch diese Dinge nicht ohne Noth centralisiren dürfte. Der Ausschuß schlägt daher vor, den § 7 so zu fassen: „Der Sitz des Ausschusses ist am Wohnorte des Schriftführers", — da für die Correspondenz doch irgend ein Mittelpunkt sein muß. Wird dagegen Widerspruch erhoben? Da dies nicht geschieht, so constatire ich die Annahme.

Herr Dr. Fischer schlägt ferner vor, den § 16 zu streichen. Er lautet: „Im Uebrigen setzt der Ausschuß die Geschäftsordnung für die Vereinsversammlung, wie für sich selbst, fest," — Man hat erwogen, daß die Plenarversammlung immer das Recht haben wird, ihre Geschäftsordnung selbst zu machen. Aller Anstoß würde sich erledigen, wenn man den § 16 wegläßt. Dann bleibt selbstverständlich dem Ausschusse das Recht, der Plenarversammlung die Geschäftsordnung vorzuschlagen, und der letzteren, sie anzunehmen oder abzulehnen. Ist hiergegen ein Widerspruch? Ich constatire, daß der § 16 gestrichen ist.

Endlich wünscht das Amendement den § 18 wie folgt zu normiren: „An der Generalversammlung nehmen nur die Mitglieder und als Zuhörer nur Diejenigen Theil, welchen der Präsident den Eintritt gestattet." Da kein Widerspruch erfolgt, so darf ich auch diesen Vorschlag als genehmigt ansehen. —

Vicevorf. Prof. Dr. Nasse (Bonn) läßt über die vorgeschlagenen Statuten mit den Aenderungen abstimmen. Der Entwurf wird in der von dem Referenten vorgetragenen amendirten Form ohne Widerspruch angenommen.

Die definitiv angenommenen Statuten lauten nun wie folgt:

Bezugnehmend auf den Aufruf vom 31. Mai 1873 giebt sich der Verein für Socialpolitik folgende Organisation:

§ 1. Die Leitung des Vereins liegt einem ständigen Ausschusse ob.

§ 2. Der ständige Ausschuß setzt sich aus 24 für diesen Zweck erwählten Mitgliedern zusammen, welche so lange fungiren, bis sie durch neue Wahlen ersetzt sind. In der Regel sollen jährlich 12 nach dem Alter der Wahl, event. durch das Loos ausscheiden. Für die erste Wahl reduzirt sich der bestehende Ausschuß durch Auslosung auf die Zahl von 12 Mitgliedern. Die Wiederwahl ist zuläßig.

§ 3. Die Wahl der Ausschußmitglieder erfolgt am Schlusse der Jahresversammlung durch Stimmzettel, welche von den in der Versammlung gegenwärtigen Vereinsmitgliedern einer dazu vom Vorsitzenden zu bezeichnenden Wahlcommission übergeben werden. Die auf jedem Stimmzettel Zuerstgenannten bis zu der Zahl der zu wählenden Ausschußmitglieder werden als die vom Wähler Gewählten betrachtet, und diejenigen gelten als in den Ausschuß gewählt, welche die meisten Stimmen auf sich vereinigt haben.

§ 4. Der Ausschuß ist befugt, 12 weitere vollberechtigte Ausschußmitglieder zu cooptiren, deren Mitgliedschaft bis zur Neuwahl in der nächsten Generalversammlung dauert.

§ 5. Der Ausschuß erwählt seinen Vorsitzenden und Schriftführer, sowie deren Vertreter, ebenso einen Schatzmeister, welcher jährlich einen Cassenabschluß vorzulegen hat und dessen Casse und Rechnungslegung durch Ausschußmitglieder zu revidiren sind.

§ 6. Der Ausschuß hat seinen Sitz am Wohnort des Schriftführers.

§ 7. Zur Gültigkeit der Beschlüsse des Ausschusses ist die Einladung sämmtlicher Mitglieder erforderlich.

§ 8. Der Ausschuß hat für die Ausführung der von der Vereinsversammlung gefaßten Beschlüsse zu sorgen, nach eigenem Ermessen den Druck der Protokolle und Vorlagen zu veranlassen, die Vertheilung der Drucksachen an die Mitglieder zu bewirken und die Acten und Schriftstücke des Vereins zu bewahren.

§ 9. Er bestimmt Zeit und Ort der nächsten Vereinsversammlung, trifft die für dieselbe nöthigen Vorbereitungen, erläßt die erforderlichen Einladungen, stellt die vorläufige Tagesordnung auf, bestimmt namentlich die zur Verhandlung kommenden Fragen und bereitet die Verhandlung durch Ernennung von Referenten, und soweit möglich, durch gedruckte Referate, Gutachten oder Vorschläge vor.

§ 10. Der Vorsitzende der Generalversammlung wird von den in der jedesmaligen Versammlung anwesenden Vereinsmitgliedern durch Stimmenmehrheit erwählt. Derselbe ernennt seine Stellvertreter und das Bureau.

§ 11. Nur eine vom Ausschuß berufene Versammlung hat die in §§ 3 und 10 gedachten Wahlbefugnisse.

§ 12. Eine Erklärung, mit welcher der Verein oder der Ausschuß vor die Oeffentlichkeit treten soll, muß 8 Tage vorher zur Abgabe eines etwanigen Dissenses sämmtlichen Ausschuß-Mitgliedern zugestellt werden.

§ 13. Die Zulassung als Mitglied des Vereins erfolgt durch schriftliche Anmeldung beim Schriftführer oder Schatzmeister. Die Mitgliedschaft beginnt mit dem Empfange der Mitgliedskarte. Diese berechtigt zur Theilnahme an den Verhandlungen und Abstimmungen.

§ 14. Bei allen Beschlüssen der Versammlung wie des Ausschusses entscheidet die einfache Mehrheit der anwesenden Mitglieder, bei Stimmengleichheit der Vorsitzende; bei allen Wahlen entscheidet, soweit nichts anderes bestimmt ist, relative Majorität und im Falle der Stimmengleichheit das Loos.

§ 15. Wird bei den Verhandlungen Schluß der Debatte beantragt, so wird über diesen Antrag sofort abgestimmt. Mit Ausnahme des Antrages auf Schluß, sind in den Vereinsversammlungen alle Anträge schriftlich zu stellen.

§ 16. Der Beitrag der Vereinsmitglieder beträgt 10 Mark jährlich und ist innerhalb 4 Wochen nach Beginn des neuen Jahres zu entrichten, widrigenfalls derselbe durch Postvorschuß eingezogen wird. Nimmt ein Mitglied den mit Postvorschuß beschwerten Brief nicht an, so wird dies einer ausdrücklichen Austrittserklärung gleichgeachtet. Der Betrag von 10 Mark berechtigt zur Empfangnahme der Drucksachen des Vereins. Eine einmalige Zahlung von 300 Mark erwirbt die dauernde Mitgliedschaft. Für die Theilnahme an der Generalversammlung kann ein besonderer Beitrag zur Bestreitung der Lokalkosten durch Beschluß des Ausschusses erhoben werden.

§ 17. An den Verhandlungen nehmen nur die Mitglieder, und als Zuhörer nur Diejenigen Theil, welchen der Präsident den Eintritt gestattet.

§ 18. Abänderungen des Statuts oder der Geschäftsordnung können von der Vereinsversammlung durch einfache Stimmenmehrheit, jedoch nur auf schriftlichen, dem Vorsitzenden oder Schriftführer vier Wochen vor der Zusammenkunft des Vereins übergebenen Antrag beschlossen werden, welcher von diesen den Ausschußmitgliedern mindestens 8 Tage vor der Versammlung bekannt zu machen ist.

Eisenach, den 13. October 1873.

Vors. Prof. Dr. Gneist: Für die diesmalige Procedur kommt der § 3 in Anwendung, d. h. für die erste Wahl werden die noch vorhandenen activen Mitglieder des provisorischen Ausschusses durch das Loos auf 12 reducirt. Diese 12 gehen als fester Bestand in die weitere Verwaltung über. Die durch's Loos Ausscheidenden sind wieder wählbar. Ich möchte bitten, diese Wiederwählbaren auf einen Zettel zu schreiben, andere zuzusetzen und diese Zahl dann auf 12 zu reduziren. Dabei würde ich den Vorschlag machen, daß sämmtliche geehrte Mitglieder an der Wahl theilnehmen, welche beabsichtigen, in den Verein einzutreten. Wir bitten diejenigen Anwesenden, welche nicht daran theilnehmen, daß sie sich der Abstimmung enthalten. —

Die Stimmsammlung und Zählung erfolgt durch eine ernannte Commission. — Es wird vorher constatirt, daß unter die „Wiederwählbaren" diejenigen Mitglieder des älteren Ausschusses nicht aufgenommen sind, welche ausdrücklich resignirt oder den Aufruf nicht mit unterschrieben haben.

Es folgen die Verhandlungen über die Actiengesellschaften — und zwar die Specialdebatte ad 1, 2 und 3 der Anträge des Referenten.

Specialdebatte über Resolution 1.

Prof. Dr. Rößler (Berlin): Ich wünsche einen Gesichtspunkt hervorzuheben, der den ersten Antrag des Herrn Referenten zu unterstützen geeignet ist. In der Zeit, wo die Manchesterschule noch den vollen Glauben an ihre Prinzipien hatte, behauptete sie immer, es gäbe gar keinen schlechteren Verwalter als den Staat, Niemand arbeite so theuer, baue so kostspielig u. s. w. Sogar die Post sollte den Händen des Staats entzogen und in concurrirende Privatunternehmungen aufgelöst werden. Jetzt, wo in der Manchesterschule der Glaube an ihre Prinzipien selbst erschüttert ist, begnügt sie sich zu sagen: „ja, macht es denn der Staat besser?" Auf dem volkswirthschaftlichen Congreß zu Wien hat man diese Frage in den witzigen Ausdruck gekleidet: „kann man einen Staatseisenbahnbeamten von einem Privateisenbahnbeamten selbst mit bewaffnetem Auge unterscheiden?" Dies bezog sich darauf, daß der Staatsbahnbetrieb sich in nichts unterscheide von dem Privatbahnbetrieb. Dabei ist jedoch gerade das entscheidende Moment übersehen. Alle Vorzüge, welche dem Staat als Betriebsunternehmer zukommen, kommen ihm nur zu, wenn er universeller Betriebsunternehmer, nicht aber, wenn er partikularistischer Concurrent ist. Und zwar aus zwei Gründen. Der eine Grund ist, weil nur für den Staat als universellen Betriebsunternehmer die große und wirksame Verantwortlichkeit entsteht: wenn er ganz allein der großen Masse der Interessenten gegenüber sich befindet mit ihren zahlreichen Ansprüchen und ihrer vereinigten unnachsichtigen Kritik. Wo dagegen partikulare Unternehmungen, wenn auch concurrirend, nebeneinander treten, da entsteht trotz der Concurrenz ein gemeinsames egoistisches Interesse, welches den Ansprüchen der Oeffentlichkeit gegenüber im passiven Widerstand verharrt, die Kritik abschwächt, und allerlei Verdeckungen und Vertuschungen herbeiführt. Der andere Grund aber ist, daß nur als universeller Betriebsunternehmer der Staat die ineinandergreifenden Einrichtungen treffen kann, deren Mangel den Privatbetrieb so unzulänglich macht. Wie soll jetzt der Staat dazu kommen, mit der Herabsetzung des Tarifs auf einer einzelnen Strecke bis an die äußerste Grenze zu gehen? Er würde nur eine einzelne Strecke auf Kosten aller Steuerzahler begünstigen und die natürliche Richtung des Verkehrs verschieben. Man kann auch nicht sagen, daß die Concurrenz die anderen Unternehmungen nöthigen würde, dem Staat auf diesem Wege nachzufolgen. Der Staat, der immer das allgemeine Interesse im Auge haben muß, kann unmöglich wie ein speculirendes Privatunternehmen den Erfolg nur dieses einen Unternehmens oder mehrerer einzelner Unternehmen sich angelegen sein lassen. Er kann es schon darum nicht, weil er die allgemeinen Finanzen in Mitleidenschaft zieht. Als universeller Betriebsunternehmer dagegen kann der Staat allerdings sich der Grenze immer mehr nähern, welche der Herr Referent gestern als den Gebührentarif bezeichnete. So viel über diesen Punkt.

Außerdem aber möchte ich den Herrn Referenten fragen, ohne meinerseits einen darauf bezüglichen Antrag zu stellen, ob er glaubt, daß die Worte seines ersten Antrages: „indem an Stelle der Actiengesellschaften Unternehmungen des Staats, der Provinz, des Kreises, der Gemeinde treten", zweckmäßig gewählt sind. Der Staat erscheint hier selbst als eine partikularistische Institution? Demnach müßte man versucht sein, Provinz, Kreis, Ortsgemeinde als gesellschaftliche Bildungen aufzufassen im Gegensatz zum Staat, wie es von der Manchesterschule und sonst geschehen ist. Das ist aber die bedeutende Einsicht, die wir unserm Herrn Präsidenten verdanken, daß das Selfgovernment in seinem ganzen Sinn und Werth gefälscht wird, wenn man seine Körperschaften nicht als staatliche Organe, sondern als gesellschaftliche Autonomien auffaßt. Ich gebe zu, es handelt sich hier nur um einen sprachlichen Ausdruck. Man könnte sich auf die Grammatik berufen, welche in vielen Fällen erlaubt, den vornehmsten Theil als das Ganze zu bezeichnen. Ich stelle aber doch anheim, ob gerade unsere Versammlung Ursache hat, durch Zulassung eines incorrecten Ausdrucks der Verwirrung der Begriffe Vorschub zu leisten oder dieselbe wenigstens nicht abzuschneiden. Ich frage den Herrn Referenten, ob er nicht vorzieht, anstatt: „Unternehmungen des Staats, der Provinz u. s. w." zu sagen: „Unternehmungen der Centralregierungen, der Provinz u. s. w."

Prof. Dr. Schönberg (Tübingen): Ich erlaube mir als Amendement zu der ersten Resolution vorzuschlagen, daß der zweite und dritte Satz der ersten Resolution wegfällt und nur der erste stehen bleibt mit einer kleinen Modification dahin, daß es heißt: „indem an Stelle der letzteren öffentliche Unternehmung des Staats, der Provinz, des Bezirks, des Kreises, der Gemeinde „in einem höheren Grade als bisher" treten. Die erste Resolution würde also nach dieser Amendirung lauten: „Zur Steuer der Mißstände im Actiengesellschaftswesen bedarf es außer „der Reform des Actienrechts einer Einengung des Gebiets der Actienge„sellschaften, indem an Stelle der letzteren öffentliche Unternehmungen „des Staats, der Provinz, des Bezirks, des Kreises, der Gemeinde in „einem höheren Grade als bisher treten." Ich glaube, daß die erste Resolution in der Fassung des Referenten auf sehr erhebliche Bedenken stoßen und schwerlich eine Majorität erlangen wird. Wir haben schon gestern solche Bedenken gehört. Mir scheint aber der von Prof. Wagner ausgesprochene und gestern ausführlich begründete Gedanke sehr richtig und wichtig, daß es sich zur Beseitigung der Mißstände in unsrem Actienwesen nicht blos um eine Reform des Actienrechts handelt, sondern daß die Mißstände auch dadurch beseitigt werden müssen, daß mehr als bisher wirthschaftliche Unternehmungen unsrer öffentlichen Organe (Staat, Gemeinde ꝛc.) dort eintreten, wo bisher Private als Actiengesellschaften das Unternehmen betrieben. Ich stimme den bezüglichen Ausführungen des Referenten im Wesentlichen bei. Ich bin auch der gestern von Herrn Prof. Schmoller geäußerten Ansicht, daß wir sehr wahrscheinlich in das System der Staatseisenbahnen hineinsteuern. Aber ich halte es für bedenklich, daß wir hier, wo die Frage der Actiengesellschaften erörtert wird, zu gleicher Zeit nebenher ohne speciellere Erörterungen so definitiv, wie es jetzt, in der so vorliegenden Resolution der Fall ist und jedenfalls na chaußenhin erscheinen würde, entscheiden wollen: ob Staatsbahnen oder Privatbahnen; ob Staatsbanken oder Privatbanken; ob Staats- oder Privatversicherungsgesellschaften. Ich halte dafür, daß diese so wichtigen Fragen nicht nebenher erledigt werden dürfen, und stelle dem Ausschuß anheim, ob er vielleicht für die Tagesordnung einer nächsten Versammlung diese Fragen, oder eine derselben, namentlich die der Staats- oder Privatbahnen, vorbereiten will. Ich glaube, daß der zweite und dritte Satz der Resolution in der jetzigen scharfen Fassung Viele, die für den ersten Satz stimmen würden, bestimmen wird, gegen die ganze Resolution zu stimmen. Um aber jedenfalls dem in dem ersten Satz ausgesprochenen, für die vorliegende Reformfrage sehr wesentlichen volkswirthschaftlichen Gesichtspunkt in dieser Versammlung die Majorität zu sichern, habe ich mein Amendement gestellt und empfehle Ihnen dasselbe zur Annahme.

Prof. Dr. Gneist (Berlin): Ich bin mit dem letzten Vorredner einverstanden; würde aber lieber die Nr. 1 ganz weglassen, weil sie mir zu weit geht. Soll sie nur einen Wunsch ausdrücken, oder einen Gesetzesvorschlag bilden? Soll sie nur den Wunsch ausdrücken, daß diese Unternehmungen mehr als bisher von Staat und Gemeinde übernommen werden, dann ist diesem Wunsch durch die Debatte genügt; soll dagegen mit dem Wort „geboten" eine gesetzliche Beschränkung ausgesprochen werden — und das muß man doch bei einer Resolution als Tendenz annehmen — so kommen wir auf ein Staatsmonopol der Eisenbahnen, und auf ein Communalmonopol der Gas- und Wasseranstalten und anderer Dinge.

Dagegen aber bin ich sachlich, aus zwei Gründen: dem Staate, der Commune, fehlt zunächst sehr gewöhnlich die Initiative. Unsere Eisenbahnen würden 10—15 Jahre später in die Welt gekommen sein mit dem Staatsmonopol. Diese Verwaltungen sind meistens zu schwerfällig für die Initiative, und noch heute fehlt der Mehrzahl der Communen die Initiative für die dringendsten Aenderungen der Sanitätspolizei und anderer Dinge.

Sodann aber fehlen vielen deutschen Einzelstaaten die Bedingungen einer guten Verwaltung. Ich möchte auf die Gefahren aufmerksam machen, die man mit dem Staatsmonopol der Eisenbahnen gemacht hat. Wo man, wie in Belgien, die Staatsmonopole in den Vordergrund gestellt hat, haben sich schwere Mißstände herausgestellt. Da, wo man die Sache hat, ist man für Privatbahnen, wo man Privatbahnen hat, ist man für die Staatsbahnen. Mit einem Bilde vom volkswirthschaftlichen Congreß: — es ist wie mit dem Manne der die Zahnschmerzen hat: hat man die Zahnschmerzen auf der linken Backe, so wirft man sich verdrießlich auf die rechte Seite, — hat man sie auf der rechten Backe, wirft man sich auf die linke Seite. Nach meinem Erachten ist Alles, was wir an Staats- und Communalunternehmungen haben, überwiegend auf den Gebieten der Concurrenz erwachsen. Wir haben erst eine gute Reichspost, nachdem wir auf dem Boden der Concurrenz die Erfahrung mit einem Dutzend Einzelstaatsposten gehabt haben; und ebenso ists mit den Eisenbahnen. Ich behaupte, unsre Staatsbahnen haben doch mehr von den Privatbahnen erlernt, als diese von den Staatsbahnen. Ich bin daher eben so gegen die einheitlichen Staatsmonopole als gegen die Communalmonopole. Wir werden heute gewiß keiner Commune, wenn sie kann und will, es mehr bestreiten, ihre Gas- und Wasseranlagen selbst zu machen. Aber wir würden die Forderung des Volkswohles wesentlich aufhalten, wenn wir ein Monopol daraus machen würden.

Ich bin daher sachlich dagegen und auch darum, weil unser Beschluß viel weiter verstanden wird, als ihn der Herr Referent selbst meint. Der Zweck eines concurrirenden Berufs für Staat und Communen, ist durch die Debatte vollständig erreicht. Ich glaube daher, man kommt am Einfachsten aus dem Streit, wenn der erste Satz wegbleibt.

Es kommt dazu die Fragestellung. Sie sehen aus dieser, daß der Ausschuß jene Frage gar nicht beantwortet, sondern nur die Gründungsmißbräuche durch die Gesetzgebung corrigirt haben wollte. Ich würde vorschlagen, jene Frage des ausschließlichen Staatsberufs lieber zum Gegenstande einer besonderen Begutachtung zu machen.

Geh. Ober-Reg.-Rath Dr. Engel (Berlin): Was die Bekämpfung der Anträge des Herrn Referenten anlangt, so kann ich mich den Ausführungen des Herrn Vorredners nicht blos anschließen, sondern ich gehe sogar noch viel weiter als er. Wenn für ihn der erste Paragraph nicht annehmbar ist, so finde ich sämmtliche Paragraphen unannehmbar. Sie fangen an mit dem Satze: „Zur Steuer der Mißstände im Actiengesellschaftswesen ꝛc." Ja, ich leugne nicht, es sind hier und da Mißstände hervorgetreten, es sind einzelne Personen, wie man zu sagen pflegt, „'reingefallen", weil sie bei der Anlage ihrer Gelder nicht vorsichtig genug gewesen sind. Allein nennen Sie doch die Mißstände und stellen Sie dieselben den Vortheilen und Vorzügen des Actienwesens, mit anderem Worte der Capital-Association mit beschränkter Haftbarkeit gegenüber, und es wird sich bald zeigen, auf welche Seite die Wagschale fällt. Warum wollen Sie denn gleich mit den Gesetzesvorlagen dazwischenfahren, weil der Schwindel in den letzten Jahren einige Nahrung gefunden hat? Wer unternehmen will, muß sich um seine Unternehmungen kümmern. Viele Actionäre wissen aber gar nicht einmal, wo die Unternehmungen liegen, bei welchen sie sich, womöglich mit hohem Agio, betheiligt haben. Gegen solche Unüberlegtheit, hervorgegangen aus Gewinnsucht, ist kein öffentlicher Schutz möglich und lediglich der Selbstschutz der wirksamste. Dann heißt es: „Zur Steuer der Mißstände bedarf es einer Einengung des Gebietes der Actiengesellschaften." Was heißt das? Was verstehen Sie unter Einengung? Daß Staat und Gemeinde öffentliche Unternehmungen ins Leben rufen und betreiben können, versteht sich von selbst und brauchen wir nicht in einer Resolution feierlich zu verkünden. Aber sie können es doch nur in beschränktem Maße und nicht entfernt auf allen den Gebieten mit Glück und Erfolg, die Sie jenen politischen Körpern zuweisen. Wie hätte denn von einem einzelnen deutschen Staate früher eine sich durch zwölf andere Staaten hindurchziehende Eisenbahn gebaut werden sollen? Politische Körper sind politisch begrenzt, nur die Capitalassociation ist kosmopolitisch. Die größten internationalen Verkehrs- und anderen Unternehmungen befinden sich gerade aus diesem Grund in den Händen von Privat- d, h. Actiengesellschaften. Uebrigens bestreite ich auch, daß die politischen Körperschaften den zu großen Unternehmungen nöthigen und initiativen Muth und die erforderliche Energie besitzen. Wie tausende von Beispielen lehren, sind die maßgebendsten Persönlichkeiten im Staat und der Gemeinde häufig in Kurzsichtigkeit und Engherzigkeit gegenüber öffentlichen Unternehmungen befangen.

Hat nicht Thiers, einer der größten Staatsmänner seiner Zeit, den Ausspruch gethan: Eine Bahn von Paris nach Versailles könne man allenfalls bauen, und zu Vergnügungsfahrten mögen sich Eisenbahnen eignen; daß man 1000 Kilometer baue und die Eisenbahnen die Landstraßen ersetzen können, sei eine fixe Idee. Nun, Frankreich besitzt jetzt über 20,000 Kilometer Eisenbahnen; sie sind sammt und sonders nicht vom Staate gebaut.

Es ist ganz richtig, daß die Privatbahnen dem Staate gezeigt haben, wie man im Eisenbahnwesen vorgehen muß und erst als die Privatbahnen in England wie auf dem Continent das theure Lehrgeld bezahlt hatten, hat sich der Staat zum Eisenbahnbau entschlossen.

Die öffentlichen Unternehmungen sollen ausgedehnt werden auf das Gebiet allgemeiner volkswirthschaftlicher Angelegenheiten und auf die Anstalten für locale wirthschaftliche Gemeinschaftsbedürfnisse. Hier muß ich wieder fragen: was ist denn ein locales wirthschaftliches Gemeinschaftsbedürfniß? Sie nennen Licht und Wasser, und halten dafür, daß Gasbeleuchtungsanstalten und Wasserwerke besser lediglich communale Unternehmungen seien. Aber sind denn Licht und Wasser allein solche Bedürfnisse? Brauchen die Bewohner eines Ortes nicht auch Brot und Kleider eben so nöthig? Sollen in Zukunft diese auch von der Commune gemacht werden? Wenn der Herr Referent es verneint, so hat ihm wahrscheinlich eine Idee vorgeschwebt, die er nicht weiter ausgeführt hat. Es giebt allerdings Betriebsgegenstände, wo es sich fragt, ob hierfür die Privatunternehmung noch am Platze ist; so namentlich, wenn zwischen Produzenten und Consumenten die öffentliche Domäne, also z. B. die Straße liegt. So wenig die Polizei aus Sicherheitsrücksichten gestatten kann, daß jeder beliebig bauen kann, so wenig kann sie zugeben, daß jeder den öffentlichen Weg lediglich nach seinem Gutdünken benutze. Hier müssen gewisse Beschränkungen eintreten, die leicht den Charakter eines Monopols annehmen. Soll deshalb aber der Staat oder die Gemeinde selbst Fuhrmann sein? Kann hier nicht trotzdem die Concurrenz wirksam werden? Edwin Chatwick hat über diesen Gegenstand eine sehr interessante Schrift „the competition for and after the field" geschrieben und nachgewiesen, daß gerade beim Fuhrwesen, insbesondere bei dem Omnibus- und Droschkenfuhrwesen, die Concurrenz vor der Ausbeutung des Unternehmens am Platze ist und vortreffliche Dienste leistet.. Referent erwähnt das Omnibuswesen. Gut, bleiben wir dabei stehen. Wo ist es am besten? Jederman wird Ihnen sagen: in Paris. Es rentirt nicht allein sehr gut, sondern es leistet auch der Commune und ihren Bewohnern die ausgezeichnetsten Dienste, wie ich dies Alles schon vor 10 Jahren in einer besonderen Abhandlung über die Omnibus-Industrie in Paris und London ausführlich nachgewiesen habe. Nur in Paris hat eine solche Concurrenz for the field stattgefunden. Der Seine-Präfect stellte einen wohldurchdachten Fahrplan auf, in welchem ebensowohl die Linien, die befahren, als auch die Zahl der Wagen, womit sie befahren werden müssen, die Abfahrts- und Ankunftszeiten, die Haltepunkte, die Größe der Wagen und die Zahl der Plätze in denselben 2c. genau berechnet waren. Selbst daß an Sonntagen mehr Wagen eingestellt werden müssen, war nicht vergessen. Dieser Plan wurde veröffentlicht und gewissermaßen zur Submission gestellt. Ein Einzelunternehmer hätte schwerlich alle diese Bedingungen erfüllen können. Nachdem sich eine vertrauenswürdige und capitalmächtige Actiengesellschaft hierzu bereit gefunden, wurde ihr der Zuschlag ertheilt, gleichzeitig aber auch der Schutz vor Concurrenz after the field. Denn die Gemeinde muß der neuen Unternehmung doch auch Zeit geben, dasselbe auszunützen und die Capitalien, die dazu aufgewendet oder dargeliehen wurden, zurückzuzahlen oder zu amortisiren. Hier gehen also öffentliches und Privatinteresse vortrefflich Hand in Hand.

Referent führte auch die Gasanstalten an; ich habe gestern schon behauptet, daß Berlin diejenige Stadt sei, welche das billigste Gas hat. Wodurch denn? Durch die Concurrenz! Wäre die Commune die alleinige Gaserzeugerin, so würde sicher das Gas erheblich höher im Preise stehen; vergleichen Sie in dieser Beziehung nur einmal Dresden mit Berlin. Also auch nach dieser Richtung hin bietet die Unternehmungsform der Actiengesellschaft Vortheile, die von der öffentlichen Unternehmung der einzelnen Gemeinden in keiner Weise besser und vollkommener dargeboten werden kann.

Es wurde auch bereits berührt, daß Satz I des Herrn Referenten auch die hochwichtige Frage: ob Privat-, ob Staatseisenbahnen, einschließe und daß es doch unmöglich sei, sie hier so beiläufig mit abzumachen. Dasselbe ist mit dem Versicherungswesen der Fall. Ob öffentliches, ob gegenseitiges privates, ob Actien-Versicherungswesen: das sind so umfangreiche Themata, daß sie unmöglich mit zwei Zeilen resolvirt werden können, wie hier in Satz I geschehen soll. Gewisse Versicherungszweige können absolut nicht als öffentliche Unternehmung, d. h. von Gemeinden, Kreisen oder Staaten betrieben werden. Das Versicherungswesen besteht in der Vertheilung der aus gewissen Gefahren entspringenden Vermögensnachtheile auf eine möglichst große Zahl von Personen. Weil solche Gefahren mehr oder weniger mit an die Scholle gebunden sind, so ist auch die weiteste räumliche Vertheilung der Risiken ein Gebot der Sicherheit. Wie mißlich es nun mit der communalen Feuerversicherung bestellt ist, ist allbekannt; aber auch provinziale und staatliche Feuerversicherungs-Societäten sind schon bankerott geworden, denn das Versicherungsmonopol, das die Grundlage ihrer Existenz ist, ist häufig auch der Nagel zu ihrem Sarge. Ihr Monopol reicht nur bis zur Grenze der Gemeinde, oder der

Provinz oder des Staates, und eben weil sie das Monopol besitzen, müssen sie auch alle Risiken, ohne die Möglichkeit der Rückdeckung, versichern. Und wie denken Sie sich die wichtige Branche der Seeversicherung als öffentliche Unternehmung in den Händen der Gemeinde oder des Staates?

Sie mögen aus diesen Andeutungen erkennen, meine Herren, wie wenig der Inhalt des ganzen 1. Satzes vor der Kritik besteht. Für mich ist er von Anfang bis zu Ende unannehmbar; ich amendire ihn nicht, ich verwerfe ihn.

Vicevorsitzender Prof. Dr. Nasse: Es ist ein Amendement eingereicht worden von Herrn Prof. Gneist. Es ist durch ein Versehen des Druckers ohne Unterschrift geblieben. Es lautet:

„Es bedarf einer Revision der deutschen Actiengesetzgebung im Sinne einer Verschärfung der Verantwortlichkeit, insbesondere

a) der Verantwortlichkeit der „Gründer" gegen die Actiengesellschaft wegen unwahrer Angaben im „Prospect";
b) der Haftung der Zeichner, nicht für 40%, sondern zum vollen Betrage;
c) Anerkennung eines Klagerechts der einzelnen Actionäre auf Innehaltung der gesetzlichen und statutarischen Normen der Gesellschaft;
d) Anerkennung eines Anspruchs der Minorität, bezw. der Einzelnen, auf außerordentliche Revision der Geschäftsführung und der Bilanzen."

Syndikus Dr. Hilse (Berlin): Meine Herren! Aus dem Munde von Practikern ist bereits auf das höchst Bedenkliche, die erste These des Herrn Referenten anzunehmen, aufmerksam gemacht worden. Auch ich glaube aus rein practischen Gründen Sie bitten zu sollen, von Annahme der ersten These Abstand zu nehmen. Dabei will ich noch die eminent politische Seite der Frage in den Hintergrund stellen, will unerwähnt und ununtersucht lassen, welche gewaltigen politischen Gefahren drohen, wenn alle die Tausende von Bediensteten im Actienwesen mit einem Zauberschlage Staats- oder Kommunalbeamtenqualität erlangen und in Preußen z. B. unter das Disciplinargesetz von 1852 zu stehen kommen. Ich will ganz davon absehen, welch' wichtiger Factor bei allen politischen Wahlen dies Beamtenheer werden, welch' nachtheilige Macht durch dasselbe ein den Volksinteressen so wenig zugethanes und vor Wahlbeeinflussungen und Beamtenmaßregelungen so wenig zurückschreckendes Ministerium erlangen kann, wie deren ja ab und zu geschaffen werden. Ich will Sie auch nicht mit der wenig tröstlichen Aussicht behelligen, wegen eines in der Weinlaune gegen den Sie fahrenden Droschkenkutscher ausgestoßenen Tadels Sie der Beamtenbeleidigung angeklagt auf der Anklagebank wiederzusehen, sobald die 4000 Berliner Droschkenkutscher Communalbedienstete geworden sein werden. Ich begnüge mich vielmehr von rein praktischen Gründen hier hervorzuheben, daß gerade die für Gesundheit und Bequemlichkeit der Bürgerschaft wichtigsten Einrichtungen von der Commune aus allerhand kleinlichen Scherzen in der Zeit nicht angelegt werden, in welcher sie nutzbar und billig geschaffen werden konnten. Herr Prof. Wagner erwähnt z. B. des Ankaufs der englischen Wasserwerke zu angeblich horrendem Preise. Aus meiner früheren Thätigkeit Anfangs der 60er Jahre constatire ich, daß damals die Berliner Commune die englischen Wasserwerke für 50 bis 60% ihres wirklichen Herstellungspreises ankaufen konnte, damals aber den Ankauf ablehnte, weil die Nützlichkeit bestritten wurde und die Werke bis dahin keine Rente abgeworfen hatten. Erst nachdem Anfangs 1863 die Dienstmädchen zu striken angefangen hatten, d. h. in keinen Dienst mehr zogen, sobald die Wohnung der Dienstherrschaft höher als eine Etage belegen und mit Wasserleitung noch nicht versehen war, nahm der Wasserkonsum zu und erhöhte sich folgeweise die Rente des Unternehmens. Gegenwärtig wird allerdings eine dieser täglich sich erhöhenden Rente entsprechende Abfindungssumme gefordert. Wo liegt da aber die Ungerechtigkeit? Haben sich vor kaum zehn Jahren die betreffenden Behörden noch nicht entschließen können, ein bestehendes Unternehmen zu übernehmen, als es ihnen unter dem Selbstkostenpreis der Unternehmer angeboten wurde, so ist es jetzt nicht mehr wie billig, daß sie heute die Abfindungssumme mit bezahlen müssen. Aus diesen und ähnlichen Vorgängen läßt sich jedoch mit voller Evidenz befürchten, daß gemeinnützliche Unternehmungen überhaupt nicht mehr in's Leben treten werden, wenn diese Unternehmungen Monopole der Communen oder Regierungen werden, denn diese werden immer vor kostspieligen Versuchen zurückschrecken, weil sie den etwaigen Vorwurf im Falle des Mißlingens fürchten. Die Concurrenz allein wird hier heilsam wirken. Die gemeinnützigen Unternehmungen sind es endlich auch nicht, aus denen Mißstände entstanden sind. Gerade umgekehrt hat das Publikum, sobald es sich daran betheiligt, etwas verloren. Die großen Verluste aus der Gründerepoche der Gegenwart, über die man heute allerorten sprechen hört, sind bei anderen Unternehmungen — Fabriken und Banken — gemacht. Entzieht man die gemeinnützigen und als solche für die Betheiliger reellen Unternehmungen — die ich gerade umgekehrt für das einzig wahre Objekt der reellen Actiengesellschaften halte — dem Bereich der Actienunternehmungen, so bleiben für die Speculation nur noch die Schwindelobjecte. Das Publikum durch Duldung unreeller Unternehmungen zur Betheiligung daran zu verleiten, halte ich geradezu für verwerflich. Wofern also die gemeinnützigen Unternehmungen Objecte der Actiengesellschaften nicht mehr sein sollen, dann gehen Sie lieber einen Schritt weiter, beseitigen Sie das ganze Institut der Actiengesellschaften aus unserem Geschäftsleben, hüten Sie sich, hüten Sie die Welt jedoch davor, daß die Wirksamkeit der Actiengesellschaften ausschließlich nur auf die sogenannten Schwindelgeschäfte eingeschränkt werde. Aus allen diesen Erwägungen bitte ich Sie also gegen die erste These der Resolution zu stimmen, oder, stimmen Sie ihr zu, dann wenigstens nicht auf halbem Wege stehen zu bleiben, vielmehr den Muth zu haben, das ganze Institut dem Untergange zu opfern, als es systematisch zu demoralisiren.

Bankdirector Dr. Hecht (Mannheim): Ich schließe mich den Bemerkungen des Herrn Prof. Gneist ad 1 vollständig an.

Dr. Eras (Breslau): Ich würde auf das Wort verzichten, da die wesentlichsten meiner Ansichten ad 1 schon von mir in der Generaldebatte und von den Herren Vorrednern in der Specialdebatte ausgesprochen worden sind, wenn es nicht nach einer vorhin gethanen Aeußerung des Herrn Prof. Rößler hätte so scheinen können, als wäre auf dem Volkswirthschaftlichen Congresse zu Wien noch an der veralteten Auffassung festgehalten worden, es käme im Eisenbahnbetriebe hauptsächlich darauf an, die Privatunternehmung an Stelle der Staatsunternehmung zu setzen, und als habe man in diesem Sinne davon gesprochen, daß die Directoren der Staatsbahnen nicht besser seien als die der Privatbahnen. So war eigentlich nicht die Darstellung meines Freundes Meyer auf dem Wiener Congreß. Ich möchte im Gegentheil constatiren, daß wir dort uns dahin präcisirt haben: wir halten den Streit darüber, wer die Bahn bauen soll für einen ganz untergeordneten und unwichtigen gegenüber der Frage, wie man die Concurrenz der Verfrachter auf den Schienenwegen herbeiführt. Das war der Sinn der Aeußerung von Herrn Dr. Meyer: „man könnte auch mit bewaffnetem Auge einen Staatseisenbahn-Director nicht von einem Privateisenbahn-Director unterscheiden." — Und nun noch eine kurze Bemerkung zu dem Referentenantrage unter 1: Der Einwand den ich gestern machte, daß nämlich die öffentliche Unternehmung nicht im Stande sein würde, auch wenn sie weiter ausgedehnt würde, die Mißbräuche, welche bei den Actienunternehmungen hervorgetreten sind, wesentlich einzuengen und zu verhindern, dieser gestrige Einwand ist mir nicht widerlegt worden. Herr Prof. Schmoller hat im Allgemeinen Staatsunternehmen empfohlen, aber diesen meinen Gesichtspunkt hat er in seiner Rede nicht bestritten. Ich bin nicht ganz der Ansicht des Geh.-Rath Engel, daß diesen Mißständen bei den Actiengesellschaften eben so viele Vortheile gegenüber ständen und daß man so entschädigt wäre. Nein; es sind arge Mißstände allerdings hervorgetreten, aber bei welcher Art von Gründungen? Vorzugsweise bei Creditanstalten, Hüttenwerken, bei manchen Baubanken, — alle diese Branchen leiden nach der eigenen Ansicht des Herrn Referenten eine Anwendung der Staatsintervention nicht. Wenn die öffentliche Unternehmung ausgebildet würde, so würde damit also nicht dasjenige Gebiet beschritten, wo die Abhilfe noth thut. Das was hier empfohlen wird, halte ich für einen Schlag ins Wasser, für einen Strohhalm, an den man sich vergeblich anklammert!

Referent Prof. Dr. Wagner: Meine Aufgabe ist keine leichte. Wenn ich recht verstanden habe, so haben sich gestern und heute nur zwei Redner, die Herren Schmoller und Rößler auf meinen Standpunkt gestellt, Herr Samter hat mir theilweise zugestimmt, die Mehrzahl sprach mehr oder weniger gegen mich. Daraus ergiebt sich vielleicht schon, daß im gegenwärtigen Augenblicke meine Ansichten von der Majorität dieser Versammlung noch für zu weit gehend erklärt werden. Trotzdem aber kann ich nicht davon abgehen, und werde daher versuchen, die Punkte noch einmal zu beleuchten, die gestern und heute hier hervorgehoben worden sind.

Ich wende mich zunächst gegen Herrn Prof. Gneist, der da meinte, ich hätte in der Behandlung des Themas zu weit ausgeholt, da ich doch nur gefragt worden wäre nach der Hebung der Mißstände in den Actiengesellschaften. Ich habe meine Aufgabe allerdings so aufgefaßt, daß ich über das Actienwesen im Allgemeinen mich aussprechen solle. Denn nur so, wenn das Actienwesen in seiner allgemeinen volkswirthschaftlichen und socialpolitischen Bedeutung betrachtet wird, können die tieferen Ursachen der Mißstände erkannt werden, und bei letzteren handelt es sich wahrlich nicht nur um die Gründungsmißbräuche bei bestimmten Arten von Gesellschaften grade in den letzten paar Jahren, sondern um die dem Actienwesen immanenten Folgen des Speculationsprincips! Hier ergiebt sich als mein Standpunkt der, daß in der That die Mißstände (die Herr Dr. Engel sogar ganz leugnet!), nicht nur durch Reformen des Actienrechts beseitigt werden können, sondern daß auf vielen Gebieten, z. B. auf dem Gebiete der Eisenbahnen, mancher städtischer Anstalten, wie der Gas- und Wasseranstalten u. s. w. die Reform dieses Rechts verzweifelt wenig oder gar nichts nützt. Können wir aber durch Reform allein nicht die Mißstände beseitigen, so müssen wir folgerichtig auch auf andere Weise zu helfen suchen, wie ich es eben vorgeschlagen habe. Dies der Grund der allgemeinen Behandlung der Actienfrage in meinem Referat. Ich muß also den gemachten Vorwurf des Herrn Prof. Gneist zurückweisen.

Unter den Rednern, welche meine erste Resolution principiell bekämpften, befinden sich zunächst wieder Herr Prof. Gneist, dann Geheimrath Engel. Herr Prof. Gneist sagt: wenn meine These 1 nur einen politischen Wunsch ausdrücken sollte, so sei sie überflüssig, weil selbstverständlich. Ich theile diese Ansicht nicht. Ich würde mich sogar begnügen, eventuell zu sagen statt dies ist: „geboten", dies ist „wünschenswerth". Bekanntlich sind die Ansichten über öffentliche Unternehmungen selbst auf den von mir genannten Gebieten noch mehrfach getheilt. Der Standpunkt ist von Manchen freilich schon so verändert worden, daß sie hinterher im Wesentlichen sagten: wir haben ja alle dasselbe gewollt, wie Ihr. Aber bleibt man bei der Wahrheit, so muß man zugestehen, die Ansichten sind noch verschieden. Erklären wir uns also auch nur dafür, daß es wünschenswerth ist, daß Staat und Gemeinde in gewissen Fällen eintreten statt der Actiengesellschaft, so haben wir in einer wichtigen principiellen Frage offen Stellung genommen, was immer gut ist und Andere ermuthigt.

Herr Prof. Gneist verwirft aber auch aus sachlichen Gründen die ganze Tendenz meines ersten Antrags. Ich muß jedoch annehmen, daß ihm, dem großen Historiker, wenigstens im Augenblick die Geschichte der Eisenbahnen nicht gehörig gegenwärtig gewesen sein kann, wenn er seine Ansicht durch Einwürfe wie den stützt, es fehle dem Staat an der Initiative! Wie ist's denn mit den Eisenbahnen gegangen? Der kleine Staat Belgien hat sich sofort nach seiner Constituirung an die Ausführung eines Staatseisenbahnsystems gemacht mit dem berühmten Gesetze vom 1. Mai 1834. Er hat in wenigen Jahren ein für die damaligen Verhältnisse brillantes Eisenbahnnetz ausgeführt. Man weiß ferner, wie in Frankreich der Staat erst wiederholt eintreten mußte, damit die Gesellschaften vorwärts kamen, was Geh. R. Engel in der Hitze der Debatte auch vergessen zu haben scheint. Eben solche Beispiele liegen aus den ersten Jahrzehnten des Eisenbahnbaues zahlreich aus Deutschland vor.

Es sind in Sachsen (mit Ausnahme von Leipzig-Dresden), in Bayern, Württemberg zumeist vergebliche Versuche mit dem Privatbahnbau gemacht worden — der Staat mußte eintreten. Auch in Preußen fanden sich lange Zeit nur Liebhaber für die fetten, nicht für die mageren Linien. So finden wir in zahlreichen Fällen, daß der Staat durchaus Initiative besitzt, die Actiengesellschaften keineswegs immer. Wenn Herr Prof. Gneist in anderen Fällen Recht hat, und namentlich mehrfach mit Erfahrungen in Gemeindeangelegenheiten seine Ansicht stützen kann, so lag das daran, daß so oft eine Gesellschaft sich erbot, die qu. Unternehmung auszuführen und man aus falscher Bequemlichkeit und anderen fremdartigen Gründen solche Anerbieten acceptirte. — Es ist jedoch entscheidend, daß die Gemeinde, die Bevölkerung dann hinterher dadurch oft peinlich abhängig wird. Das wünschte ich eben zu vermeiden.

Von Herrn Dr. Gneist ist ferner gesagt worden, es fehlten den Staatsunternehmungen die Bedingungen guter Verwaltung, vollends beim Monopol. Er hat hier selbst von schreienden Mißbräuchen gesprochen. Er erwähnte, glaube ich, Frankreichs, wo wir gar kein Staatseisenbahnwesen, sondern nur Privatbahnen mit freilich sehr umfassender Staatsunterstützung gehabt haben. In Belgien ist man dagegen sehr zufrieden mit den Staatsbahnen gewesen. Es steht dort jetzt nicht so, daß man über schreiende Mißbräuche der Staatsbahnen aufgebracht ist, sondern umgekehrt wünscht man die später entstandenen Privatbahnen in Eigenthum oder wenigstens in Verwaltung des Staats zu bringen. Ebenso hat sich das Staatsbahnsystem bei uns in Deutschland vollkommen bewährt.

Vollends aber war ich erstaunt, als Herr Prof. Gneist behauptete, daß die Post in Deutschland sich erst durch Concurrenz verbessert habe! Meine Herren, wie ist's möglich das auszusprechen! Jeder weiß, wie es bis 1866 mit ihr stand. In Hamburg haben sieben verschiedene Postämter neben einander bestanden und das hat wahrlich nichts zu ihrer Verbesserung beigetragen. Jetzt ist die Einheitlichkeit da und die ungeheuern Fortschritte im Postwesen sind erst gemacht, seit der einheitliche Staat die Sache einheitlich geregelt hat. (Rufe: Sehr richtig!)

Herr Geh.-Rath Engel hat unter Anderem erwähnt, wie Prof. Gneist, daß die Staatsunternehmungen an Mangel der Initiative der Staatsmänner litten. Gewiß mitunter, aber ebenso oft fehlt den Geschäftsmännern der weitere Blick. Mir fällt da ein characteristisches Urtheil ein, welches ein Koryphäe des europäischen Geldmarktes, Baron Rothschild in Frankfurt a. M., noch im Jahre 1842 oder 1843 dem russischen Finanzminister Cancrin über Eisenbahnen zum Besten gab. Er sagte, man sehe bereits, mit dem Eisenbahnwesen in Deutschland wäre es nichts: sowie der Neugierde im Publikum genügt wäre, führe das Publikum nicht mehr, der Verkehr nehme schon ab. Das hat dieser Mann noch vor 30 Jahren gesagt, und wenn das möglich ist, so wird man auch zugeben können, daß auch Staatsmänner in solchen Dingen beschränkt sein mögen, ohne damit in dieser Frage viel zu entscheiden.

Was nun einige der anderen Redner anlangt, so habe ich zusammenzustellen den Herrn Vertreter der Handelskammer zu Breslau — und ich bemerke ausdrücklich: nur mit diesem, nicht mit der Person des Herrn Dr. Eras habe ich zu thun — und Herrn Prof. Schönberg, die ja sonst eben nicht zusammenstimmen. Sie haben Beide gemeint, daß meine Thesen zu weit gehen, daß dadurch einer wichtigen Frage, wie der der Staats- oder Privatbahnen u. m. a. mit Unrecht und nur so im Vorbeigehen präjudicirt würde. Ich habe nicht die Absicht gehabt, in meinem Antrage so weit zu gehen, daß die Versammlung aus solchen Bedenken Anstand nehmen sollte ihn gut zu heißen. Ich habe aber in dem Antrage auch nur im Allgemeinen das Gebiet bezeichnet, wo meines Erachtens der Staat, die Gemeinde u. s. w. einzutreten hätten. Demgemäß also kann man ja im Einzelnen noch modificiren. Man kann ferner, wie ich schon zugestand, was ich als Gebot hinstellte, nur als Wunsch bezeichnen. Das aber scheint mir doch wenigstens nothwendig und zulässig. Streichen wir aber nach dem Schönberg'schen Amendement den Satz von: „dies ist geboten oder besonders wünschenswerth auf dem Gebiete" u. s. w. ganz, so ist gerade die Gefahr vorhanden, daß man der Resolution die Tragweite beilegt, als solle überall die öffentliche Unternehmung an Stelle der Actiengesellschaft treten, was viel weiter geht als mein Antrag, der den Herren schon zu weitgehend erscheint.

Herr Prof. Rößler stimmt mir ja im Ganzen bei. Seinem Wunsche, in Antrag I das Wort „Staat" durch „Centralregierung" ersetzt zu sehen, kann ich mich jedoch nicht anschließen. Ich meine, es würde dann gerade in weiteren Kreisen unverständlich werden, was wir, er, wie ich, meinen: das geordnete Selfgovernment, controlirt vom Staate.

Von Einzelheiten berühre ich nur noch einen Einwand des Herrn Geh.-Rath Engel. Es ist freilich selbstverständlich, daß nicht eine Dorfgemeinde für sich eine Versicherungsanstalt z. B. für Feuersgefahr einrichtet. Unsere heutigen Versicherungsvereine nach dem Gegenseitigkeitsprincip dehnen sich ja aber auch schon über das ganze Reich aus, so gut wie Actiengesellschaften, was auch genügt. (Geheimerath Engel: Die Magdeburger Versicherungsgesellschaft auf alle fünf Welttheile!) Es frägt sich ob es unbedingt wünschenswerth ist, daß wir die höheren Risikos der anderen 4 Welttheile mit decken. Ich glaube, daß gerade im Gebiete des Versicherungswesens das Genossenschaftsprincip und der Gegenseitigkeitsverein mit öffentlichen Unternehmungen ausreichen statt des Actienversicherungswesens.

Sonach meine ich, meine Herren, meine Thesen aufrecht erhalten zu dürfen. Ich würde daher bitten, diese erste Resolution zur Abstimmung zu bringen mit der Modification, daß die Formulirung etwas gemildert werde. Sprechen wir es als Wunsch aus, daß an Stelle des Actiengesellschaftswesens die öffentlichen Unternehmungen des Staates, der Provinz, der Gemeinde u. s. w. treten. Ich würde also etwa so sagen:

Zur Steuer der Mißstände im Actiengesellschaftswesen ist außer auf die Reform des Actienrechts auf eine Einengung des Gebiets der Actiengesellschaften Werth zu legen u. s. w. Dies ist besonders wünschenswerth auf dem Gebiete allgemeiner volkswirthschaftlicher Angelegenheiten u. s. w.

Vicevorsitzender Prof. Dr. Nasse: Niemand meldet sich zum Wort: ich schließe die Debatte und wir kommen zur Abstimmung. —

Der Antrag des Referenten wird mit 38 gegen 33 Stimmen angenommen.

Vicevorsitzender Prof. Dr. Nasse: Damit ist der Antrag Schönberg erledigt. Wir gehen über zu Nummer 2 der Anträge des Referenten.

Specialdebatte über Resolution 2.

Prof. Dr. Gneist (Berlin): Ich bin mit dem Antrage Nummer 2 ganz einverstanden, und wünsche nur eine Theilung desselben, nämlich daß besonders abgestimmt werde über die letzten drei Zeilen. Ich würde diesen Schluß weglassen, weil die Hauptsache in dem Vorherigen schon enthalten ist. Das Letzte ist nicht nöthig, geht zu sehr ins Einzelne; und darüber hätte ich erst eine eingehendere Debatte gewünscht.

Referent Prof. Dr. Wagner: Mit der Theilung der Abstimmung bin ich vollständig einverstanden. Ich lege auch keinen zu großen Werth auf Beibehaltung des Satzes: „Eine Ausnahme" u. s. w. mehr, weil ich mich ja gestern schließlich erklärt habe für die Zulassung von Gründungsbanken als Actiengesellschaften. Die Frage scheint mir nur specieller Erwägung bedürftig. Dagegen würde ich gern den letzten Satz: „die wirthschaftliche Verschiedenartigkeit" — bis — „Gründungsbanken" beibehalten haben.

Vicevorsitzender Prof. Dr. Nasse läßt über die 2. Resolution des Referenten in getrennten Sätzen abstimmen. Der erste Satz:

„Die Actiengesellschaft ist" — bis „vorbehalten bleiben"

wird einstimmig angenommen. Der zweite Satz:

„Eine Ausnahme von dieser Regel ist am Ersten bei Gründungsbanken am Platze"

wird vom Ref. selbst zurückgezogen. Der Schlußsatz wird auf Wunsch aus der Versammlung auch noch in zwei Theile getrennt, und von

„Die wirthschaftliche Verschiedenartigkeit" bis „berücksichtigen"

angenommen; die Schlußworte:

„so namentlich im Fall der Actienfabriken und eventuell der Gründungsbanken"

aber abgelehnt.

Specialdebatte über Resolution 3.

Vicevorsitz. Prof. Dr. Nasse: Es ist ein Amendement eingereicht worden zu Nr. 3 der Anträge des Referenten von den Herren DrDr. Eras und Websky. Es lautet:

Der Verein für Socialpolitik beschließt:

Die Gesetzgebung über die Actiengesellschaften ist reformbedürftig. Folgende Forderungen sind in die Reform zu stellen:

a) ein detaillirter Gründungsbericht mit civilrechtlicher Haftung der Gründer, welcher eine umfassende Publicität und Aufnahme in das Statut finden muß.
b) Gesetzlicher Ausschluß der sogenannten Gründer-Vorrechte.
c) Civilrechtliche Haftung der Anmelder für die in Art. 249 A. D. H. G. geforderten Anmeldungen und des Aufsichtsraths für alle auf den Status der Gesellschaft bezüglichen Bekanntmachungen.
d) Die Bestimmung, daß die Vermehrung des Actiencapitals nur in der Generalversammlung beschlossen werden kann.
e) Gesetzliche Anordnungen, durch welche auch auf Antrag einer Minorität der Actionäre genaue und schleunige Revision der Gesellschaftslage erreicht werden kann.

Dr. Websky (Wüste-Waltersdorf): Ich wollte Sie ersuchen, an Stelle der dritten Resolution des Herrn Referenten die eben verlesene Resolution zu setzen. Wir haben unsern Antrag deshalb gestellt, weil wir glauben, daß es nicht gut angänglich ist, hier in einer solchen Resolution sich auf Thesen, die doch nicht Allen zugänglich sind, zu beziehen, und haben diejenigen Punkte herausgesucht, welche uns am Wichtigsten scheinen. Ich begegne hier dem Amendement des Herrn Prof. Gneist; ich möchte Sie aber doch bitten, den Eingang in unserer Form anzunehmen, weil er etwas weitergehend ist als der des Herrn Prof. Gneist. Herr Gneist will nur die Verantwortlichkeit verschärfen; wir wünschen noch weitere Reformvorschläge und ich bitte Sie daher, den Eingang der Resolution in unserer Form anzunehmen. Alsdann stellen wir den Antrag daß folgende Forderungen an die Reform zu stellen sind; und zwar „a) Ein detaillirter Gründungsbericht mit civilrechtlicher und crimineller Haftung der Gründer, welcher eine umfassende Publicität und Aufnahme in das Statut finden muß."

Das Wünschenswerthe einer solchen Veränderung der Gesetzgebung ist gestern schon so oft ausgesprochen worden, daß ich mich einer genaueren Motivirung enthalten kann. Ich möchte nur wieder die Fassung des Hrn. Prof. Gneist hiermit vergleichen, der im Allgemeinen sagt, es bedürfe insbesondere einer Verschärfung der Verantwortlichkeit der „Gründer" gegen die Actiengesellschaft wegen unwahrer Angaben im „Prospect". Ich empfehle hier unsere Fassung, weil gerade dasjenige, was schon zu so vielfachen Streitigkeiten Anlaß gegeben hat, das, was man gerade am meisten von einer Reform wünscht, daß nämlich die Gründer civilrechtlich verfolgt werden können, hier ganz direkt ausgesprochen wird, während dies bei Gneist's Fassung nicht der Fall ist.

Alsdann haben wir als zweite Forderung gestellt: „b) Gesetzlichen Ausschluß der sogenannten Gründervorrechte" Eine Motivirung ist auch hier wohl nicht nothwendig. Gerade diese Gründervorrechte verrücken den Standpunkt aller Actiengesellschaften, — sie werden dadurch zu Agiotagegesellschaften gemacht, statt daß es ihr Streben sein sollte, irgend eine wirthschaftliche Branche mit Fleiß auszubilden.

Alsdann verlangen wir: „c) Civilrechtliche Haftung der Anmelder für die in Art. 249 des Allgem. deutschen Handelsgesetzbuches geforderten Anmeldungen und des Aufsichtsrathes für alle auf den Status der Gesellschaft bezüglichen Bekanntmachungen." Es ist hier noch einmal das ausgesprochen worden, daß auch jede falsche Anmeldung, die nach dem Handelsgesetzbuch bereits strafrechtlich verfolgt wird, auch civilrechtlich verfolgt werden kann.

Daß „d) die Bestimmung, daß die Vermehrung des Actiencapitals nur in der Generalversammlung beschlossen werden kann" vorhanden sein muß, ist auch eine Forderung, die ich nicht weiter zu motiviren brauche. Es ist dies eine von denjenigen Verbesserungen, die nicht unter die erhöhte Verantwortlichkeit fallen, weshalb ich eben wünsche, daß unser Eingang festgehalten werde. Und schließlich beantragen wir „e) Gesetzliche Anordnungen, durch welche auch auf Antrag einer Minorität der Actionäre genaue und schleunige Revision der Gesellschaftslage erreicht werden kann." In dieser Beziehung ist die Fassung des Herrn Prof. Gneist der unseren so ähnlich, daß ich Ihnen überlassen muß, welcher von diesen beiden Fassungen Sie den Vorzug geben wollen.

Prof. Dr. Gneist (Berlin): Der Referent hat mit Recht hervorgehoben, daß wir uns über die technischen juristischen Einzelheiten nicht gut schlüssig machen können. Ich glaube aber, sein Antrag, über 14 Thesen abzustimmen, wird diesen Zweck nicht erreichen, sie gehen eben zu sehr ins Detail. Ich wünschte daher uns zu beschränken auf die wichtigsten Punkte, die man in kurzer Fassung als die überwiegende Meinung der Versammlung feststellen kann.

Das ist geschehen in meinem Antrag in Bezug auf die Verantwortlichkeit der Gründer. Wenn gesagt ist, „für unwahre Angaben im Prospect", so ist damit gesagt, daß es eines obligatorischen Prospectes bedarf. Daß dieser Prospekt dann in seinen wesentlichen Bestimmungen durch das Gesetz bestimmt wird, versteht sich wieder von selbst. Daß er veröffentlicht werden muß, versteht sich ebenso und wenn ich das Wort „öffentlich" nicht so oft erwähnt habe, wie Herr Dr. Websky, so habe ich doch nur dasselbe sagen wollen. Die Haftung war bisher wohl in thesi da, aber sie war nicht ausführbar, weil man wohl die Unwahrheit feststellen konnte, aber nicht die Legitimation und das Interesse des Beschädigten. Es genügt da, im Gesetz zu sagen: mindestens haftet der Gründer für die dicta promissa, d. h. voll zu machen die Dinge, die er im Prospekt angegeben hat.

Der zweite Punkt, die Ausdehnung der Haftung von 40 auf 100 pCt., ist hier wie auf dem juristischen Congresse als angemessen anerkannt worden.

Das Dritte ist: die gesetzlichen und statutarischen Bestimmungen dürfen nicht in jedem Augenblick durch jede Majorität verschoben werden, und um diese Forderung aufrecht zu erhalten, müssen Sie dem Einzelnen ein Klagrecht geben.

Das Vierte ist: „Anerkennung eines Anspruchs der Minorität, bezw. der Einzelnen auf außerordentliche Revision der Geschäftsführung und der Bilanzen bei bescheinigtem Verdacht von Ungehörigkeiten." Meine Herren! Das ist ein außerordentlich krittlicher Punkt, wenn man ihn allgemein ausdrückt. Der Juristentag hat gesagt: „aus wichtigen Gründen"; ich habe lieber gesagt „außerordentliche Revision". Wir können nicht alle Augenblick die Verwaltung stören durch Anträge und Diskussionen, die die Kreditwürdigkeit der Gesellschaft erschüttern müssen! Ich meine, es könne sich aus bestimmten Gründen die Minorität oder der Einzelne an's Gericht wenden und eine Revision beantragen, die dann durch gerichtlich ernannte Revisoren erfolgt, wenn sich die Parteien nicht einigen.

Die Einführung eines Reichs-Controlamtes scheint mir noch etwas vorzeitig.

Danach würde also gerade durch die einfache Fassung mein Amendement sich empfehlen. Es genügt, so die Richtung dem Gesetzgeber positiv zu bezeichnen.

Die Aufhebung aller Gründervorrechte halte ich für unausführbar; ich glaube es kann keine Actiengesellschaft zu Stande kommen, wenn die Gründer für ihr Risico nicht gewisse Vortheile haben.

Geh.-Rath Dr. Engel (Berlin): Mit Herrn Prof. Gneist stimme ich betreffs der von ihm formulirten Punkte a und b, nicht aber betreffs der anderen und der von Herrn Dr. Eras aufgestellten überein. Wenn man die Thesen des Herrn Referenten durchliest, so kommt man zu der Ansicht, daß sich der Referent das Actiengesellschaftswesen wie einen großen Sündenpfuhl vorstellt, wo nichts als Betrug und Diebstahl herrscht. Ich würde einige von diesen haarsträubenden Ansichten des Referenten etwas näher beleuchten, wenn nicht ungerechter Weise den Herren Referenten und Correferenten so viel Zeit zur Motivirung ihrer Thesen und Anträge, den Rednern aber so wenig zur Bekämpfung und Widerlegung der letzteren gelassen wäre. Referent verlangt u. A. in These 23, daß in den Prospekten der Actiengesellschaften, in welchen Naturaleinlagen eingebracht werden, „der Erwerbspreis, die Erwerbszeit und Bedingungen die Zeitdauer des frühern Besitzes und die früheren Erwerbspreise seit den letzten 5 Jahren und die besonderen Vortheile der Gründer" angegeben werden. Ja, warum verlangen Sie denn das nur von den Actiengesellschaften? Warum nicht im gewöhnlichen Handel und Wandel, z. B. wenn Jemand ein Pferd oder ein Haus ꝛc. verkauft; es wäre doch auch recht interessant für den Käufer zu wissen, welche Wandlungen diese Objekte in den letzten 5 Jahren durchgemacht haben. Es steht sicher Jedem, der sich bei einem Actienunternehmen betheiligen will, das Recht zu, sich vorher nach allen Details desselben zu erkundigen und hiernach seinen Entschluß zu fassen. Hat er ihn aber gefaßt, ist er Actionär geworden, so kann er nicht mehr von Uebervortheilung reden, wenn das Unternehmen einen minder günstigen Verlauf nimmt, als er hoffte und erwartete. Was soll es denn bei der ungeheueren Veränderlichkeit und Vergrößerung der gewerblichen Anlagen z. B. nützen zu wissen, was eine solche Anlage unter ganz anderen Verhältnissen, in anderen Dimensionen, mit anderer Kundschaft ꝛc. vor 5 Jahren gekostet hat; sie kann ja vor 5 Jahren eben so gut auch über als unter dem Preis bezahlt worden sein. Wenn er aber einmal gekauft hat, kann er sich nicht darauf berufen: vielmals kann dieser Kaufpreis gar nicht einmal nachgewiesen werden. Wenn, wie Herr Prof. Gneist in seinem Amendement dies verlangt, die Gründer wegen unwahrer Angaben im Prospect zur Verantwortung gezogen werden können, so ist das vollständig genügend. Nicht darauf kommt es an was ein Besitzthum vor 5 Jahren gekostet hat, sondern was es heute — zur Zeit der Gründung — werth ist.

Dann verlangt der Herr Referent von den Banken und Versicherungsanstalten in These 25 mindestens vierteljährlich genaue specificirte Bilanzen und Aufmachungen des Gewinn- und Verlust-Conto. Wissen Sie, was das bei einer Bank mit einem Capital von 10 oder 20 Millionen Thaler heißt? Wenn Sie Geschäftsübersichten gesagt hätten, so ließe ich mir das noch eher gefallen. Allein zur Beurtheilung der wirklichen Geschäftslage sind weder diese noch Rohbilanzen hinreichend, dazu bedarf es einer Nettobilanz, welcher aber eine genaueste Inventur vorhergehen muß, bei Banken, die mit Conto-Current-Kunden arbeiten, einer genauen Feststellung des Werths aller Depots und einer Bonitirung der betreffenden Kunden selbst. Das sind Wochen, ja Monate in Anspruch nehmende Arbeiten, die man nicht jedes Vierteljahr vornehmen kann. Gesetzt aber, Sie begnügten sich mit Rohbilanzen, so sind in kritischen Zeiten doch auch diese, namentlich, wenn sie die weiteste Veröffentlichung erfahren sollen, von nicht zu unterschätzendem Nachtheile für die Actionäre, die Sie schützen wollen. Nehmen Sie z. B. die Rohbilanz einer Bank p. ult. Sept. d. J. an, ein Tag, der durch einen namenlos tiefen Cursstand aller Effecten ausgezeichnet ist. Die besten Depoteffecten verloren an diesem Tag plötzlich 10 bis 20 Procent. Die Rohbilanz, aufgemacht zu einem solchen Tag, würde sicher bei vielen Banken eine Unterbilanz ergeben, die aber schon am nächsten Tage möglicherweise nicht mehr existirt. Nun veröffentlichen Sie vielleicht 4 Wochen nach jenem Tage die heute durchaus nicht mehr zutreffende Rohbilanz und bewirken dadurch weiter nichts, als daß Sie die Masse der Actionäre in eine unbegründete Unruhe versetzen! Jeder Actionär kann heute schon zur

Bank hingehen und Einsicht in die Bücher verlangen (Oho!) oder sich über das Unternehmen auf sonst eine Weise an maßgebender Stelle Raths erholen. Ich verstehe übrigens auch gar nicht die fortwährende Forderung nach breitester Oeffentlichkeit. Die Actiengesellschaften sind ihren Gläubigern und die Verwaltung der Gesellschaften, ihren Auftraggebern, den Actionären, Rechenschaft schuldig, dem nicht betheiligten Publikum, wenigstens meiner Ansicht nach, ganz und gar nicht.

In These 28 wird verlangt, daß jeder einzelne Actionär eine Stimme haben soll. Das ist allenfalls in kleinen Actiengesellschaften möglich, in großen sicher nicht! Sie müssen hier schon deshalb das Stimmrecht an einen größeren Besitz von Actien knüpfen, weil Sie sonst gar keine Locale zur Abhaltung von Generalversammlungen hätten. Und wie weitläufig würden die Verhandlungen werden, wenn jeder Actionär mit je einer Stimme von der ihm zustehenden Redefreiheit Gebrauch machen wollte. Es ist eben nicht möglich, Forderungen, wie sie die Thesen aussprechen, in der Praxis auszuführen! Aus dem Inhalt dieser Thesen geht überhaupt hervor, daß der geehrte Herr Referent, — er möge mir das nicht übel nehmen, — die Actiengesellschaften zu wenig kennt, und nicht weiß, wie es in diesen Gesellschaften hergeht. Im Großen und Ganzen herrscht in der Leitung und Verwaltung der Actiengesellschaften mindestens ebensoviel Redlichkeit und Verantwortlichkeitsgefühl als in der Verwaltung von Einzel- oder Privatunternehmungen. Die Actiengesellschaften haben heut zu Tage nicht mehr nöthig, sich ihre Berechtigung noch durch uns attestiren zu lassen.

H. Bueck, General-Secretär des Vereins zur Wahrung der gemeinsamen wirthschaftlichen Interessen in Rheinland und Westfalen (Düsseldorf): Gegen eine jetzt schon eintretende Aenderung des Gesetzes vom 11. Juni 1870 könnte man anführen, daß dasselbe unter der Einwirkung anomaler Verhältnisse ins Leben getreten sei, daß man also noch nicht Gelegenheit gehabt habe zu beobachten, was das Gesetz unter der Herrschaft regelmäßiger Zustände leisten würde.

Man könnte auch sagen, daß eine Besserung sich aus dem Verkehr selbst ergeben werde und die letzte Zeit scheint für diese Annahme zu sprechen; denn wir haben in derselben zwar von mehrfachen Liquidationen solcher Unternehmungen gehört, denen es an genügender wirthschaftlicher Grundlage zu fehlen schien, aber nicht von neuen Gründungen.

Soll aber reformirt werden, so möchte ich mich gegen ein Zuweitgehen der Resolutionen aussprechen. Mehreres ist bereits von dem Herrn Vorredner hervorgehoben worden, ich muß mich jedoch noch gegen einige weitere Punkte wenden. So möchte ich mich gegen die These 23 erklären, welche verlangt, daß die Statuten durch die Zeitungen veröffentlicht werden. Ich denke, das Gesetz hat den Annoncentheil unserer Zeitungen bereits zu sehr begünstigt, da Vieles hier durch sehr kostspielige Annoncen bekannt gemacht werden muß, wofür in England einfacher Aushang genügt.

Mit der Einführung von Revisoren bin ich einverstanden; wenn diesen aber die Funktionen übertragen werden sollen, welche die Herren Referenten in Vorschlag bringen, so kann man wohl von vornherein annehmen, daß sich zur Uebernahme dieses Amtes keine Actionäre bereitfinden werden. Folgen wir dann weiter den Vorschlägen des Herrn Justizrath Wiener, so kommen wir zu amtlichen Controlämtern. Derartige Aemter wurden in Italien durch Decret vom 30. December 1865 eingeführt, sie mußten aber nach mehrfachen Aenderungen, durch Decret vom 26. Februar 1870 nicht allein als zwecklos, sondern sogar als schädlich aufgehoben werden, da sich das Publikum unter ihrem Regime in Sicherheit wiegte und in Folge dessen ungeheure Verluste zu tragen hatte. Ich halte daher die Forderungen des Herrn Referenten nach dieser Richtung für zu weitgehend und kann mich auch den Anträgen des Herrn Professor Gneist nur theilweise anschließen.

Mit der beantragten Haftung der Actienzeichner bis zur Vollzahlung kann ich mich auch nicht einverstanden erklären. Nach dem Gesetze ist der Zeichner jetzt unter jeden Umständen bis zu 40 pCt. seiner Zeichnung verpflichtet, dies genügt entschieden für die erste Zeit. Ueber die erste Lebensperiode des Unternehmens kann sich der Zeichner aber auch nur ein Urtheil bilden, es wäre unrecht ihn für weiter zu verpflichten; denn auch ihm muß die Gelegenheit geboten werden sich durch Verkauf der Actie zurückzuziehen, wenn er später zu der Ueberzeugung gelangen sollte, daß er dem Unternehmen sein Vertrauen nicht mehr zuwenden könne. Die 40 pCt. genügen sicher, um dritte Personen für die erste Zeit sicher zu stellen. Wird überhaupt nicht Vollzahlung gleich zu Anfang verlangt, so wird sich schwerlich Jemand finden, der bereit wäre sich für die Entwicklung eines Unternehmens zu verpflichten, das er in seinem Verlaufe nicht beurtheilen kann.

Eine Verweigerung des Klagerechts des einzelnen Actionärs auf Einhaltung der statutarischen und gesetzlichen Bestimmungen wird, glaube ich, nicht Platz greifen können, denn hierin würde eine Rechtsverweigerung liegen, die durch das Gesetz von vorneweg ausgeschlossen sein dürfte. Erklären möchte ich mich aber gegen die, für die Minoritäten in der Generalversammlung in Anspruch genommenen Rechte. Ich befinde mich hier iu einem Gegensatz zu dem geehrten Herrn Vorredner, der behauptet, daß es nicht möglich sei jeder Actie eine Stimme einzuräumen.

Gerade in neuerer Zeit ist diese Bestimmung von vielen Actiengesellschaften angenommen, ohne daß sie zu Unzuträglichkeiten geführt hätte und ich bin überzeugt, daß die Praxis, das Stimmrecht an einen größeren Actienbesitz zu knüpfen, nicht wird aufrecht erhalten werden können; ist aber das Stimmrecht jeder einzelnen Actie eingeräumt, so ist der Minorität geworden was sie nur irgend verlangen kann. Ich würde daher vorschlagen zu beantragen, daß jeder Actie eine Stimme zu gewähren sei.

Ich erlaube mir jedoch einen andern Punkt zur Sprache zu bringen; ich meine die Erhöhung des Grundcapitals, oder die Ausgabe junger Actien vor Volleinzahlung der alten. Wie ist der Vorgang dabei gewesen? Ich mache Sie beispielsweise darauf aufmerksam, daß alle diejenigen Actiengesellschaften, welche Bankgeschäfte betreiben, ihre Actien, wie sie es hätten thun können, nicht auf 50 Thlr., sondern auf 200 Thlr. ausgestellt haben, auf welche 40 pCt. eingezahlt wurden. Hierbei war es nur auf das Agio abgesehen, welches für jedes angefangene Hundert, als wäre die Volleinzahlung geleistet, berechnet wird.

Nun haben in fürsorglicher Weise die ersten Actienzeichner, oder die Gründer, sich das Bezugsrecht der jungen Actien reservirt und war der Markt mit alten Actien noch nicht gesättigt, so wurde hieraus der Grund für eine Erhöhung des Grundcapitals hergeleitet, es wurden, des Agiogewinnes wegen, flott junge Actien ausgegeben, während es doch naturgemäß gewesen wäre, falls wirklich ein Geldbedürfniß da war, zuvor die alten Actien volleinzahlen zu lassen. Daß den Inhabern der alten Actien der Cursgewinn aus dem Verkaufe der Jungen zufließt, halte ich durchaus für berechtigt; der Verkauf muß aber für Rechnung der Gesellschaft geschehen und es wird der Zweck erreicht, wenn der Gewinn durch die Bilanz und Dividende zur Erscheinung gelangt.

Ich gestatte mir daher folgende Anträge zu stellen:

1) Eine Erhöhung des Grundcapitals darf vor Vollzahlung der alten Actien nicht stattfinden.
2) Es ist unstatthaft, daß bei der Emission neuer, sogenannter junger Actien, den Gründern irgend ein mit der gleichen Berechtigung aller jeweiligen Actionäre im Widerspruch stehendes Vorrecht gewährt werde.

Salomon (Berlin): Meine Herren! Bei den sehr verschiedenen Ansichten, die Sie über den dritten Theil der Fragen gehört haben, haben Sie in der Summe doch nur die Behauptung gehört, daß überhaupt eine Verbesserung der Actiengesetze nothwendig ist. Nur einer der Herren von gestern Abend hat die Behauptung aufgestellt, daß auch hierbei wie bei allen anderen Schäden die Praxis das beste Heilmittel sei, und daß wir uns hüten sollen mit Aenderungen schon jetzt, wo wir noch nicht genügende Erfahrungen gesammelt haben, einzugreifen. Dieser Ausspruch, so einzig er auch dasteht, ist doch von einem preußischen Finanzminister ebenfalls ausgesprochen worden. Dieser Minister sagte, daß man die Dummen eben nicht schützen könne und daß man sie darum ihrem Schicksale überlassen müsse. Dieser Satz hat neuerdings eine sehr grelle Beleuchtung erfahren. Niemand, mag er auch noch so freisinnig in volkswirthschaftlichen Fragen urtheilen, wird damit einverstanden sein, daß Dingen, wie sie in neuester Zeit ans Licht gezogen worden, durch das Gesetz Vorschub geleistet werde.

Meine Herren! Die ganz außergewöhnliche Katastrophe, in welcher sich der Geldmarkt gegenwärtig befindet, zu Folge deren ein großer Theil unseres Nationalwohlstandes zu Grunde geht und durch welche zahlreiche Familien ihre jahrelangen Ersparnisse verloren haben — sie ist denn doch danach angethan, die ernstesten Besorgnisse hervorzurufen und davor zu warnen, daß man mit volkswirthschaftlichen Phrasen über die gemachten Erfahrungen hinweggehe. Ich erlaube mir darauf aufmerksam zu machen, in welcher Weise diese Uebelstände erzeugt worden sind. Früher wurde durch competente Finanzmänner die Lage der einzelnen Unternehmungen genau und sorgfältig untersucht, und erst wenn das geschehen, ein größerer Kreis von Männern zu diesen Unternehmungen hinzugezogen. Die auf diese Weise ins Leben gerufenen Gesellschaften haben fast alle prosperirt und dem Publikum doppelten Vortheil gebracht: sie ermöglichten die größere Ausdehnung solider und ersprießlicher Unternehmungen, und sie gaben eine vortreffliche Capitalanlage ab. Wie ist es dagegen um die Unternehmungen bestellt gewesen, welche seit dem Kriege und unter dem Einfluß des französischen Geldzuflusses erstanden? Anfangs wurden manche sehr gute Unternehmungen ins Leben gerufen. Als man aber sah, daß das Publikum, lüstern geworden durch die schnelle Steigerung des Agio's, dazu verführt worden war, unbekannte Actien lediglich in der Absicht zu kaufen, um dieselben nächster Tage wieder zu verkaufen, da kamen die Gründungen in Mode und traten neue Kreise von Dilettanten in die Oeffentlichkeit, die gar nichts von der Sache verstanden. Neue Banken und Banquiers, die nie daran gedacht haben ein gemeinnütziges Unternehmen zu schaffen, beschlossen die Zeit zu benutzen! Diese Leute waren es, die da sagten: „Die Aenderung des Gesetzes giebt uns die Mittel, um unter Einhaltung gewisser Formen noch größeren Gewinn zu erzielen. Wie das Publikum dabei fährt, möge es selbst sehen!" Ein sittlich verdorbener Zustand hat zugenommen von Tag zu Tage, und während 1871 das große Publikum sagte: „Da gehen wir nicht hinan, der Krach wird eintreten, ehe wir es uns versehen", wurde dasselbe schließlich veranlaßt, doch in die ihm gestellten Fallen zu gehen. Seitdem ist die Corruption in Kreise gedrungen, die früher nie eine Ahnung von dieser Art raschen Gewinnes gehabt hatten. Die Ursachen sind die leichten Formen des Gesetzes gewesen. Diese Formen sind geeignet, redliche Leute zu fangen, Spitzbuben aber vorsichtig zu machen. Jetzt liegt die Sache so: Vor der Hand ist keine Aussicht auf Gründungen irgendwelcher Art, denn das Publikum ist ruinirt und wird in den fünf nächsten Jahren nicht herangehen; aber das kann uns keineswegs abhalten, einer Reform des Gesetzes das Wort zu reden. Und wenn Sie heute einige bestimmte Sätze aufstellen — und in dieser Hinsicht schließe ich mich Herrn Prof. Gneist an — so hoffe ich gegen die Wiederkehr solcher Zustände werden dieselben Garantieen schaffen. Bei alinea 1 möchte ich mir erlauben hinzuzufügen: „unter Ausschluß sämmtlicher Gründervorrechte"; dieser Vorschlag von Herrn Dr. Eras scheint mir mißverstanden zu sein: es sollen ausgeschlossen sein die Vortheile beim Erwerbe künftiger Actien. (Sehr richtig!) Ich bitte dies dem Amendement Dr. Websky und Eras hinzuzufügen.

Dr. Wachtel (Leipzig): Das allerseits anerkannte Erforderniß der unbedingten Publicität bezüglich aller die Gründung einer Actiengesellschaft betreffenden Thatsachen wird meiner Ansicht nach durch die Bestimmungen, welche hier angenommen werden sollen, und die Beschlüsse des Juristentages, auf welche Bezug genommen wird, nicht genug gewahrt, der alsdann entstehende Widerspruch zwischen diesen Beschlüssen und der seitherigen Gesetzgebung nicht in Einklang gebracht. Ich weise darauf hin, daß die Verletzung der Publicität zum größten Theile erst durch das Gesetz vom 11. Juni 1870, Art. 209a und 209b hervorgerufen worden ist, nämlich durch die Klausel: „Sofern der Gesellschaftsvertrag nicht unter sämmtlichen Actionären abgeschlossen ist rc.“, welche Klausel den Gründern die Möglichkeit gegeben, gerade die wichtigsten, die zu gründenden Actiengesellschaften berührenden Punkte — Einbringung und Anrechnung von nicht in Geld bestehenden Vermögensstücken und den Nachweis der gesetzlich vorgeschriebenen 10procentigen Einzahlung — unter sich abzumachen. Ich brauche nicht zu sagen, daß durch diese Klausel überhaupt erst die Möglichkeit, geheime und Scheinverträge abzuschließen, geschaffen, der Gründungsschwindel erst perfect geworden ist. Es würde ein Widerspruch mit dem Gesetze von 1870 hervorgerufen werden, wenn Sie die Haftung der Gründer für die im Prospect angegebenen Thatsachen aussprechen und zugleich die Bestimmung des Gesetzes vom 11. Juni 1870: „Sofern der Gesellschaftsvertrag nicht unter sämmtlichen Actionären abgeschlossen ist“ — bestehen lassen wollten. Ich erlaube mir daher zu dem Abänderungsantrage des Herrn Prof. Gneist zu a. den Zusatz zu beantragen:

> Es ist daher auch die in dem Art. 209a und 209b des Gesetzes vom 11. Juni 1870 bestehende Klausel: „Sofern der Gesellschaftsvertrag nicht unter sämmtlichen Actionären abgeschlossen ist“ zu beseitigen.

Ferner halte ich es für einen Widerspruch zwischen der weiter beantragten Resolution und der bestehenden Gesetzgebung, wenn man erst jetzt Bestimmungen aufnehmen will, welche den bei Gründungen vorkommenden Betrug strafbar machen sollen. Meiner Ansicht nach ist dieser schon dem bestehenden Gesetze verfallen, denn der § 263 des Strafgesetzbuches lautet:

> Wer in der Absicht, sich oder einem Dritten einen rechtswidrigen Vermögensvortheil zu verschaffen, das Vermögen eines Anderen dadurch beschädigt, daß er durch Vorspiegelung falscher oder durch Entstellung oder Unterdrückung wahrer Thatsachen einen Irrthum erregt oder unterhält, wird wegen Betruges mit Gefängniß bestraft rc.

Es ist daher ein sehr bedenkliches Präjudiz, heute hier den Antrag zu stellen und zu beschließen, daß jetzt erst der Betrug, welcher durch Angabe falscher oder durch Unterdrückung wahrer Thatsachen verübt wird, bestraft werden soll. Man wird dadurch die Meinung hervorrufen, als ob seither gegen diese Betrüger gar nichts habe geschehen können. Wenn man dem entgegen hält, daß es schwierig sei, auf Grund der bestehenden Strafgesetze den bei Gründungen vorkommenden Betrug zu strafen, weil der Begriff des „Gründers“ gesetzlich nicht feststehe und nicht festzustellen sei, so meine ich, man soll sich nicht an Begriffe und Definitionen klammern, sondern Denjenigen, welcher bei der Gründung von Actiengesellschaften Betrug verübt hat, strafen, mag er „Gründer“ heißen, oder wie sonst immer.

(Hier wurde Redner vom Präsidenten unterbrochen mit dem Bemerken, daß die verstatteten 5 Minuten zum Sprechen vorüber seien.)

Graf v. Wintzingerode (Bodenstein): Es sind wesentlich formelle Gründe, die mich veranlassen, das Wort zu ergreifen. Ich halte es für eine außerordentliche Schwierigkeit, wie wir durch die Abstimmung hindurchkommen sollen; und wenn ich auch das größte Vertrauen zu unserem Präsidenten habe, so möchte ich doch die Referenten bitten, der Sache zu Hülfe zu kommen. Wir kommen nicht zum Ziele, wenn wir die große Menge von Anträgen zur Abstimmung bringen sollen. Ich meine, wir kommen nur zum Ziele, wenn wir womöglich den einfachsten Antrag, den des Herrn Prof. Gneist, als eine Unterlage ansehen, und als Zusatz- oder Abänderungsanträge dasjenige, was außerdem vorgeschlagen worden ist. Ich halte aber für wichtig, daß der Herr Referent sich schon jetzt hierüber ausspreche, weil, wenn seine Anträge zurückgezogen werden sollten, es der Wunsch manches Anderen sein könnte, noch Zusatzanträge zu den Gneist-schen Vorschlägen zu stellen. Ich hoffe, daß der Herr Referent hierauf eingehen wird zur Gewinnung von Klarheit. —

Im Uebrigen habe ich lebhaft den Wunsch, daß unter den Requisiten, die wir an eine Aenderung unserer Actiengesellschaftsrechte stellen, die Forderung des Instituts der Revisoren aufgenommen werden möge. Ich glaube, daß das von wesentlichem Vortheil sein würde und daß man der Gesellschaft die Möglichkeit schaffen muß, dem Aufsichtsrathe Revisoren gegenüber zu stellen, die aus der Mitte der Gesellschaft mit den Befugnissen gewählt werden, (sei es mit einer als selbstverständlich angenommenen Verantwortlichkeit) die Prüfung der Geschäftsführung vorzunehmen.

Alsdann möchte ich vor einem Punkte warnen, falls der Antrag Websky Absatz d als ein selbstständiger behandelt werden sollte. Neben dem Antrage von Gneist halte ich denselben für bedenklich. Prof. Gneist huldigt der Ansicht, daß die volle Haftung für die gesammte Zeichnung ausgesprochen werden müsse. Herr Dr. Websky will die Bestimmung treffen, daß die Vermehrung des Actiencapitals nur in der Generalversammlung beschlossen werden kann. Ich halte beides nicht für gut verträglich. Die Folge eines dem Gneist'schen Antrage entsprechenden Gesetzes wird die sein, daß von vorn herein die Summe des Actiencapitals niedriger gegriffen wird, als es jetzt geschieht. Man wird also so früher in die Lage kommen, das Actiencapital erhöhen zu müssen. Wenn aber diese Erhöhung von vorn herein nach Websky an die Zustimmung der Generalversammlung geknüpft wird, so glaube ich, daß damit einer gedeihlichen Entwickelung selbst vollkommen gesunder Actienunternehmungen unter Umständen gleich in den ersten Stadien ein Hemmschuh angelegt wird, der nicht beabsichtigt sein kann. Ich würde da wenigstens vorschlagen, daß Herr Dr. Websky die Vermehrung des Actiencapitals erst über das Doppelte des ursprünglichen Betrages an die Genehmigung der Generalversammlung der Actionäre knüpfen möge. Im Uebrigen bin ich mit seinem Antrage einverstanden, daß die Ausgabe junger Actien nur erfolgen soll, wenn die alten Actien voll eingezahlt sind.

Prof. Dr. Gneist (Berlin): Um die Abstimmung nicht so sehr zu erschweren, bedarf es einer gewissen Resignation, mit der ich durch Zurückziehung meines Antrages angefangen habe. Ich, der Herr Referent und der Correferent bringen jetzt zusammen einen neuen Antrag ein mit der vorher erklärten Einwilligung in die getheilte Abstimmung.

Correferent Justizrath Wiener (Berlin) liest: Es bedarf einer Revision der deutschen Actiengesetzgebung im Sinne der Herstellung voller Oeffentlichkeit und Verantwortlichkeit; insbesondere sind hierbei folgende Grundsätze aufzustellen:

1) Erzwingung voller Oeffentlichkeit in Betreff der wesentlichen Gründungshergänge und Herstellung voller Verantwortlichkeit der Gründer der Actiengesellschaft gegenüber für falsche Angaben.
2) Aufhebung der Bestimmung, wonach die Zeichner nach Zahlung von 40% aus der ferneren Verbindlichkeit entlassen werden können.
3) Controle der Geschäftsführung durch ein von den Verwaltungsorganen unabhängiges, verantwortliches Organ.
4) Anspruch der Minorität auf Untersuchung der Geschäftsführung durch den Richter bei bescheinigtem Verdacht von Unregelmäßigkeiten.
5) Anerkennung eines Klagerechts des einzelnen Actionärs bei Verletzung der gesetzlichen und statutarischen Gesellschaftsnormen.

Gneist. Wagner. Wiener.

Referent Prof. Wagner: Ich ziehe meine Thesen zu Gunsten des Gesammtantrags zurück, abgesehen von dem Punkte 5; denn ich glaube, man kann dem einzelnen Actionär das Klagerecht nicht so unbedingt gewähren, wie es hier geschieht. Darüber habe ich mich gestern näher ausgesprochen. Ich möchte nur zum Schluß noch constatiren, daß ein wesentlicher sachlicher Dissens zwischen meinen Thesen und den Ausführungen des Herrn Correferenten sowie den gestellten Abänderungsanträgen nicht besteht. Namentlich gilt dies auch von dem Antrag Websky-Eras, dessen einzelne Punkte sämmtlich in meinen Thesen enthalten sind. Um die Abstimmung zu erleichtern und Einhelligkeit wenigstens über einige Hauptpunkte zu erzielen, verzichte ich indessen darauf, meine einzelnen Thesen zur Abstimmung zu stellen, die in diesem oder jenem Punkte wohl der Versammlung zu detaillirt sind oder zu weit gehen.

Correferent Justizrath Wiener (Berlin): Die gemeinsamen Vorschläge sind so gefaßt, daß sie bei einer Reihe von Details, über welche sich schlüssig zu machen kaum Aufgabe dieser Versammlung sein kann, die hervorgetretenen entgegenstehenden Meinungen offen lassen, daß aber bei zu Tage getretenen wirklich prinzipiellen Abweichungen es den einzelnen Herren unbenommen ist, ein Gegenvotum gegen die betreffenden Theile abzugeben.

Die Vorschläge harmoniren in sehr wesentlichen Punkten mit den Beschlüssen des Juristentages.

Ueber das Prinzip des Punkt 1 herrscht wohl Einverständniß. Zu betonen ist hier besonders die Verantwortlichkeit der Actiengesellschaft gegenüber. Ob die verantwortlich machenden Angaben in Prospecten oder auf andere Weise erfolgen sollen, bleibt dabei offen.

ad Punkt 2 habe ich meine entgegenstehende Ansicht bereits gestern mir zu entwickeln erlaubt. Der Juristentag hat sich für Aufhebung dieser Befreiungsbefugniß nach Zahlung von 40% entschieden und Punkt 2 ist seinem Beschlusse conform.

ad Punkt 4 will ich nur gegenüber den von anderer Seite gestellten Anträgen, welche unbedingt ein Recht der Revision der Geschäftsführung durch die Minorität statuiren wollen, bemerken, daß Majoriät und Minorität doch nicht ohne Weiteres gleiche Rechte haben können. Sonst kommen wir dazu, daß die Gesellschaft mit zwei Organen, Majorität und Minorität, fungirt. Dabei ist keine Geschäftsführung möglich. Der Einzelactionär hat auf die Majoritätenbildung durch seine Stimme mitgewirkt. Nur in dieser mittelbaren Weise ist er zur Theilnahme an der Herrschaft berufen. Er kann also etwaige Minoritätsrechte nur auf einem Umwege durchsetzen. Dazu soll ihm der Richter helfen, der prüfen soll, ob er vergewaltigt worden. Irgend ein Moment, das für eine solche Vergewaltigung spricht, wird die Minorität beibringen müssen. Auskunftsverweigerungen auf loyale Fragen werden dazu bereits ausreichen können. Bei der vorangehenden kontradictorischen Erörterung wird der Richter schon durchsehen, ob es sich um frivole Beunruhigungen der Provokanten oder rückhaltige Ausflüchte der Gesellschaftsorgane handelt. Uebrigens bemerke ich, daß mir nicht bekannt ist, daß sich in Italien die Controlämter schlecht bewährt hätten und deshalb wieder aufgehoben wären.

Vicevorsitzender Prof. Dr. Nasse läßt abstimmen. Der gemeinsame Antrag Gneist-Wagner-Wiener wird in allen 5 Punkten angenommen; ebenso der Antrag Bück in seinen beiden Theilen. Dagegen wird der Antrag Wachtel abgelehnt.

Nachdem die Herren Websky, Eras und Salomon ihre Anträge zurückgezogen, lauten nun die angenommenen Resolutionen Nr. I—III wie folgt:

I. Zur Steuer der Mißstände im Actiengesellschaftswesen ist außer auf die Reform des Actienrechts auf eine Einengung des Gebiets der Actiengesellschaften Werth zu legen, indem an Stelle der letzteren öffentliche Unternehmungen des Staats, der Provinz, des Bezirks, des Kreises, der Gemeinde treten. Dies ist besonders wünschenswerth auf dem Gebiete allgemeiner volkswirthschaftlicher Angelegenheiten, namentlich im Verkehrswesen und bei den Anstalten für locale wirthschaftliche Gemeinschaftsbedürfnisse, wo die öffentliche Unternehmung möglichst ausschließlich statt jeder privatwirthschaftlichen anzuwenden ist. Außerdem findet dieselbe auch im Bank- und Versicherungswesen neben Erwerbsgeschäften und Genossenschaften oft eine passende Thätigkeit.

II. Die Actiengesellschaft ist sonst eine berechtigte und der modernen Volkswirthschaft vielfach unentbehrliche privatwirthschaftliche Unternehmungsform auf dem Gebiete der einzelnen Productionszweige. Sie soll deshalb ein Gegenstand des gemeinen Rechts und ihre Errichtung nicht von besonderer Staatsgenehmigung, sondern blos von der Erfüllung von Normativbedingungen abhängig sein. Obgleich die Actiengesellschaft nur für gewisse Unternehmungen wirthschaftlich zweckmäßig zu sein pflegt, so soll doch im Allgemeinen ihre Anwendung überall rechtlich zulässig sein, wo nicht bestimmte Gebiete der öffentlichen Unternehmung vorbehalten bleiben. Die wirthschaftliche Verschiedenartigkeit der Unternehmungen ist jedoch auch im Actienrecht durch Specialbestimmungen zu berücksichtigen.

III. Es bedarf einer Revision der deutschen Actiengesetzgebung im Sinne der Herstellung voller Oeffentlichkeit und Verantwortlichkeit; insbesondere sind hierbei folgende Grundsätze aufzustellen:

1) Erzwingung voller Oeffentlichkeit in Betreff der wesentlichen Gründungshergänge, und Herstellung voller Verantwortlichkeit der Gründer der Actiengesellschaft gegenüber für falsche Angaben;
2) Aufhebung der Bestimmung, wonach die Zeichner nach Zahlung von 40% der ferneren Verbindlichkeit entlassen werden können;
3) Controle der Geschäftsführung durch ein von den Verwaltungsorganen unabhängiges verantwortliches Organ;
4) Anspruch der Minorität auf Untersuchung der Geschäftsführung durch den Richter bei bescheinigtem Verdacht von Unregelmäßigkeiten;
5) Anerkennung eines Klagerechts des einzelnen Actionärs bei Verletzung der gesetzlichen und statutarischen Gesellschaftsnormen;
6) Eine Erhöhung des Grundcapitals darf vor Volleinzahlung der alten Actien nicht stattfinden;
7) Es ist unstatthaft, daß bei der Emission neuer, sog. junger Actien, den Gründern irgend ein mit der gleichen Berechtigung aller jeweiligen Actionäre im Widerspruch stehendes Vorrecht gewährt werde.

Vorsitzender Prof. Dr. Gneist: Ich wollte zunächst das Resultat der Auslosung mittheilen. Es sind bei derselben 12 Mitglieder im Ausschusse geblieben, und zwar die Herren: Roscher, Löwe-Calbe, Schmoller, Held, von Sybel, Sombart, Wagner, Mithoff, Schulze-Mainz, Engel, Geibel, M. Hirsch. — 19 sind ausgeschieden, nämlich die Herren: Knies, Borchert, Eckardt, Ranisch, Brentano, Gneist, Hildebrand, v. Roggenbach, Jacobi, Knapp, v. d. Goltz, Nasse, v. Wedell-Malchow, Tiedemann, Bitzer, Wirth, v. Holtzendorff, Duncker, Thorade.

Der vertheilte Zettel ist derart eingerichtet, daß man streichen und hinzuschreiben kann.

Ich bitte durch Streichung oder Zusatz von Namen es so einzurichten, daß 12 Namen darauf stehen. Sind mehr darauf, so werden nach den Statuten nur die ersten 12 genommen. Ich bitte also, hierzu die jetzt eintretende Pause von 15 Minuten zu verwenden.

(1/4 Stunde Pause.)

Nach Wiedereröffnung der Sitzung beginnt die Berathung des dritten Gegenstandes der Tagesordnung:

„Wie sind gewerbliche Schiedsgerichte und Einigungsämter einzurichten?"

Referat

des Dr. Max Hirsch (Berlin) über die

Einigungsämter und Schiedsgerichte.

Referent Dr. Max Hirsch (Berlin): Die beiden Referenten haben sich über einen kurzen gemeinschaftlichen Antrag geeinigt, welcher lautet:

„Es ist wünschenswerth, daß ein Gesetz erlassen werde, welches Einigungsämtern die Möglichkeit gewährt, ihre Beschlüsse rechtsverbindlich zu machen."

Meine Herren! Schon die vorjährige Versammlung zur Besprechung der socialen Frage hat sich bekanntlich mit den Einigungsämtern beschäftigt. Der Referent über Arbeitseinstellungen und Gewerkvereine, Herr Professor Schmoller, schloß seinen Vortrag mit einer beredten Würdigung dieser socialen Friedensinstitutionen, und beantragte als letzte seiner Resolutionen:

„es ist wünschenswerth, daß überall, wo häufigere Streitigkeiten vorkommen, Einigungsämter freiwillig organisirt werden, und daß sich ihnen möglichst die Gesammtheit der Unternehmer einerseits, und die Gesammtheit der Arbeiter andrerseits unterwerfe, sowie, daß ein besonderes Gesetz derartigen Kammern, die gewisse allgemeine Bedingungen erfüllen, die nothwendigen Befugnisse (Zeugen vorzuladen 2c.) ertheile und ihre Entscheidungen durchführbar mache."

Nach einer Debatte, deren Kürze jedenfalls nur äußeren Gründen zuzuschreiben war, einigte sich die Versammlung, wie in Betreff der anderen Gegenstände, so auch über diesen Punkt in einem möglichst lakonischen Ausspruch; derselbe lautete:

„Die Einrichtung von Einigungsämtern und Schiedsgerichten wird allgemein als zweckmäßig anerkannt."

Daß hiermit die Sache weder theoretisch noch praktisch abgethan war, mußte bald Jedermann einleuchten. Seit jener Versammlung ist der

Streit um die Einigungsämter und um deren nothwendige Grundsäulen, die Gewerkvereine, heftiger denn je entbrannt. Während draußen die wilde Jagd der Arbeitseinstellungen und Aussperrungen immer gewaltiger tobte, wendete sich die öffentliche Meinung der besitzenden Klassen, unter dem Einfluß augenblicklicher Mißstände und alter Herrschaftsgelüste, mehr und mehr von den durch Erfahrung und Wissenschaft empfohlenen Einigungsinstituten ab. Sie betrat denselben Weg, den sie den Lohnarbeitern so oft und ernst verwiesen: sie appellirte an die Staatshülfe. Mit solchem Nachdruck geschah es, daß die höchste Reichsbehörde, statt die längst verheißenen und vorbereiteten Gesetze zur organischen Fortentwickelung auf der Basis wirthschaftlicher Freiheit und Gleichberechtigung einzubringen, sich zum Gelegenheits- und Nothgesetzmachen herabließ. Sie wurde darin bestärkt durch eine ganze Reihe einflußreicher Publicisten, welche die öffentliche Meinung gegen die hoffnungsvollen Versuche der Arbeiter, durch feste Organisation nicht blos Rechte zu erlangen, sondern auch Pflichten zu garantiren, systematisch einnahmen, selbst die Einigungsämter im besten Falle en bagatelle behandelten, dagegen durch die Empfehlung äußerlich-gehässiger Polizei- und Strafmaßregeln Oel in das Feuer der Klassenfeindschaft gossen.

Unter solchen Umständen hielt es der ständige Ausschuß für seine Pflicht, die Frage der Einigungsämter als besonderen Gegenstand auf die Tagesordnung der diesjährigen Versammlung zu setzen und ihre gründliche Erledigung durch Einforderunng und Veröffentlichung einer Anzahl von Gutachten vorzubereiten. Nicht weniger als sechs Gutachten bewährter Männer der Wissenschaft und der Praxis haben uns seit Monaten vorgelegen, durch welche die Erkenntniß dieses bedeutsamen Gegenstandes ganz wesentlich gefördert sein dürfte.

Ich selbst habe mir erlaubt, der geehrten Versammlung zwei Drucksachen zu unterbreiten: einen vollständigen Gesetzentwurf [1]), mit welchem ich vorläufig nur zeigen wollte, wie ich mir die Einzelnheiten der gesetzlichen Regelung denke; und zwei kurze Anträge mit Motiven [2]), in welchen ich die Hauptpunkte, worauf es gegenwärtig ankommt, zu präcisiren versuchte.

---

[1]) Derselbe ist am Schlusse des Referats abgedruckt.

[2]) Die Versammlung wolle beschließen:

In Erwägung, daß bleibende Einigungsämter zur Herstellung und Erhaltung des socialen Friedens und Gedeihens, insbesondere auch zur Beseitigung des vielfach eingerissenen Contractbruchs das einzig bewährte Mittel sind:

daß die Freiwilligkeit des Beitritts der Arbeitgeber und Arbeitnehmer zu den Einigungsämtern die nothwendige Grundlage derselben bleiben, daß aber die Entscheidungen gegen die freiwillig Beigetretenen durch ein Reichs-Normativgesetz durchführbar gemacht werden müssen:

daß der verpflichtende Beitritt zu den Einigungsämtern für Coalitionsvereine (Gewerkvereine die Hauptbedingung gesetzlicher Anerkennung der letzteren bilden muß —

beauftragt die Versammlung den Ausschuß

1) auf alle Weise, insbesondere durch Herausgabe einer Preisschrift, die öffentliche Meinung, zumal unter den Arbeitgebern, für die Einigungsämter zu gewinnen;
2) an den Bundesrath und Reichstag um schleunigen Erlaß eines Normativgesetzes auf den angegebenen Grundlagen zu petitioniren.

Die letzteren lege ich meinem Referat zu Grunde und betrachte daher zunächst das Wesen und den Nutzen der Einigungsämter.

Es ist nur konsequent, wenn die extremen Anhänger der atomistischen Wirthschaftslehre das Einigungsamt principiell verwerfen. Von ihrem Standpunkte aus können sie diese, wie jede andere Organisation, wie den Staat selbst, einfach nicht begreifen. Wer die wirthschaftliche Welt nur als Inbegriff egoistischer Monaden auffaßt, welche, ohne im Geringsten an die andern zu denken, sich dennoch in prästabilirter Harmonie unter einander herumbewegen, der muß natürlich eine absichtliche, selbstgeschaffene und selbstverleugnende Organisation für ebenso unrichtig als überflüssig, ja eigentlich für unmöglich erklären. Das Bestreben gar, durch vereinte Kraft mächtigen wirthschaftlich-socialen Uebeln sich entgegenzustemmen, muß für Diejenigen als Unsinn oder Heuchelei erscheinen, welche in ihrer besten aller Welten überhaupt das Uebel nicht kennen. Daher kommt es, daß selbst solche Anhänger jener Richtung, die unter dem Eindruck des praktischen Lebens Partei für das Einigungsamt ergriffen haben, nicht die ganze Bedeutung der Sache würdigen. Unter ihren Händen wird das Einigungsamt meist zu einem augenblicklichen Auskunftsmittel, zu einem Nothbehelf. Ich erinnere daran, daß ein hervorragender Vertreter der Manchesterschule das Einigungsamt nur dann anerkennen wollte, wenn es jedesmal erst nach ausgebrochener Differenz berufen, d. h. wenn es nicht Einigungsamt ist. Aus gleicher Quelle fließt auch die heftige Abwehr gegen jede Art Exekutive des Einigungsamtes, worauf ich alsbald zurückkommen werde. Ja, es ist nicht zu verkennen, daß selbst die Mehrzahl der uns vorliegenden Gutachten sich in diesen Punkten von der Nachwirkung jenes tief eingewurzelten Systems nicht ganz frei gemacht hat.

Um das Einigungsamt ganz zu verstehen und richtig zu organisiren, muß man, meines Erachtens, von dem Standpunkte des wirthschaftlichen Atomismus vollständig auf den der socialen Solidarität übergegangen sein. Man muß durchdrungen sein von der wirthschaftlichen Abhängigkeit des Individuums von der Gesammtheit, zunächst seiner Berufsgenossenschaft, seiner Klasse, dann seines Volkes und der ganzen Menschheit. Man muß insbesondere sich daran gewöhnt haben, die Feststellung des Arbeitslohns, der Arbeitszeit, der Arbeitsbedingungen überhaupt nicht als eine rein mechanische und private Abmachung zu betrachten, die nur den Arbeitgeber und den Arbeitnehmer interessirt — sondern vielmehr als eine, ganze Klassen berührende Angelegenheit, deren Ursachen und Wirkungen tief in das ethische und kulturliche Gebiet hineinreichen. Kurz, man muß erkannt haben, daß das Arbeitsverhältniß kein blos ökonomisches und individuelles, sondern ein ganz vorwiegend sociales Ding ist. Daß die Arbeit ein Kampf ums Dasein ist, wird allgemein zugestanden. Nun denn, wie der einzelne Soldat nicht allein siegen kann, wohl aber durch sein Verhalten zum Siege oder zur Niederlage mitwirkt, und wiederum von dem Verhalten der Anderen mitgerissen wird zu Sieg oder Niederlage — so besteht auch eine innige und unlösbare Wechselwirkung zwischen Einzelnem und Gesammtheit in der Welt der Arbeit. Die Erkenntniß dieser gegenseitigen Abhängigkeit erzeugt das Gefühl des gemeinsamen Interesses, das

Bewußtsein der Solidarität, und prägt sich aus in dem unwiderstehlichen Drange zur Genossenschaft, zur Organisation.

Hier nun liegt die Gefahr. Beschränkt sich die Solidarität vorherrschend auf die einzelne Klasse, so ist zwar der Einzel-Egoismus überwunden, aber an seine Stelle tritt der noch gefährlichere Klassen-Egoismus. Erst in der Solidarität, die mit Herz, Verstand und Willen die ganze Menschheit als höchste und letzte, Alles versöhnende und vereinende Gesammtheit umfaßt, ist die Selbstsucht wirklich überwunden, ist die Bürgschaft für das Wohl der Einzelnen, wie des Allgemeinen gegeben. Den Proceß der mit unwiderstehlicher Naturkraft vor sich gehenden Berufs- und Klassenkrystallisation hemmen zu wollen, ist kindisches Unterfangen — was geschehen kann und was geschehen muß, ist einzig das Hinüberleiten in einen höheren Organisationsproceß. Und dies gerade ist Wesen und Aufgabe des Einigungsamtes. In dem Einigungsamte soll die drohende Einseitigkeit und Feindseligkeit der Klassenorganisation durch gegenseitige Annäherung, ja Durchdringung zu einer höheren Einheit verschmolzen werden, ohne daß die nothwendige Selbstständigkeit jener Organisationen zerstört wird. Es ist das Erhabene in der Idee des Einigungsamtes, daß dasselbe auf zweifachem, sich gegenseitig förderndem Gemeingeist beruht: einmal auf der Solidarität der Klassengenossen, welche sich nicht mehr durch maßlose Konkurrenz bekämpfen, sondern durch Zusammenhalten gegenseitig stützen wollen; dann aber auf der Solidarität der Berufsgenossen beider Klassen, welche das gemeinsame, dauernde Gedeihen über den Drang der Leidenschaft und des augenblicklichen Klassenvortheils setzen. So erhebt sich aus dem wüsten erbarmungslosen Kampf Aller gegen Alle heilend und ordnend die selbstgeschaffene Eintracht, wie sie einst dem wilden Faustrechte gegenüber die griechischen und deutschen Bürgerschaften groß machte!

Wenn ich bisher das Gemeinsame betonte im Gegensatz zu dem absolut Individuellen, so verwahre ich mich aber ausdrücklich dagegen, als ob in der künftigen Organisation der Arbeit, deren Gipfel das Einigungsamt bildet, das Individuum untergehen sollte. Ich würde jedem Streben nach solchem Ziele aufs Entschiedenste entgegentreten; solidarisch ist nichts weniger, als kommunistisch oder kollektiv; die Solidarität ist ohne kräftige individuelle Entwicklung nicht denkbar. Wie groß auch die Kalamitäten sind, welche durch die oft riesigen Strikes und Lock-outs ganze Bevölkerungen treffen — man denke nur an die Vorgänge in der Kohlen- und Eisenindustrie von Wales —, die weit größere Kalamität wäre die Unterdrückung der individuellen Freiheit. Ich bin schon aus diesem Grunde, wie ich hier vorausschicken will, gegen jeden staatlichen Zwang zur Errichtung von Einigungsämtern oder zum Beitritt zu denselben.

Gegen diese Auffassung streitet nur einer der geehrten Begutachter, zugleich derjenige, welcher den geringsten Werth auf die Einigungsämter zu legen scheint. Herr Dannenberg führt aus, daß diese Institutionen die schwersten Schäden, die seiner Ansicht nach an dem heutigen Gewerbebetriebe haften: den Arbeitskontraktbruch und das Lehrlingsunwesen, nicht zu verhüten im Stande seien, ja nicht einmal berühren. Aber selbst für die Beseitigung der gewöhnlichen Lohnstrikes hält er die Einigungsämter auf die Dauer nicht für tauglich, wenn nicht staatlicher Beitrittszwang ihnen zu Hülfe komme. Es ist zu bedauern, daß Herr Dannenberg in Bezug auf letzteren Punkt die ihm besonders von Herrn Brentano vorgeführten reichen Erfahrungen aus England in keiner Weise berücksichtigt hat. Er hätte sonst einräumen müssen, daß in England seit länger als einem Jahrzehnt und oft in den allerschwierigsten Fällen das Einigungsamt sich für große, zusammen Hunderttausende beschäftigende Industriezweige ohne jeden staatlichen Zwang glänzend bewährt hat, und zwar nicht allein für die Schlichtung von Lohn- und Arbeitszeit-Streitigkeiten, sondern auch, zumal in den Kettle'schen Schiedsämtern, für die Regelung der gesammten Arbeitsverhältnisse. Mit Ausnahme eines einzigen, übrigens noch unverbürgten Falles aus der jüngsten Zeit haben die Einigungs- und Schiedsämter in Nottingham, Leicester, Wolverhampton, Manchester und vielen anderen Städten und Grafschaften, wo sie einmal eingeführt worden, die bis dahin fast permanenten Strikes vom Erdboden verschwinden lassen, ja sogar das freundschaftliche Zusammenwirken zwischen Arbeitgebern und Arbeitnehmern, das Herrn Dannenberg und mir gemeinsame Ideal einer gewerblichen Organisation, laut zuverlässigster Beglaubigung herbeigeführt.

Solche Thatsachen fehlen sogar in Deutschland nicht, trotzdem die Einigungsinstitute erst seit wenigen Jahren bei uns allgemeiner bekannt geworden sind, und trotzdem die jugendlich stürmische Coalitionsfreiheit, die vielfach aufreizende Socialdemokratie und die kalt ablehnende Haltung der großen Masse der Arbeitgeber hier in hohem Grade entgegenwirkten. Auch die Presse aller Richtungen hat es, mit wenigen rühmlichen Ausnahmen versäumt, auf die Einigungsämter empfehlend hinzuweisen; während sie mit Abscheu oder Wohlgefallen Tag für Tag über Arbeitseinstellungen und Aussperrungen berichtete, wurden die meisten Erfolge gütlicher Vereinbarung geradezu todtgeschwiegen. Der gewöhnliche Zeitungsleser, dessen Name Legion ist, hat nie erfahren, daß schon seit dem Jahre 1870 in Grünberg, in Guben, in Danzig, in Berlin, in Stralsund, Barth und Zingst, in Rostock, in Biebrich Einigungsämter, meist auf Betreiben der Gewerkvereine, errichtet worden, und so manchen drohenden oder bereits ausgebrochenen Strike weggeräumt, so manche nützliche und humane Einrichtung geschaffen und gepflegt haben. Man hat es nie gewußt, oder sehr schnell vergessen, daß die riesige Aussperrung in den Berliner Bauhandwerken, im Frühjahr 1872, während der höchsten Höhe der Wohnungsnoth, durch die Gewerkvereine vermittelst Einigungsamtes beseitigt wurde.

Mehr als alles dies aber mußte der großartige Vorgang im Buchdruckergewerbe, im Mai dieses Jahres, selbst den Ungläubigsten überzeugen, daß auch unser Vaterland für die Einigungsidee reif ist. Sicherlich brauche ich Ihnen, meine Herren, die Phasen jenes gewaltigen Kampfes und den endlich erzielten Friedens- und Alliancevertrag nicht eingehend vorzuführen. Genug, die beiden großen Coalitionsverbände des deutschen Buchdruckes, der Principalverein und der Gehülfenverband, einigten sich vollständig auf dem Boden der gegenseitigen Anerkennung und Gleichberechtigung. Ja, mit dem nationalen Normaltarif und dem nationalen Einigungsamt überholten die deutschen Buchdrucker die weit ältere englische Entwicklung, welche über die lokalen oder Distrikts-Einigungsämter noch nicht hinausgekommen ist. In der That aber ist in dem Zeitalter der Eisenbahnen, der Gewerbefreiheit und Freizügigkeit, d. h. der nothwendigen Ausgleichung der Löhne und Arbeitsbedingungen das wahre Einigungsamt das nationale, wie es in Zukunft wahrscheinlich für manche Beziehungen das internationale sein wird. Gegenüber einem verehrten Redner, welcher auf der vorigen Versammlung diese ganzen Organisationen durchaus lokal zu behandeln empfahl, habe ich bereits in meinem Schriftchen [1]) die nationale Entwicklung prophezeit, und ich freue mich, daß wenigstens einer der wichtigsten deutschen Berufszweige damit vorangegangen ist.

Aus der bisher dargelegten Gesammtauffassung von Wesen und Aufgabe der Einigungsinstitute ergeben sich meines Erachtens mit nothwendiger Konsequenz alle übrigen Punkte, vor allem das Verhältniß der Einigungsämter zur Staatsgewalt.

In den uns vorliegenden Gutachten herrscht gerade über diese wichtige Materie die größte Verschiedenheit. Während eines der Gutachten, wie schon erwähnt, ein sehr tiefes Eingreifen der Staatsgewalt für nothwendig hält, ein anderes, das von Herrn Ludwig-Wolf, den Staat in beschränkter Weise heranziehen will, weisen die übrigen jede Einmischung des Staates zurück; selbst die Durchführbarkeit der Beschlüsse des Einigungsamts gegen die freiwillig beigetretenen Genossen wird verworfen. Ich vermag diesen Standpunkt, den ich selbst früher einnahm, wohl zu würdigen, aber nach den gemachten Erfahrungen nicht mehr zu theilen.

Es ist richtig, in England und vereinzelt auch in Deutschland haben die Einigungs- und Schiedsämter auch ohne gesetzliche Exekutive erfolgreich gewirkt; die Durchführung ihrer Beschlüsse ist durch die Einsicht in ihre Gerechtigkeit und Nützlichkeit, durch den moralischen Sinn der Einzelnen, ganz besonders aber durch den Einfluß der betheiligten Gewerkvereine gesichert worden, wie für England Mundella und Kettle dies übereinstimmend und nachdrücklich bezeugen. Aber selbst in England war die Gefahr schon mehrmals nahe, daß die verlierende Partei den freiwilligen Gehorsam versagte, und nur einer Art Heroismus der Führer war die schließliche Abwendung der Katastrophe zu verdanken. Gewiß ist ein solches Ergebniß schön und bewundernswerth; allein selbst in einem seit Jahrhunderten an Selbstregierung gewöhnten Volke lassen sich weitverbreitete und dauernde Institutionen nicht auf Heroismus gründen. Diese Ueberzeugung hat sich auch in der Heimath der Einigungs- und Schiedsämter mehr und mehr Bahn gebrochen, so daß bekanntlich, auf den einstimmigen Beschluß des großen Gewerkvereins-Kongresses von 1871, durch einen von Kettle ausgearbeiteten Gesetzentwurf die gesetzliche Exekutive beansprucht

---

[1]) Normal-Statuten für Einigungsämter nebst Geschäftsordnung und Erläuterungen. 3. Aufl., Berlin, bei Franz Duncker, 1872.

wurde. Die Vertretung der Bill im Parlamente übernahm Mundella, der langjährige Vertreter der Freiwilligkeit, und am 6. August 1872 hat der Entwurf Gesetzeskraft erlangt.

Noch weit beredter sprechen aber die heimischen Erfahrungen für die Zweckmäßigkeit, ja Nothwendigkeit der Exekutive. In verschiedenen Fällen, die ich, wenn aufgefordert, in der Debatte spezialisiren werde, ist das Einigungsamt nach kurzem Bestehen an der Unbotmäßigkeit der Betheiligten, meist der Arbeitgeber, gescheitert[1]; in noch zahlreicheren Fällen ist es trotz aller Bemühungen nicht einmal bis zur Konstituirung gekommen, weil die Berufsgenossen in richtiger Beurtheilung der herrschenden Unzuverlässigkeit einfach erklärten: ohne gesetzliche Exekutive schwebt das Einigungsamt in der Luft, da thun wir nicht mit. Es ist nun einmal durch die jahrhundertlange systematische Bevormundung des deutschen Bürgers und Arbeiters der Begriff der eigenen Genossenschafts-Executive fast abhanden gekommen; in dem Verhältniß streitender Parteien zumal vermag nur die staatliche Sanktion und Vollstreckung das nöthige Vertrauen zu erwecken. So spreche ich es als begründete Ueberzeugung aus, daß erst von dem Tage, wo ein Reichsgesetz die Einigungsämter gleichsam legitimirt, diese Einrichtungen wahrhaft Boden und dauernde Verbreitung in Deutschland finden werden.

Dies gegen den Einwand, daß kein Bedürfniß für die gesetzliche Durchführbarkeit der Einigungsamts-Beschlüsse vorliege. Nicht stichhaltiger aber ist der fernere Einwand: es sei ein vollständiger Widerspruch gegen den Begriff „Einigung“ als etwas Freiwilligem, wenn man den Zwang eintreten lasse. Wenn dies wahr, so dürfte überhaupt kein Vertrag klagbar sein, denn jeder Vertrag ist eine freiwillige Einigung. Wo ist der logische Unterschied zwischen dem Arbeitsvertrag eines Unternehmers mit einem Arbeiter oder einer Gruppe von Arbeitern, welcher jederzeit klagbar ist, und dem durch bevollmächtigte Vertreter abgeschlossenen Arbeitsvertrag zwischen einer größeren Anzahl Unternehmer und Arbeiter, dessen Executirbarkeit ein Widerspruch sein soll? Niemand wird gezwungen, der Bevollmächtigung des Einigungsamtes beizutreten; aber wer es freiwillig thut, der begiebt sich damit für die Dauer des Abkommens seiner Willkür.

Bedarf es noch eines Beispiels, so liegt ein solches sehr nahe auf einem andern Gebiete der Preisbestimmung. Bekanntlich werden sehr viele Geschäfte an der Börse nicht zu einem bestimmten Kurse, sondern „zum Tageskurse“ abgeschlossen, welcher von den Börsenvorstehern festgestellt wird; ja weit in den Provinzen, bis in die abgelegensten Dörfer, wird z. B. Spirituslieferung auf viele Monate im voraus „zum Berliner Kurse“ contrahirt. Käufer und Verkäufer unterwerfen sich durch solches Abkommen für eine bestimmte Zeitdauer den Feststellungen dessen, was man das Börsen-Einigungsamt nennen könnte, und Niemand hegt Bedenken, daß solche Abkommen nicht gleich allen anderen gesetzlich durchführbar sein sollten. Diese Parallele aus dem Waaren- und Effektenverkehr dürfte bei-

---

[1]) So z. B. bei den Vergoldern und Steinmetzen in Berlin, bei den Schiffszimmerern in Rostock.

läufig auch illustriren, welche Rolle die Einigungsämter, zumal die nationalen, auf dem größten und wichtigsten Markte der Welt, auf dem Arbeitsmarkte, zu spielen berufen sind. Der Arbeitsmarkt, meine Herren, war bis jetzt ein ökonomischer Begriff, wie Deutschland nach Metternichs Ausspruch ein geographischer — ein Reich der Zersplitterung und der anarchischen Zufälligkeit. Gegenüber der vielfach vollendeten Organisation für die Werthbestimmung der Waaren blieb die Werthbestimmung der menschlichen Arbeit, von welcher doch das Wohl und Wehe der großen Masse des Volkes abhängt, großentheils dem Zufall und der Willkür überlassen. Man weiß ganz genau, bis zum Bruchtheil des Groschens, welchen Preis Weizen und Oel, Zucker und Baumwolle auf den entferntesten Plätzen haben; aber selbst die unterrichtetsten Arbeitgeber und Arbeiter räumen ein, daß sie die Lohnsätze kaum in den nächsten Nachbarstädten kennen. Solchem, eines gebildeten und humanen Zeitalters unwürdigem Zustande muß ein Ende gemacht werden, und da die Arbeiter sich nicht mehr, wie einst in Richmond, auf offenem Markte feilbieten, so kann dies nur durch die Einigungsämter erreicht werden. Ihre großartige Aufgabe ist es, Zusammenhang, Ordnung und Publicität, und damit wirkliche Gerechtigkeit herzustellen. Aber freilich ist hieran nicht zu denken, so lange die reiflich erwogenen Beschlüsse des Einigungsamtes nicht einmal für die ausdrücklich beigetretenen Genossen Rechtskraft haben!

Es giebt aber noch einen Grund, welcher die Nothwendigkeit der Exekutive gerade in der Jetztzeit über jeden Zweifel erhebt. Alle Welt ist voll der Klagen über den grassirenden Contractbruch der Arbeiter, welcher geradezu als der furchtbarste Mißstand, als die Wurzel aller Uebel hingestellt wird, deren Ausrottung um jeden Preis erfolgen müsse. Obgleich ich diese landläufigen Klagen für sehr übertrieben halte, obgleich ich jeden Nachweis vermisse, daß der Arbeitscontractbruch auch nur entfernt so verheerend auf Landwirthschaft und Gewerbe eingewirkt hat, wie der gleichzeitige Aktienschwindel, — so würdige ich doch vollkommen die Bedeutung des Uebels und die Nothwendigkeit der Abhülfe. Nach meiner und meiner Vereins-Genossen Ueberzeugung beruht alles Gedeihen auf der Heiligkeit der eingegangenen Verträge, und von jeher ist es bei uns Regel gewesen, wie wir vom Arbeitgeber die strenge Innehaltung seiner Verpflichtungen verlangen, so auch unsererseits die Pflichten der Arbeiter, bis auf die letzte Stunde Kündigung, unverbrüchlich zu halten. Aber man täuscht sich nach unserer Ueberzeugung sehr, wenn man, wie jetzt Mode, das Uebel durch ein neues Kriminalgesetz auszumerzen vermeint. Selbst abgesehen von der juristischen Unhaltbarkeit und praktischen Unwirksamkeit eines solchen Ausnahmegesetzes, würde dasselbe nur ein größeres Uebel an die Stelle des kleineren setzen; es würde vielleicht ein paar einzelne Contractbrüche verhüten, aber es würde den allgemeinen Klassenbruch herbeiführen. Noch ist trotz aller social-demokratischen Wühlereien die große Mehrheit der deutschen Arbeiter, zumal der organisirten, zum gesetzlichen und friedlichen Zusammengehen mit den Besitzenden geneigt und entschlossen, aber mit dem Augenblick, wo die Gewerbe-Ordnungsnovelle zum Reichsgesetz würde, wäre der gänzliche Umschwung unvermeidlich!

Schon ohnedies, meine Herren, fehlt es nicht an Vorkommnissen, welche uns Friedensaposteln unter den Arbeitern unser Wirken zehnmal mehr, als alle social-demokratischen Agitationen, erschweren. Ganz besonders zeichnet sich dadurch leider das Königreich Sachsen aus. In diesen Tagen gerade wird aus Leipzig ein neuer Akt der pursten Klassenjustiz berichtet. Die Sperrung einer Buchbinder-Werkstätte von Seiten des Gewerkvereins der Buchbindergehülfen für seine Mitglieder ward von dem Rathe der Stadt Leipzig in weitester, ja offenbar mißverstandener Auslegung des § 153 der R.-G.-O. als Verrufserklärung mit 8 Tagen Gefängniß gegen den Vorstand des Gewerkvereins, Hrn. Richter, bestraft. Wenige Tage vor jener Sperrungs-Publikation hatte aber auf Anlaß des betr. Arbeitgebers, Hrn. Fritzsche, eine Prinzipal-Versammlung beschlossen, durch Circular 10 Arbeiter, welche contractmäßig bei demselben gekündigt hatten, namhaft zu machen, mit dem Ersuchen, diese Gehülfen nicht in Arbeit zu nehmen. Herr Richter verklagt nun den Prinzipal Fritzsche, welcher das Circular verbreitet, wegen Verrufserklärung von 10 Arbeitern gleichfalls bei dem Rathe der Stadt Leipzig, — und ward mit seiner Klage abgewiesen! (Hört!) Ich würde an der Wahrheit einer so haarsträubenden Ungerechtigkeit gezweifelt haben, wenn nicht angesehene und zuverlässige Blätter die Nachricht übereinstimmend gebracht hätten, ohne vom Leipziger Rathe berichtigt zu sein. Ich frage aber Sie, ich frage die öffentliche Meinung in ganz Deutschland, ob solche Vorgänge nicht vollkommen erklären, daß das Königreich Sachsen zum Hauptsitz des deutschen Socialismus geworden ist? (Sehr richtig!) Und in weit höherem Grade droht naturgemäß das Ueberhandnehmen des extremen Socialismus, wenn statt vereinzelter Justizmißbräuche die ganze deutsche Gesetzgebung durch Kriminalstrafen ihre Spitze gegen die Arbeiter kehren sollte!

Dem gegenüber bietet das mit gesetzlicher Executive ausgestattete Einigungsamt meines Erachtens die ersprießlichste Abhülfe auch gegen den Contractbruch. Man müßte an der menschlichen Natur verzweifeln, wenn man nicht annähme, daß die von den eigenen Vertrauensmännern berathenen und abgeschlossenen Arbeitsverträge von den Betheiligten höher und fester gehalten werden, als thatsächlich aufoctroyirte. Das Ehrgefühl, meine Herren, ist auch unter den Arbeitern eine große Macht. Man frage doch einmal die Fabrikanten und Arbeitgeber in Nottingham, Wolverhampton u. s. w., ob nicht durch die Einigungs- und Schiedsämter die Contractbrüche weit wirksamer verhindert worden sind, als durch die, bekanntlich in England noch bestehenden Kriminalstrafen, gegen welche grade in letzter Zeit die englischen Arbeiter und ihre Freunde aus allen Klassen entschieden Front machen! Kommt nun die gesetzliche Executive hinzu, und tritt, wie der Herr Correferent übereinstimmend mit mir befürwortet, durch Normativgesetz die Haftbarkeit der betheiligten Gewerkvereine ein, in einer Weise, welche die Mitglieder im höchsten Grade für die Einhaltung der Contracte interessirt, so scheint mir Alles dazu angethan, um dem eingerissenen Uebel, soweit die Einigungsämter reichen, zu steuern. Daß diese Institutionen aber recht weit reichen, daß sie in nicht allzu langer Zeit die meisten Berufszweige und Gegenden Deutschlands umfassen, dazu bedarf es nicht des staatlichen Beitrittszwanges, der vielmehr entschieden abschrecken würde, sondern es genügt die **Bereitwilligkeit und Förderung der Arbeitgeber.** Nach meinen, aus den verschiedensten Theilen Deutschlands gesammelten Erfahrungen ist die Einigungsbewegung bisher fast ausschließlich an dem Widerstande der Arbeitgeber gescheitert; werden diese überzeugt, daß es gerade zur Verhütung des Arbeitscontractsbruchs in ihrem eigenen lebhaften Interesse liegt, Einigungsämter zu errichten; wird auch für Arbeitgeber-Koalitionsvereine, welche privatrechtliche Anerkennung beanspruchen, der Beitritt zu Einigungsämtern als Vorbedingung gestellt; werden endlich die Einigungsämter, wie ich es in meinem Gesetzentwurf (§§. 15—17) vorschlage, als dauernde Vertretung des Gewerbes, gleichsam als Gewerks-Parlament mit der Wahrnehmung aller gemeinsamen Interessen betraut — dann, meine Herren, besteht kein Zweifel, daß die Einigungsämter und mit ihnen die friedliche Entwicklung der Arbeiterverhältnisse gleich fruchtbarer Frühlingssaat in allen Gauen unseres Vaterlandes aufgehen wird!

(*) Wenn die logischen Gründe versagen, so pflegen sich die Gegner neuer Einrichtungen in das Asyl der „praktischen Unausführbarkeit" zurückzuziehen. So ist es auch in reichlichem Maße betreffs der Executive der Einigungsämter geschehen. Man könne doch — so lauten die Einwände — unmöglich einen Unternehmer zwingen, unter den vom Einigungsamte festgesetzten Bedingungen überhaupt arbeiten zu lassen; man könne ihm ebenso wenig verwehren, andere Arbeiter, die sich billiger anbieten, zu beschäftigen. Dasselbe gelte vice versa auch von den Arbeitern, zumal diese sich durch Wechsel des Aufenthaltes so leicht jedem Zwange zu entziehen vermöchten. Und wenn schon einzelnen Arbeitgebern und Arbeitnehmern gegenüber in solchen Fällen das Einschreiten äußerst schwierig sei, so werde es zur absoluten Unmöglichkeit, wenn Hunderte oder gar Tausende zugleich den Beschlüssen des Einigungsamtes den Gehorsam verweigern.

Alle diese Einwendungen scheinen mir, die Aufrichtigkeit der Gegner vorausgesetzt, einfach darauf zu beruhen, daß man sich schwer in noch nicht bestehende Verhältnisse hineinversetzt. Man würde sonst selbst einsehen, daß die obigen Gründe viel zu viel beweisen, da sie mit demselben Recht gegen die Vollstreckbarkeit nicht nur aller Arbeitscontracte, sondern auch vieler anderer gesetzlicher Bestimmungen angeführt werden könnten. Es macht offenbar für die praktische Ausführbarkeit der Executive gegen Arbeitgeber und Arbeiter nicht den mindesten Unterschied, aus welcher Quelle das zu vollstreckende Mandat geflossen ist. Ist es z. B., wie die Gegner behaupten, geradezu unmöglich, von einer großen Anzahl Arbeiter zugleich Gelder beizutreiben, so begreife ich nicht, wie man seit Jahrzehnten die Beiträge zu den Zwangskassen, das Schulgeld und die Steuern von vielen tausend Arbeitern durch Execution eingezogen hat. Es würde aus jener Annahme jedenfalls folgen, daß die gesetzliche Vollstreckung aus Arbeits-

(*) Die folgenden Absätze bis „Hughes in England, nicht fehlen" sind von mir in Folge Unwohlseins in der Versammlung nicht vorgetragen worden; ich behielt mir jedoch gleich vor, dieselben den gedruckten Verhandlungen einzufügen. D. Verf.

contracten überhaupt als unausführbar beseitigt werden müßte; ein Armuthszeugniß der Staatsgewalt, das vielleicht für türkische Paschaliks, nicht aber für deutsche Länder ausgestellt werden dürfte! Daß die Execution nicht immer erfolgreich sein wird, ist ja selbstverständlich; aber dasselbe gilt auf sehr vielen anderen Rechtsgebieten, und — ohne sonst so verschiedene Dinge vergleichen zu wollen — es wird doch Niemand die gesetzliche Strafbarkeit des Diebstahls abschaffen wollen, weil thatsächlich viele Diebe unentdeckt bleiben.

Grade die Gegner, welche Alles durch reine Freiwilligkeit zu erreichen glauben, sollten die Schwierigkeit der gerichtlichen Executive am wenigsten fürchten, weil sie ja überzeugt sind, daß die Entscheidungen des Einigungsamtes in der großen Regel freiwillig befolgt werden. Der Nachdruck dieser Entscheidungen kann offenbar durch Executive nur verstärkt werden, es ist meiner Ansicht nach deren hauptsächlichste Aufgabe, gegenüber einzelnen weniger gewissenhaften Genossen und bei vorkommenden schweren Versuchungen die Unbotmäßigkeit durch den drohenden Zwang zu verhüten. Was dann noch an praktischen Schwierigkeiten übrig bleibt, wird endlich durch die immer zunehmende Zusammenfassung der „Einigungsgenossen" zu Arbeitgeber- und Arbeitnehmer-Verbänden vollständig beseitigt, wie ich alsbald näher nachweisen werde. Ein Blick auf die betreffenden Paragraphen meines Gesetzentwurfs (§§. 18—20) dürfte übrigens zeigen, in welch' einfacher Weise sich die Executive des Einigungsamtes ordnen läßt, und daß der Staat mit der Verleihung derselben faktisch nichts anderes thut, als was seine erste und unbestrittenste Obliegenheit ist: die dem allgemeinen Besten dienlichen freiwilligen Abmachungen durch seine Sanktion zu sichern!

Ueber das Verhältniß der Einigungsämter zu den Communalbehörden habe ich in meinem Antrage nichts gesagt, und kann auch hier kurz darüber hinweggehen. In Uebereinstimmung mit den meisten Gutachten halte ich eine Verbindung beider für entschieden unzweckmäßig und ich füge den dort angeführten Gründen noch den hauptsächlichen hinzu, daß, wie ich vorher dargelegt, die Verhältnisse der modernen Industrie ein nationales Einigungsamt erheischen. Die Zeiten, wo die communalen und gewerblichen Interessen einander nahezu deckten und wo diese Uebereinstimmung sich in der localen Gestaltung der Gilden und Innungen einerseits, in der zünftlerischen Verfassung der Communen andrerseits ausprägte, sind vorüber auf Nimmerwiedersehen. Ein künstliches Hineintragen des communalen Elements in die neue Organisation der Arbeit, wie solches besonders auch auf dem Gebiet des Arbeiterkassenwesens versucht worden, kann nur hemmen und verwirren. Dagegen wird jeder Freund einer friedlichen Entwicklung es mit Freuden begrüßen, wenn die Communalbehörden die Errichtung von Einigungsämtern durch ihren moralischen Einfluß kräftig fördern.

Ein durchaus naturgemäßes und inniges Verhältniß aber ist es, welches die Einigungsämter mit den Koalitionsverbänden verknüpft. Auch hierüber herrscht volles Einverständniß sämmtlicher Gutachten. Daß das Einigungsamt auf demselben Prinzip der berufsmäßigen Organisation beruht, wie die Gewerk- und Arbeitgebervereine, daß es als Vereinigung der letzteren die höchste Entwicklung, die parlamentarische Stufe des Lohnarbeits-Systems darstellt, habe ich schon Eingangs darzuthun versucht. Auch historisch sind sowohl das Einigungsamt Mundella's wie das Schiedsamt Kettle's auf den beiderseitigen Koalitionsverbänden erwachsen und haben diesen ihre Erhaltung zu verdanken. In England dürfte bis zum heutigen Tage kein Einigungs- oder Schiedsamt ohne vorherige dauernde Koalisirung mindestens der Arbeitnehmer entstanden sein, und dasselbe gilt, mit der einzigen Ausnahme von Biebrich-Mosbach (wo das Einigungsamt von den Arbeitgebern nach Art Joseph II. in löblichster Absicht octroyirt worden) auch von Deutschland. Wie man, nach dem richtigen Bilde des Herrn Ludwig-Wolf, ein festes Gebäude nicht auf weichen Sand gründen kann, so kann man auch kein Einigungsamt auf den losen Atomen unorganisirter Unternehmer und Arbeiter errichten.

Diese so einleuchtende Wahrheit aufs Nachdrücklichste zu betonen, ist für die Aufklärung der öffentlichen Meinung, für die Reform der praktischen Socialpolitik dringend erforderlich. Das milde Einigungsamt hat eine große Anzahl Liebhaber gewonnen, die sich gleichzeitig vor den scharfen Gewerkvereinen bekreuzigen und diesen angeblichen „Kriegsorganisationen" mit aller Macht entgegentreten. Hierin liegt eine logische Inconsequenz, welche schließlich nur den Feinden jeder socialen Verständigung zu Gute kommt. Wer das Einigungsamt will, muß auch den Gewerkverein wollen! Es ist eine durchaus unhistorische Auffassung, daß die Gewerkvereine die Differenzen zwischen Meistern und Arbeitern hervorgebracht haben; umgekehrt hat die Interessendifferenz die Gewerkvereine hervorgebracht, in ihnen aber zugleich das beste, wenn nicht das einzige Mittel dauernder Versöhnung und lebendigen Zusammenwirkens. Freilich können die Koalitionsverbände nur dann ihren heilsamen Charakter entfalten, wenn man sie nicht mehr als Verschwörungen verfolgt, oder als gefährliche Ausartungen von jeder gemeinnützigen Wirksamkeit zurückhält; die bisherige Politik speziell der preußischen Regierung, den Gewerkvereinen die an Solidität und Vorsicht gewöhnenden Unterstützungskassen zu entziehen, ist so recht dazu angethan, sie in wüste Strikevereine zu verwandeln. Folgt unser deutsches Staatswesen dagegen dem weisen Vorbilde Englands, verleiht es den Gewerkvereinen durch ein Normativgesetz die Möglichkeit freiester Bethätigung für den Preis der Unterwerfung unter das Einigungsamt — dann wird sich, wie es in England bereits eingetreten, auch bei uns die im wahren Sinne conservative Natur der Gewerkvereine glänzend bewähren[1])!

Ueber die Frage des Verhältnisses zwischen Einigungsamt und ge-

---

[1]) „Die Gewerkvereine gehören jetzt zu den gesetzlichsten und conservativsten Elementen in unserm System. Nach dem Zugeständniß der Communisten selbst hat der Communismus in England keine Zukunft, weil die berechtigten Bedürfnisse der Arbeiter in den Gewerkvereinen und dem Wahlrecht zum Parlament anerkannt sind. Für jedes hundert Mitglieder der Internationale, die Ihr in Deutschland habt, haben wir kaum Eines in England, und selbst dieses Eine ist entweder ein Fenier oder ein Flüchtling. Die Gewerkvereine machen die Internationale zur Unmöglichkeit in England." Fred. Harrison an Prof. Brentano, s. des Letzteren „Wissenschaftliche" Leistung des Herrn Ludwig Bamberger, S. 93.

werblichem Schiedsgericht sei mir gestattet, an dieser Stelle nur das Wichtigste hervorzuheben. Ich kann mich nicht denjenigen Gutachten anschließen, welche die beiden Institutionen als ihrem Wesen nach gänzlich verschieden betrachten. Allerdings bildet das Einigungsamt gleichsam die gesetzgebende, das Schiedsgericht die richterliche Gewerksbehörde; aber innerhalb der beschränkten Sphäre ihrer Wirksamkeit fließen beide vielfach zusammen. Auch diejenigen Fragen, welche das Einigungsamt als solches zu entscheiden hat, werden sich häufig zu den allgemeinen Rechtsbestimmungen als Specialfälle verhalten; während andrerseits jedes Fachgericht, wie überhaupt jedes Gericht, durch seine Entscheidungen Gewohnheitsrecht begründet. So können beispielsweise die Fragen, ob ein nur wenig verändertes Modell zu dem bisherigen Accordsatz zu liefern, ob der Weg des Arbeiters zu einer entfernteren Arbeitsstelle als Arbeitszeit zu rechnen ist u. dergl., mit fast gleichem Fug beiden Institutionen unterbreitet werden; welcher von beiden man den Vorzug giebt, wird meistens nur von der Anzahl der betreffenden Personen abhängen. Einigungsamt und gewerbliches Schiedsgericht sind, richtig verstanden, nur zwei Seiten derselben Gewerksorganisation, woraus folgt, daß dieselben in organischem Zusammenhang stehen müssen. Insbesondere ergiebt sich hieraus, wie aus vielen anderen Gründen, daß das gewerbliche Schiedsgericht gleich dem Einigungsamt auf der Berufsgemeinschaft gegründet und von den Communal- oder gar Polizeibehörden unabhängig sein muß; im geraden Gegensatz zu dem Wege, den die in jeder Beziehung verfehlte Novelle zur Reichs-Gewerbeordnung einzuschlagen versuchte. Das rationellste Verhältniß zwischen Einigungsamt und Schiedsgericht hat auch hier wieder mit glücklichem Griff das deutsche Buchdruckergewerbe gefunden, indem es mit dem nationalen Einigungsamt die localen oder bezirksweisen Schiedsämter verband, beide auf demselben Wahlsystem beruhend. Was das Einigungsamt für ganz Deutschland anordnet, wird von den Schiedsämtern für die einzelnen Städte und Bezirke durchgeführt — jenes giebt die allgemeine Norm, diese die besondere Anwendung, indem zugleich das Erstere als höhere Instanz fungirt. Aehnliches läßt sich auch für die unvollkommnere Stufe blos localer Einigungsämter erzielen, indem das Einigungsamt, unter Bildung eines Prüfungsausschusses, auch die Funktionen des Schiedsgerichts übernimmt, wie dies bekanntlich sowohl Kettle als Mundella (letzterer in etwas unbestimmter Weise) ausgeführt haben. Dagegen halte ich es für einen höchst ungenügenden Nothbehelf, ein communales „gewerbliches Schiedsgericht", das alle Gewerbtreibenden des Ortes umfaßt, nebenbei auch die Rolle als Einigungsamt spielen zu lassen; denn wie ein überwiegend aus anderen Berufszweigen zusammengesetztes Collegium sich über Accord, Arbeitszeit u. s. w. beispielsweise der Maschinenbauer oder Lithographen „einigen" soll, ist mir ganz unerfindlich.

Die Frage endlich, ob es wünschenswerth ist, einen unparteiischen Obmann zu wählen, betrachte ich vorläufig noch als eine offene und möchte die Entscheidung darüber den Betheiligten anheimgeben. Dem Begriff und Wesen der Einigung entspricht entschieden die ursprüngliche Verfassung des Mundella'schen Amtes, welche keinen Obmann enthielt; die volle Selbständigkeit der Gewerksvertretung wird offenbar durch dies fremde

Element beeinträchtigt. Das Einigungsamt der Zukunft dürfte daher meines Erachtens die Gewerksangelegenheiten ohne unparteiischen Obmann regeln. Für jetzt aber, wo es sich meist noch um die Beseitigung lang genährter Klassenvorurtheile handelt, wo Arbeitgeber und Arbeitnehmer einander in der Regel als geschlossene Parteien gegenüberstehen, ungewohnt der sachlichen und parlamentarischen Verhandlung, für jetzt wird, wie auch die englischen Erfahrungen erweisen, das Eintreten eines unparteiischen Obmannes behufs Aufklärung und Vermittlung nützlich, ja oft nothwendig erscheinen. Und hoffentlich werden auch unseren deutschen Einigungsämtern solche wirklich unparteiische, bei beiden Theilen gleich angesehene Männer, wie Kettle und Hughes in England, nicht fehlen!

Meine Herren! In meinem ursprünglichen Antrag hatte ich zwei Aufträge für den Ausschuß empfohlen: die möglichste Einwirkung auf die Arbeitgeber, insbesondere durch Herausgabe einer Preisschrift, und eine Petition an Bundesrath und Reichstag, um Erlaß eines Normativgesetzes. Obgleich von der Zweckmäßigkeit auch des ersten Auftrags überzeugt, habe ich denselben doch als besonderen Antrag fallen lassen; ich hoffe, daß auch ohnedies mein dahingehender Wunsch freundliche Berücksichtigung finden wird.

Um so größeren Werth lege ich aber, im Verein mit dem Herrn Correferenten, auf die möglichst einstimmige Annahme unseres gemeinsamen, die Petition an die Reichsbehörden betreffenden Antrags. Die wesentlichsten Gründe für die Möglichkeit und Nothwendigkeit gerichtlicher Executive für die Einigungsämter habe ich bereits ausgeführt. Ich wiederhole es als meine feste Ueberzeugung, daß nur gesetzliche Sanktion die Einigungsämter auf die Dauer zu erhalten und fortzuentwickeln vermag. Auch ein bedeutender A r b e i t g e b e r verein, der „Allgemeine deutsche Arbeitgeberbund des Schneidergewerbes" ist, gleich dem Verbande der deutschen Gewerkvereine, einstimmig für ein solches Gesetz eingetreten. Unser Verein für Social-Politik, meine Herren, hat sich laut seinem Programm vor allem die Aufgabe gestellt „*jede Verständigung der streitenden Parteien, Arbeitgeber und Arbeitnehmer, zu fördern*", und er kann dieses edle Streben am Beginn seiner Wirksamkeit nicht würdiger inauguriren, als durch die Hinwirkung darauf, daß der Staat, den wir als Hort der sittlichen Volksgemeinschaft anerkennen, seine schützende und fördernde Hand über die socialen Friedensinstitute ausbreite! (Beifall.)

Entwurf eines Gesetzes betr. Einigungsämter.

Wir Wilhelm 2c.

§ 1. Falls eine Anzahl Arbeitgeber und Arbeitnehmer eines oder mehrerer verwandter Gewerbe eine gemeinsame Vertretung behufs Vereinbarung über Lohn und Arbeitsbedingungen, sowie über sonstige gewerbliche Interessen, wählen, so erhält diese Vertretung die Rechte eines „anerkannten Einigungsamtes" nach Inhalt des gegenwärtigen Gesetzes unter nachstehenden Bedingungen.

I. Von der Errichtung der Einigungsämter.

§ 2. Die Versammlungen zur Errichtung eines Einigungsamtes sind öffentlich in ortsüblicher Weise einzuladen und bei der Ortspolizeibehörde anzumelden. Nach Verlesung des gegenwärtigen Gesetzes durch einen der Einberufer haben diejenigen Berufsgenossen, welche auf Grund des Gesetzes ein Einigungsamt errichten wollen, auf einer oder mehreren Listen folgende Erklärung eigenhändig zu unterschreiben:

„Die Unterzeichneten treten hierdurch dem zu gründenden Einigungsamte des ...... Gewerbes bei und verpflichten sich, allen Beschlüssen des Einigungsamtes innerhalb seiner gesetzlichen Kompetenz Folge zu leisten.

Nur die Unterzeichner dürfen an den weiteren Verhandlungen, Abstimmungen und Wahlen theilnehmen; sie konstituiren sich durch Wahl eines Vorsitzenden und Schriftführers aus ihrer Mitte. Die Zahl der unterzeichnenden Berufsgenossen („Einigungsgenossen") muß auf Seiten der Arbeitnehmer an einem Orte und dessen einmeiligem Umkreise mindestens 12, und wenn die Arbeitnehmer mehrerer Orte zusammen ein Einigungsamt errichten wollen, mindestens 24 betragen. Für die Arbeitgeber wird eine Minimalzahl nicht festgestellt.

Für die Mitglieder gesetzlich anerkannter Koalitionsvereine (Gewerkvereine) genügt die Unterschrift der Liste durch den Vorstand, unter Einreichung des Verzeichnisses der betr. Mitglieder, welche dadurch für das Einigungsamt berechtigt und verpflichtet werden.

§ 3. Die Einigungsgenossen haben sich vor Wahl der Einigungsvertreter über folgende Punkte durch Abstimmung schlüssig zu machen:

1) das, bez. die verwandten Gewerbe, welche das Einigungsamt umfassen soll;
2) den Sitz des Einigungsamtes und die Orte, bez. Bezirke, welche dasselbe vertritt;
3) die Zeitdauer des Einigungsamtes, sofern diese auf eine bestimmte Frist beschränkt sein soll;
4) die Zahl und Amtsdauer der zu wählenden Einigungsvertreter, bez. Ersatzmänner;
5) die Bestimmung, wer bei Stimmengleichheit im Einigungsamt die Entscheidung geben soll;
6) die Kompetenz dieses Einigungsamtes, innerhalb der durch gegenwärtiges Gesetz bestimmten Grenzen.

Außer diesen 6 Punkten, über welche jedes Einigungsamts-Statut bestimmen muß, können auch andere Punkte, oder ein vollständiges Statut von den Einigungsgenossen angenommen werden. Arbeitgeber und Arbeitnehmer können zu diesem Zwecke zwar zusammen tagen, müssen aber gesondert abstimmen. Läßt sich eine übereinstimmende Beschlußfassung über obige Punkte in den Versammlungen nicht erzielen, so kann dieselbe auch dem Einigungsamte übertragen werden, ausgenommen die Zahl der zu wählenden Einigungsvertreter.

§ 4. Beide Theile, Arbeitgeber wie Arbeitnehmer, wählen die gleiche Zahl Einigungsvertreter aus ihrer Mitte durch Stimmzettel mit absoluter Majorität. Die Arbeitnehmer können nur Arbeitnehmer, die Arbeitgeber nur Arbeitgeber wählen, es sei denn, daß die Zahl der Letzteren geringer als die der zu wählenden Einigungsvertreter ist, in welchem Falle auch andere dem Gewerbe angehörende Personen von den Arbeitgebern gewählt werden können.

Alle Gewerbtreibenden, welche andere Arbeiter in Lohn beschäftigen, werden zu den Arbeitgebern gerechnet, auch wenn sie vorwiegend oder ausschließlich für andere Gewerbtreibende arbeiten; alle diejenigen hingegen, welche ohne Lohnarbeiter für andere Gewerbtreibende arbeiten, wählen mit den Arbeitnehmern, auch wenn sie den Titel Meister führen.

Ueber alle Abstimmungen und Wahlen ist ein Protokoll zu führen und von dem Vorsitzenden, den Schriftführern und mindestens zwei Einigungsgenossen zu unterzeichnen. Im Falle die Versammlungen der Arbeitgeber und Arbeitnehmer getrennt stattgefunden, sind die beiderseitigen Schriftführer verpflichtet, binnen 3 Tagen einander die Protokolle zu übersenden.

§ 5. Spätestens 8 Tage nach der letzten Wahlversammlung sind durch je einen Einigungsvertreter der Arbeitgeber und der Arbeitnehmer die Protokolle, event. mit Statut in Original und Abschrift bez. Abdruck, sowie die Originallisten dem Gerichte, in dessen Bezirke das Einigungsamt seinen Sitz hat, persönlich zu überreichen. Findet sich nach vorgängiger Prüfung, daß die gesetzlichen Erfordernisse gewahrt sind, so giebt das Gericht das Originalstatut mit dem Vermerk, daß das Einigungsamt anerkannt sei, zurück; andernfalls hat es die Anerkennung unter Angabe der Gründe abzulehnen, worauf das Einigungsamt die beanstandeten Punkte zu ändern, bez. an die höhere Instanz zu appelliren hat.

Jede Abänderung der Statuten ist ebenfalls dem Gerichte durch zwei Abschriften des betr. Beschlusses anzuzeigen, und von demselben durch Vermerk entweder zu genehmigen oder zu beanstanden.

An einem Orte kann für ein und dasselbe Gewerbe nur ein anerkanntes Einigungsamt bestehen. Die Errichtung des anerkannten Einigungsamtes ist amtlich zu veröffentlichen.

§ 6. Es ist zulässig, daß ein Einigungsamt mehrere Städte und Orte, einen Bezirk, ein ganzes Land, ja selbst das ganze Reich vertritt, falls die Arbeitgeber und Arbeitnehmer, insbesondere durch ihre Koalitions-Verbände, dies beschließen. Für diese Fälle können die Einigungsvertreter auch indirekt oder durch Bevollmächtigung einzelner Orte gewählt werden, und können ihren Wohnsitz an verschiedenen Orten haben, der Sitz des Einigungsamtes muß aber für mindestens ein Jahr fest an einem Orte sein.

In allen Hauptorten, bez. Bezirken, welche dem gemeinsamen Einigungsamte angehören, sind nach gleichem Wahlmodus, wie zum Einigungsamt, kleinere Schiedsämter zu wählen, welche die Streitigkeiten zwischen Arbeitgebern und Arbeitnehmern des betr. Ortes oder Bezirkes schiedsrichterlich in erster Instanz entscheiden, und innerhalb der von dem gemeinsamen Einigungsamt übertragenen Befugniß lokale Arbeitsbedingungen vereinbaren und gewerbliche Interessen fördern.

Auch diese Schiedsämter sind bei dem zuständigen Gerichte unter Hinweis auf die Anerkennung des gemeinsamen Einigungsamtes anzumelden und von demselben event. anzuerkennen.

II. Von der Organisation und Geschäftsordnung der Einigungsämter.

§ 7. Die Wahlperiode der Einigungsvertreter darf 2 Jahre nicht überschreiten; die Abtretenden sind wieder wählbar. Jeder Einigungsgenosse ist zur Annahme der Wahl verpflichtet, außer aus Gründen, welche gesetzlich zur Ablehnung städtischer Aemter berechtigen.

Innerhalb der Wahlperiode verlieren die Einigungsvertreter ihren Sitz, außer durch Tod und Aenderung des Domicils, auch durch anhaltende Krankheit, entehrende Verbrechen, Insolvenz und Verlust der Eigenschaft als Arbeitgeber, bez. Arbeitnehmer des betr. Gewerbes. Im Falle der Erledigung eines oder mehrerer Sitze im Einigungsamt treten entweder die gewählten Ersatzmänner ein, oder es sind für den Rest der Wahlperiode solche von der betr. Abtheilung zu wählen.

Ausbleiben ohne genügende Entschuldigung ist durch Ordnungsstrafen zu rügen, welche das Einigungsamt festsetzt.

Die Einigungsvertreter versehen ihr Amt als Ehrenamt. Für nothwendige Reisen und außerordentlichen Zeitverlust (z. B. behufs Prüfung von Arbeitsstätten) wird dagegen angemessene Entschädigung gewährt.

§ 8. Das Einigungsamt versammelt sich mindestens vierteljährlich einmal regelmäßig, und außerdem, sobald dringende Angelegenheiten den Vorsitzenden zur Einberufung veranlassen. Zur Einberufung ist der Vorsitzende verpflichtet, wenn mindestens die Hälfte einer Abtheilung der Vertreter oder Einigungsgenossen unter Angabe des Grundes darauf anträgt.

Unterläßt der zeitige Vorsitzende trotzdem die Einladung, so haben nach Verlauf von 3 Tagen nach erfolgtem Antrag ein oder mehrere von den Antragstellern bestimmte Einigungsgenossen das Recht der Einberufung.

Das Einigungsamt ist beschlußfähig, sobald mindestens die Hälfte der Vertreter anwesend ist. Bleibt eine Sitzung unbeschlußfähig, so hat der Vorsitzende binnen höchstens 8 Tagen eine außerordentliche Sitzung anzuberaumen, welche dann jedenfalls beschlußfähig ist.

§ 9. Das Einigungsamt konstituirt sich, nach Prüfung der Mandate, durch Wahl eines Vorstandes, der mindestens aus einem Vorsitzenden und einem Schriftführer besteht, von denen der Eine ein Arbeitgeber, der Andere ein Arbeitnehmer sein muß. Es können auch zwei Vorsitzende und zwei Schriftführer gewählt werden, von denen je Einer den Arbeitgebern und Arbeitnehmern angehören muß.

Falls nicht ein Obmann gewählt ist, entscheidet bei Stimmengleichheit die Stimme des dermaligen Vorsitzenden.

Wenn in einer Sitzung des Einigungsamtes die Zahl der Arbeitgeber und Arbeitnehmer ungleich ist, so sollen zwar Alle das Recht haben, sich an der Berathung aller vorliegenden Gegenstände zu betheiligen, aber nur eine gleiche Zahl von jeder Seite soll stimmen; das Ausscheiden der überzähligen Vertreter geschieht durch das Loos.

§ 10. Behufs Entscheidung bei Stimmengleichheit der Einigungsvertreter kann ein Obmann gewählt werden. Derselbe soll in der Regel außerhalb des betr. Gewerbes stehen, und entweder durch Majorität der Wahlversammlungen beider Abtheilungen, oder durch das Einigungsamt gewählt werden.

Von dem Obmann gelten dieselben Bestimmungen, wie von den Einigungsvertretern, ausgenommen die Verpflichtung zur Annahme der Wahl und die Ordnungsstrafen. Bleibt der Obmann wiederholt ohne genügende Entschuldigung aus, so hat eine Neuwahl stattzufinden. Auch das Amt des Obmanns ist ein Ehrenamt.

Der Obmann hat das Recht, in jeder Sitzung des Einigungsamtes wie des Prüfungsausschusses den Vorsitz zu führen. Alle Anträge und Klagen für dieselben sind möglichst zeitig zur Kenntniß des Obmannes zu bringen.

§ 11. Im Uebrigen stellt das Einigungsamt seine Geschäftsordnung selbstständig fest, ebenso die Geschäftsordnung für den Prüfungsausschuß.

Der Prüfungs-Ausschuß kann aus einer kleinen Anzahl Einigungsvertreter, zur Hälfte aus Arbeitgebern und Arbeitnehmern, gebildet werden, um alle Streitfälle, die von dem Vorstand bei ihm angebracht werden, zu prüfen und die gütliche Beilegung derselben zu versuchen. Falls der Ausschuß nicht im Stande ist, eine Angelegenheit freundschaftlich zu ordnen, so soll dieselbe an das Einigungsamt selbst überwiesen werden; in keinem Fall darf der Ausschuß ein Urtheil fällen.

§ 12. Die Versammlungen zur Neuwahl der Einigungsvertreter, sowie zu den etwa nöthigen Ersatzwahlen, werden von den zeitigen Vorsitzenden des Einigungsamtes öffentlich und spätestens 3 Tage vor dem Versammlungstage einberufen. In diesen Versammlungen haben nur solche Berufsgenossen Berathungs- und Stimmrecht, welche entweder persönlich oder durch ihren anerkannten Gewerkverein in die Listen des Einigungsamtes eingetragen sind.

III. Von der Kompetenz der Einigungsämter.

§ 13. Dem Einigungsamte gebührt die Befugniß, auf Antrag von Einigungsgenossen der Arbeitgeber oder Arbeitnehmer über die künftigen Lohnsätze, Arbeitszeiten, Kündigungsfristen und Entlassungs- bezw. Austrittsgründe, Zeit und Art der Abrechnung und Lohnauszahlung, Befugnisse des Aufsichtspersonals, Disciplin in den Werkstätten, Geldstrafen und Lohnabzüge, kurz über alle gewerblichen Beziehungen zwischen Arbeitgeber und Arbeitnehmer des betr. Gewerbes endgültig zu entscheiden.

Eine Entscheidung des Einigungsamtes über Unterstützungs- (Kranken-, Begräbniß-, Wittwen-, Invaliden- u. s. w.) Kassen ist nur dann zulässig, wenn solche durch gemeinsame Beiträge der Arbeitgeber und Arbeitnehmer bereits gebildete Kassen statutengemäß die Befugniß auf das Einigungsamt übertragen.

Festsetzungen über die Höhe der Löhne bez. des Arbeitsverdienstes dürfen nur immer auf höchstens ein Jahr gemacht werden; doch kann bestimmt werden, daß die festgesetzten Löhne, falls das Einigungsamt nicht Aenderungen beschließt, für einen ferneren gleichen Zeitraum fortdauern.

§ 14. Das anerkannte Einigungsamt ist zugleich Schiedsgericht für alle Streitigkeiten zwischen Einigungsgenossen in Bezug auf alle Angelegenheiten, zu deren Feststellung dasselbe kompetent ist, insbesondere auch auf den Antritt, die Fortsetzung oder Aufhebung des Arbeitsverhältnisses, auf die gegenseitigen Leistungen während der Dauer desselben und die Ertheilung von Abgangszeugnissen, (§ 108 der Reichsgewerbe-Ordnung).

Eine Berufung auf den Rechtsweg ist gegen die Entscheidungen des Einigungsamtes nicht zulässig.

§ 15. Dem Einigungsamt können durch Beschluß der Versammlungen der Einigungsgenossen, auch folgende Befugnisse übertragen werden:

1) die Regelung und Beaufsichtigung des Lehrlingswesens, der Kinder-, jugendlichen und Frauenarbeit innerhalb der gesetzlichen Bestimmungen;
2) die Begründung und Leitung von Fachschulen und sonstigen gewerblichen Bildungsanstalten:
3) die Regelung und Beaufsichtigung des Schutzes für Gesundheit und Leben der Arbeiter in Fabriken und Werkstätten;
4) die gewerbliche und Arbeits-Statistik und die Arbeitsvermittlung;
5) die Ausstellung von Zeugnissen (Arbeitsbüchern) für Lehrlinge und Arbeitnehmer;
6) überhaupt die Wahrung und Förderung aller den Arbeitgebern und Arbeitnehmern des betr. Gewerbes gemeinsamen Interessen.

Mit allen diesen Funktionen kann das Einigungsamt den Prüfungs-Ausschuß oder andere Ausschüsse von Vertretern — in gleicher Zahl Arbeitgeber und Arbeitnehmer — betrauen, welche dem Einigungsamt verantwortlich sind und demselben von Zeit zu Zeit über ihre Thätigkeit zu berichten haben. Von den Ausschüssen ist jederzeit die Berufung an das Einigungsamt selbst zulässig.

§ 16. Die Beschlüsse des Einigungsamtes innerhalb seiner gesetzlichen Kompetenz sind für sämmtliche Einigungsgenossen verbindlich, sobald dieselben in ortsüblicher, bez. statutenmäßig vorgeschriebener Weise zur Kenntniß derselben gebracht sind.

Die Feststellungen über Lohnsätze (Tarif), Arbeitszeit und sonstige Bedingungen des Arbeitskontraktes sind in der Regel besonders zu drucken, und entweder durch Anschlag in den betr. Arbeitsräumen oder Plätzen, oder durch Behändigung an sämmtliche Einigungsgenossen bekannt zu machen.

Jeder Arbeitnehmer, welcher bei einem Einigungsgenossen nach erfolgter Bekanntmachung der oben bezeichneten Beschlüsse in Arbeit bleibt oder tritt, unterwirft sich damit den Beschlüssen und der schiedsrichterlichen Entscheidung des Einigungsamtes. Außerdem können Berufsgenossen jederzeit auch nach Errichtung des Einigungsamtes durch Einzeichnung in die Listen sich anschließen.

§ 17. Die Festsetzungen des anerkannten Einigungsamtes in Bezug auf Lohn, Arbeitszeit rc. gelten innerhalb des betr. Gewerbes und Ortes, bez. Bezirkes nach erfolgter öffentlicher Bekanntmachung auch für die Nicht-Einigungsgenossen, insofern zwischen denselben nicht andere Bestimmungen ausdrücklich verabredet sind.

Die Staats- und Kommunalbehörden haben das Einigungsamt als die officielle Vertretung des betr. Gewerbes zu betrachten, und sich für Begutachtung und Ausführung von Gesetzen und Verordnungen an dasselbe zu wenden.

Das Einigungsamt ist berechtigt, in eigenem Namen Berichte, Beschwerden und Anträge an Behörden, Landtag und Reichstag zu richten.

§ 18. Das Einigungsamt als Schiedsgericht ist befugt, Zeugen und Sachverständige vorzufordern und zu vernehmen, sowie Bücher, Dokumente und Rechnungen sich vorlegen zu lassen und zu prüfen.

Das Einigungsamt kann Ordnungs- und Geldstrafen bis zur Höhe von 30 Mark in jedem einzelnen Falle festsetzen und von den Einigungsgenossen executivisch eintreiben lassen.

Die Entscheidungen des Einigungsamtes sind im Falle des Ungehorsams eines oder mehrerer Verurtheilter dem zuständigen Gerichte behufs Exekution einzureichen, und hat das Gericht die Exekution anzuordnen, es sei denn, daß die Entscheidung des Einigungsamtes dessen gesetzliche Kompetenz überschreitet, oder sich aus anderen Gründen des formellen Rechts als nichtig herausstellt, in welchem Falle die Entscheidung von dem Gerichte zu kassiren ist.

§ 19. Solche Einigungsgenossen, die wiederholt und absichtlich den Entscheidungen des Einigungsamtes oder eines Schiedsamtes (§ 6) zuwiderhandeln, insbesondere sich der Verletzung der vereinbarten Arbeitsbedingungen (Arbeitskontraktbruch) schuldig machen, können durch Beschluß des Einigungsamtes zeitweilig aus der Einigungsgenossenschaft des ganzen Reiches ausgeschlossen werden. Ist der Ausgestoßene ein Arbeitgeber, so ist es Ehrensache der Arbeitnehmer-Einigungsgenossen, während der bestimmten Zeit nicht bei ihm oder für ihn zu arbeiten; ist der Ausgestoßene ein Arbeitnehmer, so ist es Ehrensache der Arbeitgeber-Einigungsgenossen, ihn nicht zu beschäftigen [1]).

§ 20. Sind kontraktbrüchige Einigungsgenossen Mitglieder eines anerkannten Koalitionsvereins (Gewerkvereins), so ist dieser verpflichtet, im Falle fruchtloser Exekution die Entschädigungen und Ordnungsstrafen für seine Mitglieder zu zahlen, und bei wiederholtem absichtlichen Kontraktbruch dieselben zeitweilig auszustoßen.

Ein anerkannter Koalitionsverein, welcher nachweisbar einem oder mehreren seiner Mitglieder zum Kontraktbruch oder zur Verletzung anderer Einigungsamtsbeschlüsse durch Reise-Unterstützung u. dgl. mit Absicht behülflich ist, kann als solcher zeitweilig aus dem Einigungsamte ausgestoßen werden; findet eine solche Unterstützung wiederholt statt, so wird auf An-

---

[1]) Dieser letzte Satz gehört eigentlich nicht in das Gesetz, ist vielmehr nur zur Erläuterung hinzugefügt. D. Verf.

trag des Einigungsamtes der Gewerkverein von den ordentlichen Gerichten der staatlichen Anerkennung und aller daraus fließenden Rechte verlustig erklärt.

IV. Schlußbestimmungen.

§ 21. Das Einigungsamt hat jährlich mindestens einmal, in der Regel am Schlusse des Geschäftsjahres, seinen versammelten Wählern Bericht über die Vorkommnisse und Resultate seiner Thätigkeit zu erstatten und etwa nöthige Aufklärungen zu geben.

Diese Versammlungen können mit den Versammlungen zur Neuwahl der Einigungsvertreter verbunden werden.

Der wesentliche, besonders statistische Inhalt der Berichte über die Thätigkeit der Einigungsämter ist dem Reichskanzleramt zu übersenden, welches diese Berichte im Auszuge, bez. in tabellarischer Zusammenstellung veröffentlicht; außerdem ist möglichst für Veröffentlichung der Berichte durch die Lokalblätter oder besondere Cirkulare zu sorgen.

§ 22. Die Kosten des Einigungsamtes und Prüfungsausschusses werden von den Arbeitgeber- und Arbeitnehmer-Einigungsgenossen zu gleichen Theilen aufgebracht. Für diese Kosten kann von den betr. Versammlungen ein Höchstbetrag festgestellt werden.

§ 23. Das zuständige Gericht hat den Vorstand des Einigungsamtes zur Befolgung der in den §§ 4, 5, 12 und 20 dieses Gesetzes enthaltenen Vorschriften von Amts wegen, und der Vorschriften der §§ 18 al. 3 und 19 al. 2 auf Anrufen der betheiligten Einigungsgenossen, durch Ordnungsstrafen bis zu 60 Mark anzuhalten.

Unrichtigkeiten in den nach diesem Gesetze dem Vorstande obliegenden Anzeigen und sonstigen Angaben werden gegen die schuldigen Vorstandsmitglieder mit Ordnungsstrafen bis zu 60 Mark geahndet.

§ 24. Bei Erlaß dieses Gesetzes bereits bestehende Einigungsämter erlangen die gesetzliche Anerkennung, wenn dieselben die Normativbestimmungen des gegenwärtigen Gesetzes in ihre Statuten aufnehmen und letztere, gemäß §, 5 bei dem zuständigen Gerichte einreichen.

Vorſ. Prof. Dr. Gneiſt: Ich frage den Herrn Correferenten, ob er jetzt das Wort zu ſeinem beabſichtigten Correferate wünſcht?

Correferent Prof. Brentano (Breslau): Nach dem erſchöpfenden Referate des Herrn Dr. Max Hirſch, welches Sie ſoeben vernommen haben, glaube ich im Sinne der hier Verſammelten zu handeln, wenn ich der Discuſſion ſofort Spielraum gewähre und auf die Erſtattung eines Correferates verzichte. Dagegen behalte ich mir zum Schluſſe das Wort vor, und möchte hier nur ein paar Worte beifügen, betreffend die Ihnen vorliegenden Reſolutionen, welche ich urſprünglich beantragen wollte, und betreffend den denſelben angehängten Geſetzentwurf. Trotzdem ich dieſe Vorlagen zurückgezogen habe, möchte ich dieſelben Ihrer Aufmerkſamkeit empfehlen, weil ſie geeignet ſind über mich herrſchende falſche Auffaſſungen zu berichtigen. Mit Berufung auf Stellen in meinem Buche „Zur Kritik der engliſchen Gewerkvereine“ haben nämlich gegneriſche Schriftſteller behauptet, ich befürworte die ſtaatliche Errichtung von Zwangseinigungsämtern in Deutſchland und Dinge von ähnlicher Abſurdität. Meine Herren! Etwas Derartiges iſt mir noch nie in den Sinn gekommen, und ich wundere mich ſehr über dieſes Mißverſtändniß, denn — abgeſehen von allem Andern — geht aus den von jenen Schriftſtellern angezogenen Stellen deutlich hervor, daß ich daſelbſt lediglich von England und zwar unter Annahme einer näher bezeichneten Weiterentwicklung der Verhältniſſe rede. Meine Anſichten über die Einrichtung und Förderung von Einigungsämtern unter den zur Zeit gegebenen deutſchen Verhältniſſen ſind in dem Ihnen vorliegenden Geſetzentwurf zum erſten Male zum Ausdruck gelangt. Ich mußte dies hervorheben, da jene Auffaſſung auch in einem der Ihnen vorgelegten Gutachten ausgeſprochen iſt. Die mir daſelbſt zugeſchriebenen Anſichten hege ich weder jetzt, noch habe ich ſie jemals gehegt.

Die Reſolutionen, welche der Correferent Prof. Dr. Brentano urſprünglich vorzuſchlagen Willens war, lauten:

Es ſoll ein Geſetz über Einigungsämter erlaſſen werden mit folgenden Grundzügen:

1) Das Gesetz soll nur Geltung haben für diejenigen Einigungsämter, welche sich ihm ausdrücklich unterwerfen.

2) Das Gesetz soll den Einigungsämtern die Möglichkeit gewähren rechtsgültige Entscheidungen zu fällen.

3) Gewerkvereine, welche einem dem Gesetze unterworfenen Einigungsamte beigetreten sind, sollen für die Beobachtung von dessen Anordnungen seitens jedes einzelnen ihrer Mitglieder haften.

4) Gewerkvereine, welche den unter 3 angeführten Bedingungen entsprechen, erhalten Corporationsrechte.

Anhang.

Um ein Bild davon zu geben, wie ein solches Gesetz etwa lauten könnte (und nicht als Unterlage für Abstimmungen in unserer Versammlung) folgt hier ein Entwurf:

1) Ein Einigungsamt, welches der durch dieses Gesetz verliehenen Vortheile theilhaft werden will, soll zusammengesetzt sein aus einer gleichen Anzahl von Arbeitgebern und Arbeitnehmern, welche auf einer von der betreffenden Communalbehörde berufenen Versammlung aller Arbeitgeber, resp. Arbeitnehmer des betreffenden Gewerbes an einem bestimmten Orte gewählt worden sind.

2) Alle Arbeitgeber, resp. Arbeitnehmer, welche sich an der Delegirtenwahl betheiligen wollen, müssen zu dem Zwecke ihre Namen in eine von der betreffenden Communalbehörde zu führende Liste eintragen. Der Eintrag in die Liste berechtigt zur Wahl und verpflichtet zur Unterwerfung unter jeglichen Spruch des so gewählten Einigungsamts.

3) Bestehen an einem Orte in einem Gewerbe eine oder mehrere Verbindungen von Arbeitgebern, resp. Arbeitnehmern zur Wahrung ihrer besonderen Klasseninteressen (Gewerkvereine), so können diese als solche durch Einreichung des Verzeichnisses ihrer Mitglieder dem Einigungsamte beitreten. Die betreffenden Vereine übernehmen dadurch die Garantie für die Befolgung der Anordnungen des Einigungsamtes seitens jedes einzelnen ihrer Mitglieder und werden dafür der sub 10 bezeichneten Vortheile theilhaftig.

4) Arbeitgeber und Arbeitnehmer, welche an den Delegirtenwahlen nicht theilgenommen haben, sollen durch die Bestimmungen des Einigungsamtes gegenseitig gebunden sein, wenn der Arbeitgeber oder sein Vertreter dem Arbeiter ein gedrucktes Exemplar dieser Bestimmungen giebt und der Arbeiter sie annimmt, vorausgesetzt, daß der Arbeiter innerhalb acht und vierzig Stunden, nachdem ihm diese Bestimmungen eingehändigt sind, dem Arbeitgeber oder dessen Agenten ankündigen kann, daß er durch dieselben nicht gebunden sein will.

5) Das Einigungsamt stellt seine Geschäftsordnung nach eigenem Ermessen fest. Doch sollen die Delegirten vor Eintritt in die Berathung eine Person wählen, welche für die Dauer des Mandats der betreffenden Delegirten im Falle von Stimmengleichheit die Entscheidung fällt.

6) Ein so constituirtes Einigungsamt mag die Parteien bindende Vorschriften erlassen, betreffend die Vorzeigung und Prüfung jeglicher Bücher, Documente oder Rechnungen, unterworfen unter Bedingungen, welche den Inhaber solcher Bücher, Documente oder Rechnungen gegen Indiscretionen und deren Folgen schützen. Ein solches Einigungsamt mag ferner, wenn für irgend welchen seiner Zwecke nothwendig, Zeugen vorfordern und eidlich vernehmen.

7) Ein so constituirtes Einigungsamt mag ferner für diejenigen, welche sich ihm unterworfen haben, für einen bestimmten Zeitraum Vorschriften treffen, betreff. den zu zahlenden Lohn oder die Arbeitsstunden oder das zu leistende Arbeitsquantum oder die Bedingungen oder Regeln, unter denen die Arbeit zu leisten ist.

8) Ein so constituirtes Einigungsamt soll ferner in Streitigkeiten zwischen Arbeitgebern und Arbeitnehmern, welche wegen angeblicher Nichterfüllung des abgeschlossenen Arbeitsvertrags entstehen, alle schiedsrichterlichen Functionen ausüben.

9) Arbeitgeber resp. Arbeitnehmer, welche sich dem Einigungsamte unterworfen haben und dessen Anordnungen zuwiderhandeln, verfallen in Geldstrafen, deren Betrag das Einigungsamt festsetzt. Sind die straffälligen Arbeitgeber resp. Arbeitnehmer Mitglieder von Gewerkvereinen, welche dem Einigungsamte beigetreten sind, so haben diese Verbindungen jene Strafsummen zu zahlen.

10) Gewerkvereine von Arbeitgebern oder Arbeitnehmern, welche diesen Bedingungen sich unterwerfen und als Garantie ihrer Beobachtung derselben bei der Communalbehörde des Ortes, an dem das Einigungsamt seinen Sitz hat, eine je nach der Kopfzahl ihrer Mitglieder kleinere oder größere Caution hinterlegen, erhalten Corporationsrechte. Werden fällige Strafsummen nicht von den Gewerkvereinen bezahlt, so werden dieselben den hinterlegten Cautionen entnommen; werden die so geschmälerten Cautionen nicht wieder ergänzt, so werden die Corporationsrechte den Gewerkvereinen wieder entzogen.

11) Es steht im freien Ermessen der Einigungsämter, ob sie durch Unterwerfung unter dieses Gesetz der Vortheile theilhaft werden wollen, welche dasselbe verleiht. Einigungsämter, welche dieser Vortheile theilhaft werden wollen, haben ihre ausdrückliche Unterwerfung unter dieses Gesetz bei der Communalbehörde des Orts, an dem sie ihren Sitz haben, zur Anzeige zu bringen.

Vors. Prof. Dr. Gneist: Es ist bereits ein Abänderungsantrag eingegangen von Herrn Dannenberg. Er schließt sich an den ursprünglichen Antrag des Herrn Referenten an und lautet:

Die Versammlung wolle beschließen:

In Erwägung, daß bleibende Einigungsämter zur Herstellung und Erhaltung des socialen Friedens und Gedeihens, insbesondere auch zur

Beseitigung des vielfach eingerissenen Contractbruchs ein vielfach bewährtes Mittel sind;

daß die Freiwilligkeit des Beitritts der Arbeitgeber und Arbeitnehmer zu den Einigungsämtern die nothwendige Grundlage derselben bleiben, daß aber die Entscheidungen gegen die freiwillig Beigetretenen durch ein Reichs-Normativgesetz durchführbar gemacht werden müssen;

daß der verpflichtende Beitritt zu den Einigungsämtern für Coalitionsvereine (Gewerkvereine) die Hauptbedingung gesetzlicher Anerkennung der letzteren bilden muß

beauftragt die Versammlung den Ausschuß

an den Bundesrath und Reichstag um schleunigen Erlaß eines Normativgesetzes für Einigungsämter zu petitioniren.

Zugleich spricht die Versammlung im Allgemeinen ihre Billigung der in den von Dr. M. Hirsch und Prof. Brentano mitgetheilten Gesetzentwürfen enthaltenen Vorschläge aus und ersucht den Ausschuß, dieselben bei der gedachten Petition als Grundlage zu benutzen.

Debatte.

Syndicus Dr. Hilse (Berlin): Meine hochgeehrten Herren! In meiner Eigenschaft als Vertreter eines ansehnlichen Arbeitgeberbundes — des Bundes der Bau-, Maurer- und Zimmermeister zu Berlin —, welcher im Augenblicke im Begriff steht, seine Verbindung über ganz Deutschland auszudehnen, nehme ich das Wort, um zunächst Protest einzulegen gegen den dahin gegangenen Vorwurf des Herrn Referenten: die Arbeitgeber seien im Großen und Ganzen grundsätzlich einer Verbesserung der Lage der Arbeitnehmer abhold und deshalb auch Gegner der Einigungsämter. Für Berlin und die von mir vertretene Vereinigung glaube ich gerade das Gegentheil behaupten zu dürfen, indem ich mich dabei noch dazu auf das Zeugniß des Herrn Referenten berufen kann, und es mindestens als eine Selbsttäuschung des Herrn Referenten bezeichnen muß, wenn er das Fehlschlagen eines im Dezember v. J. im Berliner Baugewerke gemachten Versuches, ein Einigungsamt ins Leben zu rufen, der Arbeitgeberschaft in die Schuhe zu schieben beliebt. Ganz im Gegentheil war derselbe sogar von der Arbeitgeberschaft ausgegangen, und ist es — wofür Beweise beibringbar sind, — gerade umgekehrt die Arbeitnehmerschaft gewesen, welche sich — ob mit Recht oder Unrecht mag ungesagt bleiben — ablehnend verhielt, und wie in so vielen anderen Fällen auch in diesem Falle die von der Arbeitgeberschaft gebotene Hand zur friedlichen Verständigung zurückgewiesen hat. Ich konstatire sogar ausdrücklich, daß der Bund der Bau-, Maurer- und Zimmermeister bei jenem Versuch mit der Arbeitnehmerschaft im Baugewerbe zur Bildung eines Einigungsamtes zusammen zu treten, um jedem Vorwurf, als sei die Sache ungeschickt angefangen, zu begegnen, zumal seine Syndikus der persönlichen Anschauung nach den Versuch gleich von Anfang an für verfehlt hielt, sich der persönlichen Hilfe des derzeitigen Herrn Referenten bediente und erfreute, welcher namentlich auch der Verfasser einer seitens des Bundes in 10000 Exemplaren unter die Arbeiter verbreiteten Denkschrift gewesen ist, durch welche die Arbeitnehmer im Baugewerbe über die Ersprießlichkeit der Einigungsämter belehrt und zum freiwilligen Zusammentreten behufs der — wenigstens versuchsweisen — Konstituirung eines solchen gebracht werden sollten. Auf Seiten der Arbeitgeber waren 205 Arbeitgeber, welcher mehr als $^3/_4$ aller in Berlin beschäftigten Baugewerbsgehilfen beschäftigen, einig und bereit, ein Einigungsamt zu bilden, wofern unter der Arbeitnehmerschaft einigermaßen Neigung dafür vorhanden sei. Trotz der durch die Denkschrift, welcher der Herr Referent, als ihr Verfasser, doch ganz gewiß nicht den Vorwurf ungeschickter Fassung wird machen wollen, ihnen gewordenen Belehrung, fanden sich unter den etwa 10 000 Maurern und Zimmerern Berlins noch nicht einmal 100, welche ihre Mitwirkung zur Bildung eines Einigungsamtes gewähren wollten.

Daß diesen Thatsachen gegenüber die Arbeitgeberschaft den Versuch fallen ließ, können einsichtige Männer sicher nur billigen. Demgemäß glaube ich auch mit vollem Fug und Recht meine Verwunderung aussprechen zu dürfen, daß von einer Seite gegen die Arbeitgeberschaft ein Vorwurf ausgesprochen wird, auf welcher nach dem Vorerwähnten die besten Kenntnisse von seinem Ungrund aus eigener Wissenschaft vorhanden sein müßten, glaube mich auch Ihrer Unterstützung versichert halten zu dürfen, wenn ich den gehörten Vorwurf — wenigstens der Berliner Bauarbeitgeberschaft gegenüber — als einen übereilten und grundlosen entschieden zurückweise.

Der Herr Referent erwähnt ferner des Berliner Bau-, Maurer- und Zimmererstrikes im Mai 1872 und seiner, resp. der Gewerkvereine Hilfe bei dessen Beendigung. Allerdings ist unter der Mitwirkung der Gewerkvereine ein provisorisches Einigungsamt ins Leben getreten gewesen. Daß dasselbe zu keinem definitiven geworden, hat folgende dem Herrn Referenten gleichfalls aus eigener Wahrnehmung bekannte Gründe: Im April 1872 waren verschiedene partielle Strikes unter den Maurern und Zimmerern Berlins ausgebrochen; seitens der Meisterschaft wurde durch Entlassung ihrer sämmtlichen Gesellen — Maurer wie Zimmerer — geantwortet. Unter Mitwirkung des Dr. Hirsch kam — was hier namens des Bundes dankend konstatirt wird — ein provisorisches Einigungsamt aus Arbeitnehmern und Arbeitgebern zu Stande, in dessen Schoße beschlossen wurde, daß die Arbeit unter folgenden Bedingungen wieder aufgenommen werden solle. Die Arbeitszeit solle fortan nur noch 10 (statt früher 11) Stunden, der Tagelohn $1^1/_3 - 1^1/_2$ Thlr. betragen. Ferner solle kein Arbeitgeber einen Maurer oder Zimmerer in Arbeit nehmen dürfen, der sich nicht zu den Bedingungen des provisorischen Einigungsamtes bekannt haben würde, was durch Annahme einer vom provisorischen Einigsungsamte ihrem Wortlaut nach festgestellten Arbeitskarte geschehen solle. Diese Arbeitskarte sollte also das äußerlich erkennbare Zeichen der versöhnenden Gesinnung der einzustellenden Arbeiter bilden. Nun hat bekanntlich jede Abmachung auch eine negative Wirkung. Die Abmachung, daß der Lohn $1^1/_3—1^1/_2$ Thlr. sein und die Karte die Unterlage des Arbeitsverhältnisses bilden sollte, hatte nun jedenfalls die negative Bedeutung, daß die Arbeitnehmer für die vereinbarte Zeitdauer bis Ende 1872 keinen höheren Lohn als $1^1/_3—1^1/_2$ Thlr. beanspruchen und bei keinem Arbeitgeber Stellung nehmen oder behalten durften, der keine Arbeitskarte auf seinen Bauplätzen eingeführt hatte. Denn wenn die Arbeitgeberschaft die Gewerkvereine in der Weise unterstützen sollte, daß die Gegner der Vereinbarung des Einigungsamtes, die sich zur Anerkennung der Karte und damit des Einigungsamtes nicht verstehen wollten, von ihren Plätzen ausgeschlossen würden, so mußte die Meisterschaft ihrerseits darauf rechnen können, daß mindestens alle die Arbeitnehmer zu den Bedingungen des Einigungsamtes ausschließlich nur bei ihr arbeiten würden, die diesen Compromiß eingegangen waren — nehmlich die Mitglieder der Ortsvereine der Maurer und Zimmerer — und daß diese nicht bei Gegnern des Einigungsamtes unter der Arbeitgeberschaft, welche die Einführung der Karten abgelehnt hatten, arbeiten würden, sobald diese nur einen höhern als den vom Einigungsamte festgestellten Lohn zahlten. Hiermit constatire ich jedoch in Gegenwart des Anwalts und vieler Ehrenmitglieder der deutschen Gewerkvereine, daß die Mitglieder der deutschen Gewerkvereine im Berliner Baugewerbe einem großen Bruchtheil nach nicht allein bei Nichtbundesmeistern ohne Arbeitskarte gearbeitet, sondern auch einen höheren Lohn als $1^1/_2$ Thlr., sowohl von Nichtbundesmeistern wie von Bundesmeistern angenommen,' theilweise sogar gefordert haben; ja, daß vereinzelte Arbeitnehmer, gleichzeitig hervorragende Mitglieder des Ortsvereins, mit den Arbeitgebern Separatabkommen getroffen haben, wonach sie über die in den Arbeitskarten normirten Lohnbeträge hinaus heimlich und ohne Wissen der Mitgesellen noch außerordentliche Vergütigung zu erhalten hätten. Ein solcher Fall ist mir namentlich sogar von einem sehr hervorragenden Mitglied des Berliner Ortsvereins der Maurer bekannt geworden. Wenn nach solchen Erfahrungen der Arbeitgeber den Muth verliert, sich mit den Arbeitnehmern in ein weiteres Einvernehmen zu setzen, so werden Sie, meine Herren, dies wohl begreifen. Ganz ausschließlich nur der Umstand, daß auf Seiten des Mitcontrahenten an dem getroffenen Abkommen nicht festgehalten ist, daß namentlich, während die Meister verpflichtet waren alte und erprobte, in ihrem Geschäfte ergraute Arbeiter meist mit schwerem Herzen abzulohnen, weil diese die Arbeitskarten nicht anerkennen wollten, die Arbeitnehmer nicht auch umgekehrt die Arbeitsstellen verließen, auf denen die Einführung der Karten seitens des Meisters unterblieben war, daß sich für sie also nur Pflichten ohne die korrespondirenden Rechte aus dem Verhältnisse herausgestellt hatten, hat den von mir vertretenen Bund abgehalten das bei seinem Entstehen freudig begrüßte Unternehmen der Bildung von Einigungsämtern zu Ende zu führen. Die Erfahrungen in Berlin haben sich auch anderwärts wiederholt. So schwebt in Hamburg seit länger als zehn Wochen ein Strike der Maurer und Zimmerer. Die

Arbeitergeberschaft hat versucht, ein Einigungsamt ins Leben zu rufen; sie hat es auch möglich gemacht, daß gegen 700 Maurer und Zimmerer durch Unterschrift sich bereit erklärten, ein Einigungsamt zu wählen, dem sie sich unterwerfen würden. Es ist denn auch zur Feststellung von Bedingungen unter denen die Arbeit wieder aufgenommen werden solle, in einer erwählten Kommission mit Arbeitgebern und Arbeitnehmern bei gemeinsamer Berathung gekommen. Dieses gemeinschaftliche Comité hatte jedoch die ursprüngliche Forderung der Gesellen unerheblich herabgesetzt, damit das Wort „Einigung“ doch wenigstens einen Namen habe. Gleichwohl wurde der Kommissions-Vorgeschlag von den etwa 700 durch Unterschrift gebundenen Gesellen nicht gebilligt. Die Arbeitgeberschaft mußte sich vielmehr entschließen, auf die Forderung der Arbeitnehmerschaft in vollem Umfange einzugehen, weil die übernommenen Gebäude vor Anbruch der schlechten Jahreszeit noch unter Dach gebracht werden sollten. Bei solchem Gebahren ist das Wort „Einigungsamt“ sicher ein Mißbrauch. —

Meine Herren! „Einigung“ heißt doch ganz gewiß nicht die Forderung, das Ungewöhnlichste unbedingt erfüllen müssen, sondern das Beseitigen der Schroffheiten einer Forderung durch gütliche Vereinbarung und das beiderseitige Ablassen von seinem Willen, wie es der Billigkeit und den augenblicklichen Verhältnissen entspricht! Wenn die Einigung darin bestehen soll, daß die Arbeitgeberschaft blindlings den Forderungen der Arbeitnehmer nachgeben soll, thun meiner Ueberzeugung nach die Arbeitgeber Recht daran, Gegner der Einigungsämter zu sein. Denn dasselbe Recht, welches der Arbeitnehmer für sich in Anspruch nimmt, daß er den vollen Lohn seiner Leistung habe, hat auch der Arbeitgeber dahin, daß er die volle Leistung für seinen Lohn habe. Dies wird von der Arbeitnehmerschaft im Baugewerbe dagegen nur höchst bedingt anerkannt, die für sich die umfassendsten Rechte verlangt, dem Arbeitgeber aber nicht das Geringste leisten und gewähren möchte. Ich erwähne hier nur, daß beispielsweise die Leistung quantitativ und qualitativ auf die Hälfte abgenommen hat, wie ich anderwärts statistisch gezeigt habe. Wenn ich übrigens ausschließlich nur von den Baugewerben spreche, so geschieht das, weil ich nur von den Verhältnissen innerhalb derselben genaue Erfahrungen habe, und nicht zur Klasse der Menschen gehöre, die über Verhältnisse sprechen und urtheilen, von denen sie vielleicht keine Erfahrung haben.

Es ist ferner von Seiten des Herrn Referenten darauf aufmerksam gemacht worden, daß besonders in England die Einigungsämter sehr segensreich gewirkt hätten. Ich erlaube mir, Ihr Augenmerk auf die Geburtsstätte der Einigungsämter zu richten, wo im Augenblicke trotz des Einigungsamtes für die Spitzenmacherei ein heftiger Streit zwischen Arbeitgebern und Arbeitnehmern schwebt und die Arbeitnehmer sich mit den Beschlüssen des Einigungs-Comité's nicht einverstanden erklärten, ihnen deshalb auch keine Folge gegeben haben. Dieser Umstand bestimmt mich zu dem Glauben, daß in England die Einigungsämter sich schon überlebt haben und ihre Importation sich also nicht mehr lohnt. Der Herr Referent hat darauf aufmerksam gemacht, daß die Consumenten von Börsenartikeln sich vielfach dahin vereinbaren, das für das unter ihnen vereinbarte Geschäft derjenige

Preis maßgebend sein solle, welchen an einem bestimmten Tage das Börsen-Commissariat als den gangbaren bezeichnen werde, und wünscht dies als ein Analogon der Einigungsämter angesehen zu haben, sodaß das Börsen-Commissariat für jene Geschäftsleute das Einigungsamt darstelle. Dieser Vergleich paßt jedoch nicht. Das Börsen-Commissariat ist der unparteiische, bei dem Geschäft unbetheiligte Dritte, welcher auf Grund der ihm zu Gebote stehenden Ermittelungen die Thatsache konstatirt, welcher Preis an einem gewissen Tage für eine bestimmte Waare gezahlt sei. Es wird also lediglich von der Konstatirung einer sich von selbst vollziehenden Thatsache der zu zahlende Preis abhängig gemacht. Bei den Einigungsämtern sollen dagegen zwei zur Sache betheiligte und von entgegengesetzten Interessen geleitete Factoren mit bindender Wirkung für die hinter ihnen stehenden Parteigenossen berathen und beschließen, was von den beiderseitigen Forderungen zu bewilligen und abzulassen ist. Das ist doch ganz gewiß etwas so Verschiedenes, daß jedes Vergleichungsmoment fehlt. Nun nehme ich selbst an, daß den Wünschen des Herrn Referenten gemäß staatlicherseits für solche Einigungsämter eine Executive eingerichtet würde. Wie soll dieselbe practisch aber ausgeführt werden? Lassen Sie beispielsweise die etwa 10000 Maurer Berlins sich für ein Einigungsamt erklären, dagegen demnächst 8000 von ihnen, nachdem ihre Vertreter sich mit den Meistern geeinigt haben, diesen ihren Vertretern den Auftrag kündigen und aus Unzufriedenheit mit dem Ergebniß der Einigungsamtsberathung Berlin verlassen. Wie denken Sie sich gegen diese 8000 Mann eine Execution praktisch ausgeführt? Sollen sie vielleicht, wie die Militärsträflinge je einen Wächter mit geladener Waffe hinter sich, zur Arbeit gezwungen werden? Diese Frage richte ich besonders an den Herrn Correferenten, der in der vorjährigen Versammlung die kriminalrechtliche Bestrafung des Kontraktbruchs aus practischen Schwierigkeiten ähnlicher Art nicht befürworten zu können meinte. Ich wenigstens vermag mir nicht vorzustellen, wie die Execution überhaupt und insonderheit gegen die vollstreckt werden soll, die einem Einigungsamte nicht beigetreten sind und an der Wahl der Vertreter sich nicht betheiligt haben. Ganz besonders vermag ich nicht zu fassen, wie eine verschwindend geringe Arbeiterpartei auch nur hoffen kann, durchzusetzen, daß die Staatsgesetzgebung ihr die Macht in die Hand geben wird, Beschlüsse mit bindender Wirkung für die ganze Arbeitnehmerschaft zu schaffen. Und das reell Greifbare ist es doch allein nur, was sich die Gesetzgebung als Norm setzen sollte und was eine Versammlung, wie die gegenwärtige, ihr auch nur zur Annahme empfehlen sollte.

Eine Belehrung der Arbeitgeberschaft über das Wesen der Einigungsämter halte ich für sehr überflüssig. Wer sich nicht belehren lassen will, wird auch die Preisschrift nicht lesen, und wer sich belehren wollte, für den bietet die vorhandene Literatur ausreichendes Material. Will man jedoch etwas Gutes schaffen, so suche man die Arbeitnehmer durch geeignete Belehrung zur Erkenntniß zu bringen, daß jedes Abkommen eine negative Wirkung hat; daß für sie aus einem solchen nicht blos Rechte, sondern auch Pflichten ableitbar sind. Haben sie das begriffen und sind sie dennoch für ein Einigungsamt, dann wird erst mit Einrichtung von Einigungsämtern vorgegangen werden können! Der Herr Referent hat früher einmal zu mir gesagt, man dürfe von der Arbeitnehmerschaft eine so stricte Auffassung der Wirkung und deshalb so peinliches Einhalten der Abkommen nicht verlangen, wie von den Arbeitgebern. Indem er dies zugestand, sprach er den Einigungsämtern die Möglichkeit der Existenz ab. Ich wenigstens danke dafür, und mit mir thun dies meine Auftraggeber, auf dieser Grundlage einem Einigungsamt das Wort zu reden. Ich würde es der Arbeitgeberschaft sehr verdenken, von ihrer Seite sich zu binden, sobald auf der entgegengesetzten Seite kein Gedanke daran ist! —

Hiermit lassen Sie mich zunächst dafür danken, daß Sie mich über die programmmäßige Dauer haben reden lassen, und lassen Sie mich bitten, über die Resolution des Referenten als nicht spruchreif zur Tagesordnung überzugehen, jedenfalls aber wenigstens das wiederaufgenommene Amendement nicht anzunehmen!

Janson, Vertreter des Verbandes der deutschen Gewerkvereine (Berlin): Meine Herren! Der geehrte Herr Vorredner hat ein Bild entworfen von den Arbeitern und den Einigungsämtern überhaupt, daß Sie eine Gänsehaut überlaufen könnte. Er hat ganz und gar vergessen, zu erwähnen, daß gerade die Maurer- und Zimmermeister Berlins ihre Arbeiter erst in die Lage hineingetrieben und sich erst zu einer Einigung herbeigelassen haben, als ihnen die Social-Demokratie über den Kopf gewachsen war. Er hat Hamburg als Beispiel angeführt, eine Stadt, die ganz socialdemokratisch ist, und gerade nur sein Gewerk herausgenommen, in welchem die meisten Social-Demokraten vorhanden sind. Er hat vergessen, daß die Leute, als sie nur $22^1/_2$ Sgr. pro Tag verdienten und $27^1/_2$ Sgr. haben wollten, zurückgewiesen wurden, und daß, mit Hülfe der Gewerkvereine, die Meister erst durch Strike gezwungen werden mußten, diese höchst mäßige und nothwendige Lohnerhöhung zuzugestehen. Den Dank freilich haben die Herren von der Socialdemokratie geerntet, indem diese den Arbeitern sagten: „Seht Ihr, wir haben Euch diesen höheren Lohn verschafft!“ — Als die Meister in der Klemme waren, haben sie mit dem Ortsverein ein provisorisches Einigungsamt begründet. Aber ich glaube, daß die Sache doch auch etwas anders liegt mit jenem einen Manne, den er uns als wortbrüchig anführte. — Uebrigens kann es sich bei dieser allgemeinen Frage nicht um die Bauindustrie allein handeln, und wäre es doch ungerecht, um des Urtheils eines einzigen Gewerkes willen dem zuzustimmen, daß es noch zu früh wäre mit Errichtung der Einigungsämter. Wann glaubt denn der Herr Vorredner, daß es Zeit wäre? Uns hat der Krieg schon zu lange gedauert, als daß wir noch anstehen sollten, Institutionen zu schaffen, durch welche der Friede hergestellt werden kann. Man darf überhaupt die Sache nicht so einseitig auffassen, daß das Einigungsamt nur die Pflicht hat den Lohn so ohne Weiteres festzustellen, sondern es ist sogar die Conjunctur mit in Betracht zu ziehen. Und hat denn nicht Alles einen Anfang nehmen müssen? Es ist nichts sogleich vollkommen dagewesen! Muß sich nicht stets erst in der Praxis herausbilden, was Anfangs noch mangelhaft ist! Wenn der Herr Vorredner hier Fälle anführt, in denen die Arbeiter nicht gehalten haben, was sie eingegangen sind, nun, warum hat denn der Herr Vorredner nicht auch das Beispiel der Schiffszimmerer in Rostock angeführt, wo die Meister das nicht gehalten haben, was sie eingegangen sind?! Man muß da gerecht sein! Das Einigungsamt hat nicht nur den Lohn festzustellen, sondern Alles, was auf die Arbeitsverhältnisse Bezug hat! Wir können ja annehmen, daß die Arbeiter oft gar nicht das zu leisten im Stande sind, was sie bezahlt verlangen, sondern sie kommen oft in die Lage, einfach zu sagen: Jeder Mensch muß leben können, wenn er auch keine große Fertigkeit hat! Wie wollen Sie es aber regeln, wenn nicht von den beiderseitigen Factoren dazu mitgewirkt wird?! — Es wurde der Contractbruch hier angeführt. Nun, da möchte ich doch einmal fragen: wie soll denn so ein Contract lauten? Ich habe mich stets gewundert, daß die Zeitungen schreiben: „Ueberall ist der Contract von den Arbeitern gebrochen worden!" aber noch nie habe ich einen solchen Contract abgedruckt gefunden! Wie werden denn solche Contracte geschlossen? Sie werden geschlossen zu einer Zeit, wo dem Arbeiter das Messer an der Kehle sitzt! Meine Herren, wenn dem Arbeiter im Februar gesagt wird: Hier ist ein Contract; wenn Du den nicht unterschreibst, so kannst Du im Sommer keine Arbeit erhalten! — ist das ein freier Contract zu nennen? Es werden daneben wohl Versprechungen gemacht, aber nicht schriftlich. Wenn der Arbeiter sich dann schließlich veranlaßt sieht, den Contract zu übersehen, so können Sie ihm das nicht verdenken. Wie soll der Arbeiter einen Contract halten, wenn von einer anderen Körperschaft selbst eine gesetzliche Bestimmung nicht gehalten wird!? (Sehr richtig!) Mit vollem Rechte sagen ja die socialdemokratischen Agitatoren: „Jene verlangen von Euch, Ihr sollt einen Contract halten, den Ihr gar nicht gemacht habt; und sie selbst halten nicht einmal die gesetzlichen Bestimmungen, die ihre Vertreter gemacht haben!" Seien Sie überzeugt, meine Herren, daß es in den Arbeitgeberkreisen auch nicht gerade so glänzend aussieht, wie man es gern darstellen möchte. Was kann man denn dagegen thun, wenn bei einer friedlichen Organisation Ausschreitungen von einzelnen Personen ausgehen? Im Großen und Ganzen ist aber anerkannt, daß die Gewerkvereine dafür gewirkt haben, Strikes zu verhüten. Wenn nun aber Arbeiter entlassen werden, bloß darum, weil sie sich einer solchen Organisation angeschlossen haben, was sagen Sie denn dazu? Wenn nun gestern hier Jemand sagte, der Arbeiter solle einmal in seinen eigenen Busen greifen, so gilt das auch ebenso für die Arbeitgeber.

Wenn der Herr Vorredner sagte, daß beispielsweise von 10,000 Maurern 8000 das Vereinbarte nicht halten wollten — ja, meine Herren, wenn Sie sich einen so traurigen Begriff von der moralischen Versunkenheit der Arbeiter machen, daß Sie annehmen, es würde unter 8000 Arbeitern nicht eine so große Majorität sich herausbilden, die Recht und Pflichtgefühl hat, daß sie die Minorität mit fortreißt, dann steht es schlimm um die Sache. Ich glaube dagegen, daß in den Arbeitern noch mindestens ebensoviel Ehrgefühl steckt wie in den Arbeitgebern, und ich ersuche Sie daher, dem Antrage des Referenten zuzustimmen, entgegen dem Wunsche des Vorredners, der nur von der einen Seite gesprochen. —

Noch Eines möchte ich schließlich anführen. Das Lehrlingswesen spielt eine große Rolle in der socialen Frage. Wenn man aber Bildung von den Lehrlingen verlangt, so muß man auch den gebildeten Arbeiter das nicht versagen, was ihm in Folge seiner besseren Bildung zusteht; man muß den Arbeiter mit dem Bedürfniß seiner Zeit vorwärts gehen lassen, während man es heute noch vielfach unerhört findet, daß der Arbeiter überhaupt die Frechheit besitzt, etwas zu verlangen! (Oho!) Ich bin nicht einseitig, habe ich gesagt; aber die Verhältnisse liegen so in vielen tausend Fällen!

Sasse, Vertreter des Verbandes der deutschen Gewerkvereine, (Berlin): Meine Herren! Ich bestreite, daß die Sachen wirklich so schlecht stehen, wie Herr Syndicus Dr. Hilse gesagt hat, daß nämlich die Arbeiter noch nicht so weit sind, einzusehen, daß sie auch halten müssen, was sie beschlossen haben, und Alles zu thun, was in ihren Kräften steht, um ein Einigungsamt zu Stande zu bringen; denn einmal muß angefangen werden, sonst kommen wir nicht weiter. Ich spreche nicht aus eigenem Interesse; ich bin Mitglied einer Produktiv-Genossenschaft, also zugleich Arbeitgeber und -nehmer; aber ich sage, es muß etwas geschaffen werden für die Arbeiter. Wir in unsrer Organisation, in den Gewerkvereinen, wir würden Dem schön auf den Kopf steigen, der sich einem Einigungsamtsbeschluß nicht fügen wollte! Denn wenn wir auch einige Gegenden haben, wo die Socialdemokratie stark vertreten ist, so werden wir doch die Socialdemokraten endlich zwingen. Sie sind nicht die Mehrzahl, wir sind es jetzt schon! Sie werden sich nach und nach den Schädel einlaufen und dann vernünftig werden. Es liegt aber nicht daran, daß die Arbeiter etwa nicht so weit sind, zu verstehen, was ein Einigungsamt bedeutet. Herr Dr. Hilse hat ein einseitiges Bild aufgerollt, und Sie werden mir daher gewiß erlauben, daß ich ein anderes entrolle.

Im Jahre 1865 wurden wir Granit- und Marmorarbeiter eines Vormittags zum Fabrikanten hinaufgerufen. Es wurde uns eine feine Havannah gereicht. Darauf eröffnete uns der Fabrikant: „Meine Herren, ich kann Ihnen nicht helfen, die Preise unsrer Waaren sind mit einem Male so sehr gefallen, und wir sind gezwungen die Löhne herabzusetzen!“ Dies Herabsetzen betrug pro Tag 4 Sgr., für einen Arbeiter pro Tag doch gewiß nichts Kleines! Wir machten natürlich alle möglichen Einwendungen, bekamen aber stets nur die Weisung, wer bis Abend 6 Uhr nicht erklärt hätte für diesen gekürzten Lohn zu arbeiten, der sei entlassen! — Ist das nun ein richtiger Weg, den der Arbeitgeber ergreift? Gewiß nicht! Derselbe ist nur geeignet den Arbeiter in das Lager der Socialdemokraten hineinzutreiben. Um 4 Uhr schickte der Fabrikant eine Annonce ab, in welcher er Leute suchte, und wir erfuhren auch, daß er schon vorher nach Leuten verlangt habe. Obgleich es uns nun noch gelang, 1 Sgr. von dem Lohnabzug abzuhandeln, so waren wir doch eben gezwungen, 3 Sgr. pro Tag billiger zu arbeiten, als vorher. — Nun aber kam etwas Anderes. Im November 1871 stellten wir an den Fabrikanten eine Forderung, um jetzt unsren Lohn wieder einigermaßen dahin zu bringen, wo er damals gestanden, zumal doch seitdem die Lebensmittel und Miethen außerordentlich gestiegen wären. Da gab er zur Antwort: „Ja, machen Sie Strike, dann sollen Sie den gewünschten Lohn haben!" Ich, als Unterhändler, erklärte ihm: „Nein, Strike wird nicht gemacht!" und er antwortete mir: „Nun, dann werden Sie nicht mehr Lohn bekommen!" — Sie sehen hieran, daß es nicht immer an dem Arbeiter liegt, wenn er Strike macht! — Wir verhandelten bis gegen Ende März 1872, und dann wurde noch eine Commission gewählt, die zu den Fabrikanten ging und die Verständigung versuchte; zu dieser Commission gehörte auch ich.

Die Herren Häger, Taucha, Barheine und Braun unterschrieben, daß sie sich auf ein Einigungsamt einlassen wollten. Herr Schleither dagegen antwortete mir: „Wie können Sie als Arbeiter sich unterstehen Forderungen mir zu stellen!" — hierfür kann ich Zeugen stellen. „Wie kann sich überhaupt ein Arbeiter so etwas unterstehen! Daß Sie sich so etwas erdreisten, das geht ja ins Unendliche hinein! Ich werde mir eine Maschine kommen lassen, damit ich keine Arbeiter mehr brauche!" Endlich setzte er seinen Kopf in die Hand. „Gut," sagte er, „ich will Ihnen geben, was Sie fordern; aber unterhandeln werde ich mit den Arbeitern nicht, denn ich gebe meinen Leuten schon ehe sie fordern." Die anderen Herren kamen, um sich mit ihm zu besprechen, und so erklärten denn die Fabrikanten: wir müßten striken. Nun, meine Herren, — auf Befehl mußten wir! — Wir strikten drei Tage. Ich wurde ausdrücklich dafür bestimmt, die Verhandlungen zu führen, und nach drei Tagen war Alles vorbei. Also ganz gegen unsren Willen mußten wir striken!

In diesem Jahre trat ich mit noch 12 Arbeitern zusammen zur Gründung einer Genossenschaft. Sobald Jene dies erfuhren, sagte der Bruder meines Fabrikanten zu mir: „Ich habe das und das erfahren, und da Sie eine Genossenschaft gründen, also selbst Arbeitgeber werden, so ist es unmöglich, daß Sie noch bei uns arbeiten." Also von dem Tage an, wo die Herren sahen, daß man weiter wolle in der Welt, da war's vorbei. Ich habe meinem Fabrikanten während der neun Jahre, welche ich bei ihm gearbeitet habe, gewiß an Material viel erspart. Sobald wir aber selbstständig werden wollten, war alle Harmonie vorbei. Nach drei Wochen mußten auch die Anderen alle heraus. Man könnte nun sagen, der Herr hatte nicht so ganz Unrecht, weil wir seine Concurrenten werden wollten; es ging aber noch weiter. Ich wurde nach Belgien geschickt, um Marmor zu kaufen. Da antworteten mir die Händler: „Ja, die Fabrikanten aus Berlin haben uns geschrieben, wir sollten Ihnen keinen Marmor verkaufen, sonst kaufen sie nichts mehr von uns. Ihr seid strikende Arbeiter und wollt Euren Fabrikherren Concurrenz machen!" Nun stellen Sie sich dies Bild vor: die Arbeitgeber verschreien uns als Striker, nachdem sie selbst uns zu dem Strike gezwungen!

In Hamburg, wohin ich jetzt fuhr, fand ich dasselbe. Dort war ich aber schon schlauer und kaufte indirect! (Heiterkeit.) Also hier haben Sie nicht nur mit rohen Arbeitern zu thun, sondern auch mit sehr unhumanen Arbeitgebern! Nehmen wir die Sache mit dem Einigungsamte einmal ordentlich in die Hand und ich sage Ihnen: es geht, wenn wir's nur richtig anfassen! (Beifall.)

Dr. Gensel (Vertreter der Handelskammer zu Leipzig): Ich bedaure, daß Herr Vicebürgermeister Stephani nicht mehr hier ist. Ich selbst bin leider nicht so genau über den Fall unterrichtet, um darüber an dieser Stelle eine Erklärung geben zu können. Ich kann Ihnen aber mittheilen, daß wir es in Leipzig schon lange als einen unhaltbaren Zustand ansehen, daß die Entscheidung in gewerblichen Streitigkeiten in der Hand eines Rathsassessors oder einer Rathsdeputation liegt, und daß wir schon seit längerer Zeit die Errichtung eines gewerblichen Schiedsgerichts auf Grund des § 108 der Gewerbeordnung anstreben. Diesem Vorhaben hat bisher nur das Hinderniß entgegengestanden, daß unser Justizministerium den Entscheidungen der gewerblichen Schiedsgerichte die Executionsfähigkeit absprechen zu sollen glaubte — ein Hinderniß, das sich übrigens in neuester Zeit gehoben hat.

In der Sache selbst kann ich kurz sein. Ihr Ausschuß hat mir die Ehre erwiesen, mich mit der Abfassung eines Gutachtens zu betrauen. Den Anlaß dazu kann ich nur darin suchen, daß ich in einer der verbreitetsten sächsischen Zeitschriften einige Artikel zur Empfehlung der Einigungsämter geschrieben hatte. Ich befinde mich also im Einklange mit den beiden Referenten, insofern ich die Ausbreitung der Einigungsämter lebhaft wünsche. Auch bin ich keineswegs prinzipieller Gegner einer gesetzlichen Regelung der Sache. Worin ich mich von dem Referenten unterscheide, ist nur das Eine, daß ich bezweifle, ob es zweckmäßig ist, schon im jetzigen Augenblick mit gesetzlicher Regelung der Sache vorzugehen.

Gestatten Sie mir zunächst noch ein Wort über die Fassung des Antrags: „Es ist wünschenswerth u. s. w. ... bis ... ihre Beschlüsse rechtsverbindlich zu machen." Ich glaube, das ist kein ganz glücklicher Ausdruck. Meines Erachtens sind die Beschlüsse des Einigungsamtes für alle Diejenigen, welche sich demselben angeschlossen haben, bereits jetzt rechtsverbindlich. Wenn das Einigungsamt entschieden hat, der Lohn soll so und so sein, oder die Arbeitszeit soll 10 Stunden dauern, und ein Fabrikant wollte dies nicht anerkennen, wollte innerhalb der Periode, für welche der Spruch des Einigungsamtes gilt, seinen Arbeitern plötzlich niedrigere Löhne zahlen, so würde das als ein Contractbruch zu betrachten sein; denn die Beschlüsse des Einigungsamtes sind einfach als die Grundlage der darauf hin geschlossenen Arbeitsverträge anzusehen. Für solche Fälle reicht also das gewerbliche Schiedsgericht aus, und es bedarf keines besonderen Gesetzes. Die Streitfrage ist aber die: Falls ein massenweiser Contractbruch vorkommt, sollen dann dem Einigungsamte außerordentliche Executionsbefugnisse zustehen? Ob wir dahin mit der Zeit gelangen werden, das lasse ich dahingestellt. Jedenfalls scheint mir im Augenblicke die Sache noch nicht reif genug dazu. Wir haben Entwürfe für ein solches Gesetz vorgelegt bekommen von den beiden Herren Referenten, die sich so eingehend mit dieser Sache beschäftigt haben, daß sie dazu am Competentesten sein möchten. Leider sind uns diese Entwürfe so spät zugegangen, daß eine genauere Prüfung nicht möglich war. Aber wenn ich recht sehe, weichen sie nicht nur in der Fassung, sondern auch im Inhalt, und zwar in ganz wesentlichen Bestimmungen von einander ab. Die Herren würden sich ja auch sonst vereinigt haben. Nun frage ich Sie, ist unter diesen Umständen die Sache schon reif für ein Einschreiten der Gesetzgebung?!

Wichtiger noch scheint es mir, zu fragen: Wie ist die Stimmung unter den Arbeitern und Arbeitgebern in Bezug auf Einigungsämter? Wir haben vorhin verschiedene Zeugnisse darüber gehört. Soweit meine Erfahrungen reichen, kann ich sagen, daß sowohl unter den Arbeitgebern wie unter den Arbeitnehmern keineswegs eine allgemeine Abneigung gegen diese Aemter herrscht, im Gegentheil habe ich fast durchgängig eine große Geneigtheit dazu wahrgenommen. Aber in den mir bekannten Kreisen war überall die Meinung, daß es besser sei, die Sache lediglich der freien Vereinbarung unter den Betheiligten zu überlassen, und wenigstens vor der Hand noch nicht eine gesetzliche Regelung vorzunehmen. Ich berufe mich auf das Zeugniß des Vorsitzenden des weitverzweigten Buchdruckerverbandes, der hier in unserer Mitte ist, und der — wie ich glaube, im Einverständniß mit seinen Genossen — sich gegen eine gesetzliche Regelung der Sache ausgesprochen hat. Die meisten Erfahrungen liegen ja vor aus England. Nun, meine Herren, in England haben sich die Einigungsämter zunächst rein freiwillig gebildet ohne gesetzliche Grundlage. Es haben sich dort sogar verschiedene Arten von Einigungsämtern gebildet, sie haben neben einander bestanden und man hat ruhig die Erfahrung abgewartet. Erst nach 14jähriger segensreicher Wirksamkeit der Einigungsämter ist man dazu gelangt, einen sehr bescheidenen Gesetzentwurf zu machen. Ich will nicht den vorhin erwähnten Fall von Nottingham für mich anführen — man könnte vielleicht sagen: Das Einigungsamt hat sich bewährt, so lange keine gesetzliche Vorschrift bestand; jetzt, nachdem das Gesetz geschaffen ist, tritt alsbald ein Streitfall ein, der ernster Natur ist, an dem die Einrichtung vielleicht scheitert. Wie gesagt, ich enthalte mich, ein solches Urtheil auszusprechen, weil ich noch nicht klar genug in der Sache sehe — die Zeitungen haben ja auffallender Weise nur sehr dürftige Nachrichten über den Fall gebracht. Aber nach meinen eigenen Wahrnehmungen habe ich den Eindruck, daß es im Interesse der gedeihlichen Entfaltung der Einigungsämter liegen wird, vor der Hand noch weitere Erfahrungen abzuwarten, bevor man mit einem Gesetze eingreift. Ich habe das Vertrauen zu unseren Arbeitgebern und Arbeitnehmern, daß die leider vorgekommenen Fälle von Contractbruch vereinzelte Fälle bleiben werden.

Ich muß nach alledem zu meinem Bedauern gegen die vorgelegte Resolution stimmen, aber ich thue dies geleitet von dem Wunsche, daß die

Einigungsämter eine recht weite Verbreitung finden und eine recht segensreiche Wirksamkeit entfalten mögen.

Julius Schulze (Secretär der Handelskammer zu Mainz): Ich theile die Befürchtung des Herrn Dr. Hilse, daß die Beschlüsse der Einigungsämter den Arbeitern gegenüber sich nicht als ausführbar erweisen würden, nicht, und muß dem Referenten darin beistimmen, daß die Hauptschuld an dem seitherigen Nichtzustandekommen der Einigungsämter die Arbeitgeber trifft. Nicht zwar, als ob in weiten Kreisen eine Abneigung gegen diese Idee als solche bestände; aber es herrscht im Allgemeinen die Ansicht, man könne nicht über eine solche weittragende Sache sogleich reden, man will noch nicht recht an dieselbe heran. Der Herr Referent erzählt uns, daß man in England dazu gelangt sei, den Einigungsämtern jetzt in gewissem Sinne executivische Gewalt zu verleihen. Nun, meine Herren, ich glaube, daß wir in Deutschland diesen Entwickelungsgang auch werden durchmachen müssen; es werden sich beide Theile an die Einigungsämter auch erst gewöhnen müssen, ehe man dazu übergehen kann, dieselben obligatorisch zu machen. Mit großer Entschiedenheit halten ja auch der Referent und der Correferent daran fest, daß der Beitritt zu diesen Aemtern ein freier sein soll. Es ist also ein Entwickelungsgang in Aussicht genommen, bei welchem sich allmählig Jedermann von der Nothwendigkeit der Einigungsämter überzeugen muß. Diese Entwickelung setzen Referent und Correferent voraus. Wir müssen in der That diesen Weg durchmachen; wir müssen die Leute überzeugen, daß Einigungsämter eine gute, nothwendige und ausführbare Einrichtung sind; und daran fehlt noch ungeheuer viel, meine Herren! Ich muß darauf hinweisen, daß wir schon beim vorigen Congresse vielfach mit der Schwierigkeit zu kämpfen hatten, daß einige der Herren immer unwillkürlich die in Berlin, Hamburg und überhaupt in diesen großen Industriecentren obwaltenden Verhältnisse in den Vordergrund stellen. Ja, wir machen doch nicht blos Gesetze für Berlin und Hamburg, wir wollen sie für die Gesammtheit in's Leben rufen, und ich muß sagen, in der Gesammtheit ist die ganze Idee noch eine sehr wenig verbreitete. Wir haben noch genug zu thun, den Arbeitgebern einmal diese Idee plausibel zu machen. Ich erkenne vollkommen an, daß die Verhältnisse der großen Industriecentren auf die Gesammtheit der Arbeiter-Verhältnisse zurückwirken, und daß die Gefahr der um sich greifenden Unsicherheit, welcher durch die Einigungsämter gesteuert werden soll, um so größer wird, je weniger die Verhältnisse der Industriecentren Berücksichtigung finden. Aber eben deshalb soll man danach streben, in möglichst weiten Kreisen einmal erst Propaganda für die Einigungsämter zu machen, damit dieselben dann um so rascher nicht nur dem Namen, sondern auch der Sache nach in Wirksamkeit treten.

In einem mir bekannten Falle ist der Versuch mit der Gründung eines Einigungsamtes und der hieran sich knüpfenden Propaganda für die Idee der Einigungsämter gemacht worden, und die Sache hat sich ganz vortrefflich bewährt. Ich möchte mir daher gestatten — und ich lege einen großen Werth darauf, daß eine möglichst einmüthige Beschlußfassung in dieser Angelegenheit zu Stande kommt — den ursprünglichen Antrag des Herrn Dr. Hirsch aufzunehmen, in demselben aber folgende Abänderungen vorzuschlagen: Es soll im 2. Alinea nicht heißen: „daß aber die Entscheidungen durch ein Reichsnormativgesetz durchführbar gemacht werden müssen", sondern „daß es aber in Aussicht zu nehmen sei, die Entscheidung gegen die freiwillig Beigetretenen durch ein Gesetz durchführbar zu machen;" also eine unbestimmte Fassung, die das, was geschehen soll, einstweilen offen läßt. Weiterhin würde Punkt 2 wegfallen müssen.

Redacteur Dannenberg (Hamburg): Sie werden mir gestatten, daß ich auf die Differenz zwischen Herrn Dr. Hirsch und mir nicht mehr eingehe, sowohl wegen der vorgerückten Zeit als auch, weil Herr Dr. Hirsch im Fortgang seiner Rede dasjenige, was er mir vorwirft, selbst wesentlich abschwächt. Auch mag der Umstand, daß ich seinen ursprünglichen Antrag wieder aufgenommen haben, beweisen, daß die Unterschiede zwischen ihm und mir nicht so unversöhnlich sind. Der Hauptunterschied ist, daß Herr Dr. Hirsch bezüglich der Gewerkvereine stets das im Auge hat, was er sich unter denselben denkt, was aus ihnen werden kann und soll, während ich mich an dasjenige halte, was sie augenblicklich *sind!* Ich bin deshalb bedeutend nüchterner in meiner Auffassung von den Gewerkvereinen als Dr. Hirsch. Wenn ich Ihnen nun empfehle, den Antrag Hirsch in der Weise, wie ich ihn amendirt habe, anzunehmen, so treibt mich dazu zunächst die Verwunderung die ich empfand, als ich die neuesten Anträge der beiden Referenten las. Sie machten auf mich den Eindruck, als wenn man Zuckerwasser verdünnt mit Wasser vorgesetzt bekommt. Die Versammlung hat doch nur eine Bedeutung, wenn sie ausspricht, was sie über diesen Gegenstand denkt. Faßt sie einen Beschluß, der das nicht ausspricht, dann hätte sie nicht nöthig gehabt überhaupt in Berathung zu treten — denn es gelten doch nur die *Beschlüsse*, die hier gefaßt werden.

Die erste Aenderung, die ich Ihnen vorschlage, ist in Zeile 4. Da sagt Dr. Hirsch: „daß Einigungsämter zur Beseitigung des Contractbruchs *das einzig bewährte* Mittel sind." Dadurch wären wir für alle Zukunft captivirt und zwar in Bezug auf eine Sache, die von recht bedeutender Wichtigkeit ist. Wenn wir beschließen, daß Einigungsämter das einzig bewährte Mittel zur Vorbeugung von Contractbrüchen sind, dann sind wir moralisch verpflichtet, jeden anderen Versuch, dem Contractbruch zu steuern, zurückzuweisen. Ich nun will nicht sagen, daß die Einigungsämter das einzige zum Ziel führende Mittel sind, ich halte vielmehr z. B. eine Bestrafung des Contractbrüchigen für durchaus gerechtfertigt und wirksam, und muß deshalb Herrn Dr. Hirsch in diesem Puncte direct entgegentreten. Er sagt, es würde aus dem Versuche, den Contractbruch zu bestrafen der Classenbruch hervorgehen. Es handelt sich aber nur darum, ob die Leute das, was sie freiwillig eingehen, auch halten wollen oder nicht. Daß ein Versuch, die Leute nöthigenfalls zu zwingen, dasjenige zu halten, was sie versprochen haben, auch wenn es ihnen einmal unbequem oder von Nachtheil erscheint, gleich zu einem Classenbruch führen solle, das halte ich für eine Phrase und weiter nichts! (Oho!) Herr Dr. Hirsch hat ja außerdem ausdrücklich erklärt, die Treue sei das Grundprincip der Gewerkvereine, und ebenso betont, daß das Contractverhältniß das einzig Mögliche sein und bleiben werde. Wenn aber die Sache so liegt, wenn die Gewerkvereinler wirklich treu ihren contractlichen Verpflichtungen nachkommen wollen, so kann sie ja niemals eine Strafe treffen! Außerdem aber sind wir doch noch recht weit von der Zukunft entfernt, wo alle Arbeiter im Gewerkvereine sein werden; bescheiden wir uns deshalb, von der Gegenwart zu sprechen und vergessen wir nicht, daß die Anhänger des Herrn Dr. Hirsch augenblicklich wohl kaum ein zehntel Procent der ganzen Arbeitermasse umfassen. In Hamburg z. B. giebt's gar keine Gewerkvereine! Was nützt in Bezug auf diese Massen und diese Orte die Vertröstung auf zukünftige Gewerkvereine und Einigungsämter! Ich kann also nicht einen Beschluß fassen helfen, in welchem steht, daß das Einigungsamt das einzige Mittel zur Verhütung des Contractbruches ist, sintemal das Einigungsamt dagegen nicht zu brauchen ist, weil es einmal nicht, gar nicht besteht. Bis es aber geschaffen wird, müssen wir vorläufig suchen, uns auf andere Weise zu helfen.

Meine zweite Abänderung des Antrages Hirsch betrifft den Schluß, in dem ich beantrage zu sagen: „Die Versammlung spricht im Allgemeinen ihre Billigung der in den Anträgen und Resolutionen von Dr. Hirsch und Prof. Brentano dargelegten Principien und ihr Einverständniß mit deren Inhalt aus.“ Ich, wie alle anderen Mitglieder, habe jene Anträge zwar auch heute erst bekommen und deshalb nicht eingehend genug prüfen können, um mich für jeden einzelnen Absatz zu engagiren. Ich glaube aber doch, daß wir im Allgemeinen dem Inhalt zustimmen können, und möchte bitten, dies auszusprechen. Ich habe den Eindruck empfangen, daß dasjenige, was Herr Dr. Hirsch Ihnen, jedenfalls nach reiflicher Ueberlegung, vorgelegt hat, dasjenige bezeichnet, worin die Zukunft der Einigungsämter liegt. Wir müssen dahin kommen, daß den Einigungsämtern eine gesetzliche Wirksamkeit gegeben wird; sonst werden die Einigungsämter stets dann versagen, wann ernsthaft an ihre Wirksamkeit appellirt wird. Einem lediglich auf freiwillige Anerkennung basirten Einigungsamte fehlt der feste Boden. Denken Sie nur daran, wie außerordentlich rasch namentlich im Handwerke die Arbeiter wechseln. Es könnte vorkommen, daß ein Einigungsamt, das vielleicht im März von einer Arbeiterschaft eingesetzt wurde, schon im Mai nach Beginn der Wanderzeit durch den Verlust der Hauptzahl seiner ursprünglichen Anhänger die durch andere Arbeiter ersetzt sind, welche dem Einigungsamt nicht zustimmen, gänzlich machtlos wäre. Wird nicht dafür gesorgt, daß das Einigungsamt im Stande ist, seinen Beschlüssen bindende Kraft zu geben, so haben Sie das Einigungsamt als Messer ohne Klinge und ohne Heft! Dieses Hauptprincip der Anträge Hirsch und Brentano ist also anzuerkennen. Auf Weiteres einzugehen, verbieten mir Zeit und Umstände, ich empfehle Ihnen also nur noch einmal die Annahme meines Antrages.

Vorsitzender: Es ist noch ein Amendement eingegangen von Herrn Prof. Brentano, nach „rechtsverbindlich“ zu sagen „und vollstreckbar zu machen“.

(Der Schluß der Diskussion wird angenommen.)

Correferent Prof. Brentano (Breslau): Ich habe gegenüber den mannigfachen Einwendungen gegen unsere Resolution nur wenige Worte zu erwidern, da mir durch verschiedene der Herren Vorredner ein großer Theil dessen, was ich sonst hätte sagen müssen, vorweggenommen ist. Nur Einiges möchte ich zufügen gegenüber dem, was Herr Dr. Hilse berührt hat. Er hat u. A. darauf hingewiesen, daß zu Nottingham, im Vaterlande der Einigungsämter, diese Einrichtung ihren Dienst schon zu versagen anfange und daß in der dortigen Spitzen-Manufactur gerade die Arbeiter es gewesen seien, welche die Unterwerfung unter einen Schiedsspruch des dort bestehenden Einigungsamtes verweigert hätten. Ich kann nun nicht sagen, daß ich über diese Vorgänge directe, absolut zuverlässige Nachrichten aus England erhalten habe; aber nach dem, was ich über die Sache gehört habe, verhält sie sich doch wesentlich anders als Herr Hilse berichtet. Sie verhält sich nicht etwa so, daß die Arbeiter in der Spitzenmanufactur das Princip schiedsrichterlicher Entscheidung nunmehr repudiiren, sondern dem Vernehmen nach hatten die Arbeiter in der Spitzenmanufactur kein Vertrauen mehr zu ihrem alten Einigungsamte und verlangten die Bildung eines neuen. Von einer Unbotmäßigkeit der Arbeiter gegen Entscheidungen eines Einigungsamtes, dessen Aussprüchen sie sich vorher unterworfen hätten, ist nicht die Rede. Aber wie schon bemerkt: ich kann nicht garantiren, daß diese Darstellung absolut richtig ist; nur entspricht sie dem, was ich über die Sache gehört und in der Concordia gelesen habe.

Was sodann einen weiter von Herrn Dr. Hilse berührten Punkt angeht, so hat es mich eigentlich gewundert, wie er dazu kam die von Dr. Hirsch angezogene Aehnlichkeit der Einigungsämter mit den Börsencommissariaten rücksichtlich der Preisbestimmung zu leugnen. Herr Dr. Hilse meint, bei den erwähnten Börsengeschäften kämen die Parteien lediglich überein, die Feststellung eines Preises einem Dritten zu überlassen, bei dem Einigungsamte dagegen einigten sich die Parteien über den Preis durch Ueberredung, und eben deshalb sei auch eine Execution der Beschlüsse des Einigungsamtes unthunlich. Meine Herren, auch in einigen der Ihnen vorgelegten Gutachten findet sich diese Auffassung der Einigungsämter vertreten. Allein diese Auffassung scheint lediglich aus dem Namen Einigungsamt hervorgegangen zu sein; sie ist völlig irrig. Denn fragen wir einmal, was denn ein Einigungsamt ist, was es will und soll. Setzen wir einen besonders häufigen und schwierigen Fall. Nehmen wir an, die Arbeiter in irgend einem Gewerbe forderten eine Lohnerhöhung. Nach einer früher verbreiteten Lehre ist jede derartige Forderung eine auf Unkenntniß der ökonomischen Gesetze beruhende Thorheit. Man lehrte, der Lohn steige oder falle von selbst, auch ohne daß die Arbeiter nach einer Lohnerhöhung besonders verlangten. Ich glaube behaupten zu dürfen, daß diese Theorie heute ziemlich aufgegeben ist. Man giebt heute zu, daß der Arbeiter in der Regel ebensowenig wie ein andrer Waarenverkäufer einen höhern Preis für seine Waare erhalte, ohne daß er ihn fordere. Allein solche Forderungen führen häufig zu Weigerungen zu verkaufen oder zu kaufen, mit anderen Worten zu Arbeitseinstellungen und Aussperrungen, und die Nachtheile, welche diese Preiskämpfe für die Betheiligten wie für das Publikum mit sich bringen, sind größer als diejenigen, welche andere Preiskämpfe begleiten. Nun ist aber keineswegs jede Lohnerhöhung möglich, welche gefordert wird. Es hängt von der Geschäftslage ab, ob eine Forderung gewährt werden kann. Und während das mögliche Resultat einer Forderung, falls ein Arbeitsstillstand stattfindet, nur nach Entbehrung und Erbitterung zu Tage tritt, ist es nun Aufgabe des Einigungsamtes die thatsächlichen Verhältnisse genau zu prüfen, aus ihnen das Resultat des Preiskampfes im Voraus zu ermitteln und es durch seinen Ausspruch herbeizuführen ohne die Nachtheile, welche den Preiskampf begleiten.

Die wichtigste Aufgabe des Einigungsamtes ist also stets die Prüfung und Feststellung der thatsächlichen Verhältnisse. Wie sehr dies der Fall ist, erhellt auch daraus, daß das englische Schiedsgesetz von 1872 zu diesem Zwecke den Einigungsämtern, welche sich demselben unterwerfen, die Befugniß giebt, Zeugen abzuhören und die Vorlegung von Urkunden zu fordern. In einem der Ihnen vorgelegten Gutachten wird nun allerdings die Zweckmäßigkeit einer solchen Bestimmung bezweifelt. Zum Beweis dieser Zweckmäßigkeit will ich aber gleich einen Fall erwähnen, in dem von dieser Befugniß häufig Gebrauch gemacht wird. Sehr häufig wird nämlich in England die Möglichkeit einer geforderten Lohnerhöhung mit dem Steigen der Preise der producirten Waare begründet, während die Arbeitgeber es leugnen, daß ein solches Steigen stattgefunden habe. In solchem Falle wird eine das Vertrauen beider Parteien genießende Person mit der Prüfung der Bücher oder sonstigen Documente, auf welche sich die Parteien berufen, betraut, dieselbe wird eidlich zu absoluter Discretion über die in diesen Documenten enthaltenen Einzelheiten verpflichtet, und fällt nach gewissenhafter Prüfung den Ausspruch, dem die Parteien sich fügen.

Sie sehen, meine Herren, daß es sich bei dem Einigungsamte nicht blos, wie Herr Hilse meint, um Ueberredung menschlicher Herzen, sondern vielmehr zunächst um Ermittelung von Thatsachen handelt, und daß nach genauer Prüfung der Verhältnisse nicht blos von Einigung entgegengesetzter Parteien, sondern auch, wo die Leidenschaft die Augen des einen oder andern Parteigenossen verblenden sollte, von Feststellung des Thatbestandes durch Abstimmung oder durch einen unparteiischen Dritten die Rede sein kann. Gegenüber der Abneigung, welche Herr Härtel in seinem Gutachten gegen Abstimmung ausspricht, möchte ich hier noch bemerken, daß als im Herbste 1868 auf dem Congresse für Socialwissenschaften zu Birmingham die Frage der Einigungsämter zum ersten Male in England vor einem größeren Auditorium discutirt wurde, die meisten anwesenden Arbeiter, ebenso wie heute Herr Härtel, gegen Abstimmung im Einigungsamt waren. Heute sind sie alle für das Kettle'sche Gesetz von 1872, welches die Abstimmung vorschreibt. So hoffe ich, daß auch unsere Arbeiter bei abnehmendem Mißtrauen und näherer Bekanntschaft mit dem Wirken der Einigungsämter ihren Sinn ähnlich ändern werden.

Um nun zu Herrn Dr. Hilse zurückzukommen, so geht aus dem vorher Gesagten klar hervor, daß Arbeitgeber und Arbeitnehmer, welche über die Bildung eines Einigungsamtes übereinkommen, nichts anderes thun, als Personen erwählen, welche in allen zwischen den Parteien etwa entstehenden Streitfällen genau die Sachlage ermitteln und derselben entsprechend entscheiden sollen. Wenn aber die Bildung eines Einigungsamtes und die Betheiligung an derselben keinen andern Sinn haben als den eines Vertrags, den Austrag einer streitigen Sache, die Feststellung des Preises einer Waare gewissen Delegirten zu überlassen, warum soll dieser Vertrag nicht ebenso klagbar sein, wie jeder andere? Ich glaube, daß es schwer sein dürfte diese Frage zu beantworten, und ich habe mich gefreut, aus den wenigen Worten, welche Herr Dr. Gensel gesprochen hat, zu hören, daß ich mich hierin in Uebereinstimmung mit ihm befinde. Nur darin sind wir verschiedener Ansicht, daß er meint, schon jetzt, auch ohne ein besonderes Gesetz, seien die Beschlüsse von Einigungsämtern für Diejenigen rechtsverbindlich, welche sich an ihrer Bildung betheiligten. Nach Aeußerungen von Juristen mit denen ich hierüber gesprochen, scheint mir dies mindestens zweifelhaft. Jedenfalls aber sind diese Beschlüsse nicht vollstreckbar, und um zu vermeiden, daß hier etwas Ueberflüssiges beschlossen werde, habe ich der von Dr. Hirsch und mir beantragten Resolution das Amendement beigefügt, welches Sie gehört haben, und wonach die von uns beantragte Resolution lautet: Es ist wünschenswerth, daß ein Gesetz erlassen werde, welches Einigungsämtern die Möglichkeit gewährt, die Beschlüsse rechtsverbindlich und vollstreckbar zu machen. Jedenfalls dürften Diejenigen, welche die Beschlüsse der Einigungsämter schon jetzt für vollstreckbar erachten, keine principiellen Gegner dieser Resolution sein, die ja nichts Anderes beantragt, als was nach ihrer Meinung jetzt schon besteht.

Zum Schlusse möchte ich noch bemerken, daß der Antrag des Herrn Dannenberg selbstverständlich meine volle Zustimmung findet, und daß ich unsere Resolution nur für den Fall aufrecht erhalte, daß die Versammlung seinen Antrag verwirft.

Referent Dr. Max Hirsch: Herr Dr. Hilse, mein werther Landsmann hätte nicht nöthig gehabt, sich so zu ereifern, wie er es gethan; denn ich habe nicht entfernt daran gedacht, ihm oder der Corporation, die er vertritt, zu nahe zu treten. In einem derartigen Referate kann man doch nur im Großen und Ganzen sprechen, und rühmliche Ausnahmen sind ja, wenn vorhanden, selbstverständlich anerkannt. Ich habe nicht gesagt, daß die Baugewerksmeister Berlins gerade diejenigen sind, die am schroffsten gegen die Einigungsämter auftreten; aber da Herr Dr. Hilse diese Streitfrage wieder angeregt hat, so muß ich bestätigen, was Herr Janson hier schon erwähnte, daß nämlich die Herren Arbeitgeber in den Berliner Baugewerken 3—4 Jahre hindurch auch die bescheidensten Forderungen der Arbeiter schroff zurückgewiesen, daß sie hierdurch die große Mehrzahl der Gesellen in die Arme der extremsten Social-Demokraten getrieben hatten und daß sie erst hierauf die Hülfe der Ortsvereine annahmen, um ein Einigungsamt zu gründen. Aber ich muß hinzufügen, daß auf Seiten der Meister eine Abneigung gegen das Einigungsamt bald nach dem Zustandekommen der provisorischen Einigung von mir bemerkt wurde, die mich die gerühmte Freudigkeit sehr vermissen ließ. Ich möchte Herrn Dr. Hilse fragen, ob denn nur einmal seit der Gründung des provisorischen Einigungsamtes — bis auf die letzte Zeit, wo es zu spät war — versucht worden ist, Beschwerden gegen Mitglieder der Ortsvereine in einer Einigungsamtssitzung zum Austrag zu bringen, oder überhaupt das Amt zu einem definitiven zu machen? Man hat nichts von dem gethan. Ja, im ersten Augenblick sind die Arbeitgeber oft zum Einigungsamt geneigt; sowie aber dann die Consequenzen kommen und nun auch sie einmal nachgeben sollen, — ja dann ist es mit der Neigung vorüber. Im Schiffszimmerer-Gewerk z. B., wo unser Gewerkverein mit einer wahren Aufopferung die Einigungsämter an der ganzen Ostseeküste errichtet hatte, haben die Arbeitgeber nach kurzer Zeit ihre Betheiligung versagt! — Und nun komme ich auf die Hauptfrage: die gesetzliche Exekutive. Ich schicke voraus, daß es mir gänzlich fern liegt, das Einigungsamt irgend wem zwangsweise zu oktroyiren. Es handelt sich nur darum, ob Normativbestimmungen aufgestellt werden sollen, welche die Beschlüsse des Einigungsamtes gegen diejenigen vollstreckbar machen, welche freiwillig beigetreten sind. Da kann ich nur sagen: Ja; es muß geschehen! Man hat eingewendet: die Sache sei noch zu neu in Deutschland; man könne nicht verlangen, daß man schon Gesetze darüber erlasse. Aber meine Herren, die Einigungsämter sind jetzt wahrlich bekannt genug in Deutschland, an der Unbekanntschaft liegt es nicht, wenn es nicht schneller vorwärts geht. Ich selbst kenne Viele, welche die Sache förmlich studirt haben, sich haben in das Einigungsamt wählen lassen, und dennoch in dem Augenblick zurückgetreten sind, wo die Institution sich bewähren sollte. Ein solches Verhalten schadet tausendmal mehr als die Nichtbetheiligung; das wird dann von der Socialdemokratie mit einer wahren Wollust verbreitet! Nun liegt es auch noch so in der deutschen Natur: wo nicht der Staat sein Siegel drunter gedrückt hat, das gilt nicht! Auch bei den Verhandlungen des Deutschen Reichstags hat es sich gezeigt, daß die Sache vielfach ganz falsch aufgefaßt wird. Wir verlangen ja nicht, daß jedes Einigungsamt, das gegründet wird, sich unter das betreffende Gesetz stellen muß; aber wenn sich ein freiwillig gegründetes Einigungsamt der gesetzlichen Executive versichern will, so soll ihm das ermöglicht werden.

Aber es ist noch aus einem anderen Grunde absolut nothwendig, daß ein solches Gesetz erlassen werde: damit nämlich die Verhältnisse der Arbeitgeber- und Arbeitnehmer-Vereine gesetzlich geregelt werden können. Je älter ich in dieser Bewegung werde, desto stärker drängt sich mir die Ueberzeugung auf, daß dies geschehen muß, da ich sehnlich wünsche, daß die an und für sich schon so großen Schwierigkeiten der socialen Frage nicht noch durch eine falsche Gesetzgebung vermehrt werden. Ich halte es für nothwendig, daß der Staat nicht einseitige Gelegenheitsgesetze giebt, sondern vielmehr die spontane Bewegung der gewerblichen Organisation durch seine Gesetze regele und verbinde. Dies ist aber nur möglich, wenn der Staat als Bedingung der gesetzlichen Anerkennung der Coalitionsvereine die Unterwerfung derselben unter das Einigungsamt hinstellt. Zu dem Zwecke ist es aber wieder erforderlich, Wesen und Functionen des Einigungsamtes gesetzlich zu fixiren. Von einer Unterwerfung unter den bloßen Namen „Einigungsamt“ kann nicht ernstlich die Rede sein; das wäre eine bloße Farce! Es muß vielmehr genau definirt werden, was der Staat unter einem verbindlichen Einigungsamt versteht; und darin liegt eben das Wesen des von mir beantragten Gesetzes. —

In unserer Mitte befindet sich der Präsident des deutschen Buchdrucker-gehilfen-Verbandes Herr Härtel. Ich bedauere, daß gerade er, der die jüngsten Erfahrungen auf dem Gebiete der Einigungsämter besitzt, uns hier nicht mit seinen Mittheilungen erfreut hat. Es wäre mir sehr lieb zu hören, ob er noch auf dem in seinem Gutachten niedergelegten Standpunkt steht, die gesetzliche Exekutive zu verwerfen? Die anderen Herren Gutachter sind zu meiner Freude davon zurückgekommen. Wie ich in Erfahrung gebracht, steht es mit der im Buchdruckergewerbe erzielten Einigung an verschiedenen Orten gar nicht mehr zum Besten. Nun denken Sie, nach langem Kampfe einigt man sich, man setzt Tarif und alle Arbeitsbedingungen fest und kaum ist das seit ein paar Monaten geschehen, so tritt — wenn eben kein Gesetz darüber existirt — der Eigenwille von Neuem auf und die Eintracht ist auf lange Jahre hinaus verloren. Welchen Eindruck das auf die ganze öffentliche Meinung machen muß, das kann nur der recht ermessen, der, wie ich, mitten drin steht, und von zwei Seiten die heftigsten Angriffe zu ertragen hat!

Meine Herren, es ist dringend nothwendig, daß die Sache endlich einmal ernstlich angegriffen wird, und wie Herr Dannenberg so freundlich war sich im Wesentlichen mit meiner Erklärung einverstanden zu erklären, so kann ich meinerseits es auch thun, und den von ihm gestellten Antrag angelegentlich empfehlen. Der Antrag rührt eigentlich von mir her, es wurde mir aber von glaubwürdiger Seite gesagt, die Annahme der Motive würde auf Widerstand stoßen, und in dem Wunsche, einen möglichst einmüthigen Beschluß zu Stande zu bringen, entschloß ich mich, im Verein mit dem Herrn Correferenten die Motive zu streichen. Da man aber jetzt zu meiner Genugthuung die Motive wieder aufnimmt, so erkläre ich mich gern auch mit der kleinen Abänderung einverstanden. Ich würde also bitten, daß Sie den jetzigen Antrag Dannenberg möglichst einstimmig annehmen.

Vorsitzender: Wir kommen zur Abstimmung. (Der Vorsitzende setzt die Reihenfolge der zur Beschlußfassung gelangenden Anträge fest.)

Herr Dr. Hilse richtet an Herrn Jul. Schulze (Mainz) die Frage, ob er nicht damit einverstanden sei, daß die Worte „zumal unter den Arbeitgebern ꝛc.“ weggelassen, oder daß darüber besonders abgestimmt würde.

Herr Jul. Schulze (Mainz) erklärt sich damit einverstanden.

Bei der Abstimmung wird der dilatorische Antrag Schulze abgelehnt, der Antrag Dannenberg in seinem ersten Theile angenommen, in seinem zweiten aber abgelehnt. Der Hauptantrag der Referenten mit dem Subamendement ist damit erledigt.

Dr. Hirsch bittet im Protokoll zu bemerken, daß die hierbei stattgefundene Trennung des Antrags in zwei Theile auf Wunsch des Herrn Prof. Neumann deshalb stattgefunden hat, weil die Meisten mit den betr. Gesetzentwürfen nicht genügend bekannt seien.

Vorsitzender: Wir kommen zum 4. Gegenstande unserer Tagesordnung: „Directe Personalbesteuerung." Es frägt sich, ob der Gegenstand genügend vorbereitet ist?

Prof. Dr. Schmoller: Ich wäre für Abhaltung einer Abendsitzung zu diesem Zwecke, wenn die Frage nicht etwa nächstes Jahr intensiver verhandelt wird.

Der Vorsitzende läßt darüber abstimmen, ob von der Versammlung noch eine Abendsitzung gewünscht wird. Sie wird abgelehnt, so daß damit der 4. Gegenstand der Tagesordnung fällt.

Demnächst wird ein Antrag, Verhandlungsgegenstände für die nächstjährigen Verhandlungen vorschlagen zu dürfen, angenommen.

Geh.-Rath Dr. Engel schlägt vor, die Frage über eine bestimmte Unternehmungsform über die Betheiligung der Arbeiter am Gewinn und am beweglichen Eigenthum in den Fabriken im nächsten Jahre zu verhandeln. (Wird angenommen.)

Prof. Dr. Neumann schlägt vor, die zurückgelassene Frage der directen Personal-Besteuerung in allererster Linie auf die Tagesordnung zu setzen.

Der Vorsitzende weist darauf hin, daß nicht definitive Beschlüsse, sondern nur Vorschläge stattfänden.

Weitere Vorschläge werden nicht gemacht.

Vorsitzender hat im Laufe der Verhandlung die Mittheilung über den Ausfall der Wahl des Ausschusses gemacht: Es sind gewählt worden mit Stimmenmehrheit von 54 bis 21 Stimmen: Gneist, Brentano, Nasse, Knies, v. d. Goltz, Knapp, Eckardt, Hildebrand, Neumann, Borchert, v. Roggenbach; mit Stimmengleichheit Duncker und Bitzer. Diese Beiden haben 21 Stimmen erhalten, sie bilden den 12ten und 13ten. (Das Loos entscheidet für Duncker.)

Außerdem haben noch Stimmen erhalten: v. Holtzendorff, Ludwig-Wolf, Tiedemann, Jacobi, Ranisch, v. Wedell-Malchow, Thorade, Bacmeister, Schönberg, Wiener, Gensel. Weiter noch: Thiel, Hilse, Conrad, Steinbeis, Graf Wintzingerode.

Vorsitzender: Darf ich bei dieser Gelegenheit noch Eins vorschlagen. Es haben sich heute anscheinend alle anwesenden Mitglieder an der Abstimmung betheiligt, und es ist bis jetzt noch Niemand bekannt, der die Erklärung abgegeben hätte, daß er dem Vereine als Mitglied nicht beitreten wolle. Darf ich jetzt vielleicht umgekehrt fragen? nämlich: ob Sie uns erlauben anzunehmen, daß wir von denen, die sich nicht melden, prima facie annehmen die Absicht der Mitgliedschaft — mit Ausnahme Derer, die sich ausdrücklich bei Herrn Bacmeister abmelden?

Einige Herren haben gewünscht, schon jetzt ihre Mitgliedsbeiträge zu zahlen. Herr Bacmeister ist dazu bevollmächtigt. Anderenfalls wird der Beitrag erst mit Zusendung der Drucksachen und Mitgliedskarte erhoben.

Ich möchte zum Schluß noch einige Worte an die Versammlung richten. Wir haben unter großen Schwierigkeiten unserer Verhandlungen das Programm treu gehalten, mit dem wir vor'm Jahre eingetreten sind: nämlich das des Feststehens an der gegebenen wirthschaftlichen und Rechts-Ordnung, um auf diesem Boden — mit Schmoller's Worten — die unteren Klassen soweit zu heben, zu bilden und zu versöhnen, daß sie in Harmonie und Frieden sich in den Organismus einfügen. Ich glaube, wir sind auch heute diesem Programm treu geblieben!

Es bleibt mir noch übrig, in unser Aller Namen den schuldigen Dank zu sagen den verehrten Herren, die unsre Verhandlungen durch ihre Gutachten fundamentirt haben, und den Referenten für ihre überaus durchdachten und erfolgreichen Vorträge. Weiter unsern Dank zu sagen den geehrten Herren aus Eisenach, die sich unserer so überaus freundlich angenommen und uns diesmal das äußere Leben so leicht gemacht haben wie möglich.

Sodann bleibt mir noch der Dank zu sagen für die große Nachsicht, die Sie in den immer etwas schwierigen Verhältnissen einer einmaligen so kurzen Zusammenkunft mir haben zu Theil werden lassen.

Herr Dr. Eckardt hat zum Schlusse der Versammlung noch einen Antrag gestellt:

„Der Verein beauftragt den Ausschuß in seinem Namen eine Petition an den Reichstag zu richten und in dieser die Anstellung einer Enquête über die Ausführung des Fabrikgesetzes nach den hier festgestellten Grundsätzen zu erbitten."

Dr. Eckardt (Hamburg): Es ist dies derselbe Antrag, den ich gestern stellte: Namens des Vereins soll eine Petition an den Reichstag wegen Anstellung einer Enquête über Ausführung des Fabrikgesetzes gerichtet werden. Verändert habe ich den gestrigen Antrag dahin, daß ich jetzt dem Ausschusse nicht einer Commission den betreffenden Auftrag ertheilt sehen möchte.

Herr Prof. Dr. Schmoller schlägt vor, diesen Antrag en bloc anzunehmen. (Zustimmung.)

Der Antrag wird en bloc angenommen.

Prof. Dr. Schmoller: Meine Herren! Wenn ich noch um einen Augenblick bitten darf, so geschieht es, um unser Aller Pflicht zu erfüllen, um zuletzt unserem Bureau, unserem Vorsitzenden und unseren Secretären unseren Dank auszusprechen! Wir sprechen diesen Dank mit vollstem Herzen aus! Prof. Gneist hat auf's Neue seine große Geschicklichkeit in der Leitung solcher Debatten gezeigt; er hat in den Worten, die er vom Präsidentenstuhle aus gesprochen, mit gewohnter Meisterschaft klar die mittlere Richtung bezeichnet, um die herum die hier in diesem Saale vertretenen Ansichten gravitiren. Wenn sich bei der Debatte gezeigt hat, daß er von den hier ausgesprochenen Majoritätsansichten da und dort etwas abweicht, wenn unsere Gegner, wie das letzte Mal begierig diese Abweichung constatiren und übertreiben werden: — hier in diesem Saale, hier unter dieser Majorität ist Niemand, der ihm das verdächte. Es wäre meine Herren, in der That gar zu langweilig, wenn wir Alle, auch in untergeordneten Punkten Ein Herz und Eine Seele wären. In den Grundprincipien stimmen wir überein, stimmen die, welche diese Versammlung ins Leben gerufen haben, stimmen die Ausschußmitglieder, stimmt die Majorität dieser Versammlung durchaus mit unserem verehrten Herrn Vorsitzenden überein. Wir verehren in ihm einen der begeistertsten und größesten Vorkämpfer einer idealen Welt- und Staatsauffassung gegenüber dem kleinlichen, materialistischen Treiben der Gegenwart. Sprechen wir darum zum Schlusse dieser Sitzungen dem ganzen Bureau unsern Dank, Herrn Prof. Dr. Gneist aber, indem wir uns von unseren Sitzen erheben, neben dem Dank unsere Verehrung und Hochachtung aus. (Geschieht.)

Vorsitzender: Ich erlaube mir noch den Dank für meine Stellvertreter und für unser sehr mühevolles Secretariat bestens zu acceptiren.

(Schluß 3 Uhr.)

Alphabetisches Verzeichniß der Redner.

Die Theilnehmer

an den Sitzungen

des

Vereins für Socialpolitik,

am 12. und 13. October 1873.

Agricola, Dr., Appellations-Gerichtsrath, Eisenach.

Bacmeister, J., Hofbuchhändler, Eisenach.
Benedict, Dr., Redacteur der Neuen freien Presse, Wien.
Bernhardi, E., Secretär der Handelskammer, Bochum.
Binding, Dr., Professor, Leipzig.
Block, Heinrich, Berlin.
v. Bojanowsky, P., Redacteur, Weimar.
Borchert, Wilh., Fabrikbesitzer, Berlin.
Brentano, Dr. L., Professor, Breslau.
Bueck, Henri, General-Secretär des Vereins zur Wahrung der gemeinsamen wirthschaftlichen Interessen in Rheinland und Westphalen, Düsseldorf.

Conrad, Dr. J., Professor, Halle a/S.
Contzen, Dr., Professor, Aachen.

Dael v. Koeth, Dr. Freiherr, Mainz.
v. Danckelman, Freiherr, Redacteur, Cassel.
Dannenberg, H., Redacteur der Hamburger Börsenhalle, Hamburg.

Eckardt, Dr., Redacteur, Hamburg.
v. Eichel-Streiber, J., Fabrikbesitzer, Eisenach.
Embden, Dr. Georg, Handelskammersecretär, Hamburg.
Engel, Dr., Geh. Ober-Reg.-Rath, Berlin.
Engel, Jacob, Stud. phil., Berlin.
Ephraim, Kaufmann, Berlin.
Eras, Dr. Wolfgang, Secretär der Handelskammer, Breslau.

Fischer, Dr., Gerichtsassessor, Berlin.
Friedberg, Rob., Stud. jur., Berlin.

Geibel, C. jun., Verlags-Buchhändler, Leipzig.

Geibel, Paul, Domänenpachter, Unterrohn b/Salzungen.
Gensel, Dr. jur. Jul., Secretär der Handelskammer, Leipzig.
Gerstfeldt, Ph., Advokat, Leipzig.
Gneist, Dr. Rud. Ed., Professor und Universitäts-Rector, Berlin.
Goldner, H., Turnlehrer, Eisenach.
Goltz, Regierungsrath, Berlin.
von der Goltz, Dr. Freiherr, Professor, Königsberg i. Pr.

Härtel, Richard, Präsident des Buchdrucker-Verbands, Leipzig.
Hecht, Dr. Felix, Director der Rheinischen Hypothekenbank, Mannheim.
Held, Dr. A., Professor, Bonn.
v. Helldorff, Landrath, Wetzlar.
Henneberg, F., Fabrikant, Gotha.
Hertel, Oberbürgermeister, Salzungen.
Hilse, Dr. Karl, Syndikus des Baugewerkenbundes, Berlin.
Hiltrop, Julius, Berg-Assessor, Dortmund.
Hirsch, Dr. Max, Berlin.
von Hoff, Regierungs-Director, Wernigerode.
Huppé, Dr. S. E., Berlin.

Jacobi, J., Redacteur, Dortmund.
Janson, A., Vertreter des Verbandes der deutschen Gewerkvereine, Berlin.

Knapp, Dr. G. F., Professor, Leipzig.
Knies, Geh.-Rath, Heidelberg.
Koenigs, Dr. G., Regierungs-Assessor, Berlin.
Krause, Dr., Bezirkskommissar, Weimar.

Graf Lambsdorff, Curland.
Ludwig-Wolf, Bürgermeister, Großenhain.

Maurenbrecher, Dr. W., Professor, Königsberg i. Pr.
v. Miaskowsky, Dr., Jena.
v. Minnigerode, Rittergutsbesitzer, Rossiten in Ostpreußen.
Mühlbrecht, Buchhändler, Berlin.
Müller, Regierungsrath, Gotha.

Nasse, Erwin, Professor, Bonn.
Neumann, Professor, Freiburg i. B.
Neumann, Joh., Rittergutsbesitzer, Posegnick in Ostpreußen.
v. Noorden, G., Professor, Tübingen.

Oelsner, Dr. L., Lehrer, Frankfurt a/M.

Perthes, Emil, Verlagsbuchhändler, Gotha.
Philipp, Fabian, Stud. jur., Hamburg.

Rathgen, Präsident, Weimar.
Rieth, Dr., Realgymnasiallehrer, Eisenach.
v. Rohland, Woldem., Cand. jur., Livland.
Roese, A., Oberbürgermeister, Eisenach.
Roeßler, Constant., Professor, Berlin.

Salomon, Adolf, Kaufmann, Berlin.
Samter, A., Banquier, Königsberg i. Pr.
Sasse, Wilh., Vertreter des Verbandes der deutschen Gewerkvereine, Berlin.
Schacht, Dr., Vorsitzender im Directorium des deutschen Apothekervereins, Berlin.
Schmidt, Rob., Architect, Delegirter des Bundes der vereinigten Baugewerken zu Berlin, Berlin.
v. Schmidt, Alfred, St. Petersburg.
Schmoller, Dr. G., Professor, Straßburg.
Schneider, H., Hofrath und Oberamtmann, Salzungen.
Schober, Dr. M., Regierungsaccessist, Zwickau.
Schönberg, Professor, Tübingen.
Schricker, Dr., Straßburg.
Schulze, Jul., Secretär der Handelskammer, Mainz.
Siebert, Apotheker, Marburg in Hessen.
v. Sivers, Dr. Fr., Privatdocent, Jena.
Sombart, A. L., Rittergutsbesitzer, Ermsleben a. H.
v. Stavenhagen, Hauptmann a. D., Eisenach.
v. Steinbeis, Präsident, Stuttgart.
Stephani, Dr. Eduard, Vicebürgermeister und Reichstagsabgeordneter, Leipzig.
Ströll, Dr. Moritz, Rechtspraktikant, München.
v. Stryk, Gustav, Livland.

Thiel, Dr., Landes-Oekonomierath, Berlin.

v. Ungern-Sternberg, Baron, Augsburg.

Vollert, Dr. A., Appellationsgerichtsrath, Eisenach.

Wachtel, Dr. jur., Friedr., Leipzig.
Wagner, Dr. A., Professor, Berlin.
Walter, Dr., Jena.
Websky, Dr. Egmond, Reichstagsabgeordneter, **Wüste-Waltersdorf**.
Wellhäuser, E. L., Kaufmann, Elberfeld.
Weigert, Dr. Max, Fabrikbesitzer, Berlin.
Wenzel, Correspondent der Frankfurter Zeitung, Berlin.
v. Werthern, Freiherr, Landrath, Cölleda.
v. Wickede, Rittmeister, Gotha.
Wiener, Heinrich, Justizrath, Berlin.
Graf Wintzingerode, Bodenstein.
v. Witzleben, Geh.-Regierungsrath, Leipzig.
v. Wolff, C., Baron, Riga.

Ziegler, Fr., Gasdirector, Eisenach.

Pierer'sche Hofbuchdruckerei. Stephan Geibel & Co. in Altenburg.

AUFRUF

ZUR

GRÜNDUNG EINES VEREINS

FÜR

SOZIALPOLITIK.

Die Eisenacher Versammlung vom 7. October 1872 zur Besprechung der sozialen Frage hat den unterzeichneten Ausschuss beauftragt, in diesem Jahre eine Zusammenkunft in gleichem Sinne zu berufen.

Für unsere Auffassung der sozialen Zustände beziehen wir uns auf die gedruckten Verhandlungen der vorjährigen Versammlung. (Verhandlungen der Eisenacher Versammlung etc., Leipzig 1873.)

Aus der Gesammtheit der mehr oder weniger berechtigten Versuche zur Weiterbildung der heutigen Erwerbsgesellschaft tritt zur Zeit der Streit zwischen Kapital und Arbeit gefahrdrohend hervor. Wir sind der Ansicht, dass hier für Staat und Gesellschaft dringende Aufgaben der friedlichen Reform vorliegen.

Zunächst wird es darauf ankommen, die Verhältnisse der Arbeiter und deren Beziehungen zu den Arbeitgebern aufzuklären, die Erfordernisse genossenschaftlicher Bildungen festzustellen, ihre gedeihliche Entwickelung zu unterstützen und jede Verständigung der streitenden Parteien zu fördern.

In gleicher Weise sollen die übrigen sozialen und ökonomischen Probleme der Zeit, wie Gesundheits- und Unterrichtswesen, Verkehrs-, Actien- und Steuerwesen in Betracht gezogen werden.

Wir sind der Ueberzeugung dass das unbeschränkte Walten theilweis entgegengesetzter und ungleich starker Einzelinteressen das Wohl der Gesammtheit nicht verbürgt, dass vielmehr die Forderungen des Gemeinsinns und der Humanität auch im wirthschaftlichen Leben ihre Geltung behaupten müssen, und dass das wohlerwogene Eingreifen des Staates zum Schutz der berechtigten Interessen aller Betheiligten zeitig wachzurufen ist.

Diese staatliche Fürsorge sehen wir nicht als Nothbehelf oder als unvermeidliches Uebel an, sondern als Erfüllung einer der höchsten Aufgaben unserer Zeit und unserer Nation. In ernster Durchführung dieser Aufgaben wird sich der Egoismus des Einzelnen und das nächste Interesse der Klassen der dauernden und höheren Bestimmung des Ganzen unterordnen.

Wir glauben, dass ein regelmässiger Gedankenaustausch zwischen Arbeitgebern und Arbeitern, Männern der Theorie und Praxis, wesentlich zu einer Verständigung beitragen wird, und fordern die früheren Theilnehmer und alle Gesinnungsgenossen, insbesondere auch Verwaltungsbeamte zum Eintritt in den zu gründenden Verein auf.

Berlin, den 31. Mai 1873.

Der Ausschuss.

Bacmeister (Eisenach). Staatsrath **Bitzer** (Stuttgart). **Borchert** jun. (Berlin). Dr. **Brentano** (Breslau). **Franz Duncker** (Berlin). Dr. **Eckardt** (Hamburg). Dr. **Engel** (Berlin). **Geibel** jun. (Leipzig). Dr. **Gneist** (Berlin). Dr. v. d. **Goltz** (Königsberg). Dr. **Held** (Bonn). Dr. **Hildebrand** (Jena). Dr. **Max Hirsch** (Berlin). Dr. von **Holtzendorff** (München). **Janson** (Berlin). Dr. **Knapp** (Leipzig). Dr. **Knies** (Heidelberg). Dr. **Löwe-Calbe** (Berlin). Dr. **Mithoff** (Dorpat). Dr. **Nasse** (Bonn). Dr. **Neumann** (Freiburg i. Br.). Freiherr von **Roggenbach** (Carlsruhe). Dr. **Roscher** (Leipzig). Dr. **Schmoller** (Strassburg i. E.). Handelskammer-Secretär **J. Schulze** (Mainz). **Sombart** (Ermsleben). Dr. von **Sybel** (Bonn). Landrath **Tiedemann** (Mettmann a. Rh.). Dr. **A. Wagner** (Berlin).

Der Verein constituirte sich am 13. October 1873 zu Eisenach und nahm die S. 121 der vorliegenden Verhandlungen abgedruckten Statuten an. — Weitere **Beitrittserklärungen**, resp. **Geldsendungen** wolle man adressiren an den Schatzmeister des Vereins, Herrn Carl Geibel jun. (in Firma Duncker & Humblot) in Leipzig, Dresdnerstrasse 28.

FSC
www.fsc.org
MIX
Papier | Fördert gute Waldnutzung
FSC® C083411

Kolibri 360 GmbH
Ferdinand-Jühlke-Straße 7
99095 Erfurt, Deutschland
produktsicherheit@kolibri360.de

Druck:
CPI Druckdienstleistungen GmbH
im Auftrag der
Kolibri 360 GmbH
Ferdinand-Jühlke-Str. 7
99095 Erfurt